国家中等职业教育改革发展示范学校建设成果系列教材

汽车电气设备构造与维修

王中海　主　编

韩建国　张国强　副主编

田介春　主　审

化学工业出版社

·北京·

本书共8个学习任务，包括蓄电池的检查和更换、充电指示灯故障检修、启动机不工作的检修、火花塞的检查与更换、灯光系统和信号系统故障检修、仪表、警告灯信号系统故障检修、辅助电气设备的检修、空调系统的结构与维护。书中每个学习任务包括知识准备、任务实施、评价与反馈、学习拓展等环节，并且采用以图代文的“连环画”式的表现方法，避免了大段文字的罗列，符合初学者的阅读习惯。

本书可作为中等职业技术学校、技工学校汽车类专业的教材，同时也可作为培训用书，并适合汽车维修行业的技术人员参考。

图书在版编目（CIP）数据

汽车电气设备构造与维修/王中海主编. —北京：化学工业出版社，2015.6

国家中等职业教育改革发展示范学校建设成果系列教材

ISBN 978-7-122-23654-8

Ⅰ.①汽…　Ⅱ.①王…　Ⅲ.①汽车-电气设备-构造-中等专业学校-教材②汽车-电气设备-车辆修理-中等专业学校-教材　Ⅳ.①U472.41

中国版本图书馆CIP数据核字（2015）第075148号

责任编辑：韩庆利

责任校对：宋　玮　　　　装帧设计：刘丽华

出版发行：化学工业出版社（北京市东城区青年湖南街13号　邮政编码100011）

印　　装：三河市万龙印装有限公司

787mm×1092mm　1/16　印张11¼　字数224千字　2015年10月北京第1版第1次印刷

购书咨询：010-64518888（传真：010-64519686）　售后服务：010-64518899

网　　址：http://www.cip.com.cn

凡购买本书，如有缺损质量问题，本社销售中心负责调换。

定　　价：28.00元

《汽车电气设备构造与维修》

编写人员名单

主　编　王中海

副主编　韩建国　张国强

编　者（按照姓名汉语拼音排序）

董志刚　韩建国　兰清鑫　田　莹　王中海　熊建国

张国强

前言

FOREWORD

为深入贯彻落实《国家中长期教育改革和发展规划纲要（2010—2020年）》关于加强职业教育基础能力建设的要求，按照《教育部人力资源社会保障部财政部关于实施国家中等职业教育改革发展示范学校建设计划的意见》（教职成［2010］9号）、（教职成厅［2012］4号）等文件精神，海西州职业技术学校成为第三批国家中等职业教育改革发展示范校建设单位、国家高技能人才培训基地和一体化教学改革试点院校。

现代汽车机械技术与电子技术高度的一体化，汽车维修技术的不断更新，以及为适应市场要求汽车维修企业组织所进行的不断调整，都对汽车维修技术人员提出了更高的要求。先理论后实践的传统教学模式，已不能适应技术和社会发展的要求，而使学生在学习与工作中发现问题，再从理论中寻找答案，即理论与实践一体化的教学，越来越受到学生们的欢迎和企业的认可，并得到职业院校的高度重视。

本教材是对照国家职业标准，参照相关行业、企业标准，以教育部颁发的《一体化课程开发技术规程》为指导，根据汽车维修行业工作岗位需要，按照工学结合的一体化课程要求编写的，适合中等职业技术学校汽车类专业使用。

在教材的编写过程中，我们力求做到以下几点：

1. 教学过程系统化

教材中每个学习任务包括知识准备、任务实施、评价与反馈、学习拓展等环节，内容设计从明确任务、制定计划、实施计划、检查控制到评价反馈的整个过程，获得工作过程知识（包括理论与实践知识）并掌握操作技能，由浅入深、循序渐进，充分体现“做中学”、“学中做”的职业教学特色。

2. 教学内容直观化

为了提高教材的可读性，我们制作和拍摄了大量高质量的图片，采用以图代文的“连环画”式的表现方法，避免了大段文字的罗列，符合学生的阅读习惯，从而激发学生的学习兴趣，引导学生自主学习。

3. 课程内容的综合化

每个学习任务的内容都具有综合性的特征，既有技能操作，也有知识学习，是工作要求、工作对象、工具、方法和劳动组织方式的有机整体，反映了工作与技术、社会和生活等的密切联系，反映了典型工作任务的学习任务具有综合性的特征。

4. 教师角色多元化

新课程在明确学习目标的情况下，通过引导问题来提供与完成学习任务联系十分紧密的知识，为教学组织与实施留下许多的创造空间。需要教师转换角色，从一名技术知识的传授者，转化为提高学生综合职业能力的促进者、学习任务的策划者、学习行动的组织动员者、学习资源的提供者、制定计划与实施计划的咨询者、学习过程的监督者以及学习绩效的评估和改善者，即教师角色多元化。

5. 评价反馈的过程化

过程化首先体现在评价反馈是完整学习过程的一部分，是对工作过程和结果的整体性评价，是学习的延伸和拓展；其次在计划与实施环节中，工作的“质量控制与评价”贯穿于整个过程。过程化的学习评价可帮助学生获得初步的总结、反思及自我反馈的能力，为提高其综合职业能力提供必要的基础。

由于编者的水平有限，书中难免有不妥之处，欢迎使用本书的教师和学生批评指正。

编　者

目录
CONTENTS

学习任务一

蓄电池的检查和更换

知识目标

1. 能叙述蓄电池的作用与结构；
2. 能叙述蓄电池的工作原理与使用方法。

能力目标

1. 规范地检查蓄电池电解液液面高度和蓄电池放电程度；
2. 规范地更换蓄电池及对蓄电池进行充电；
3. 正确地使用工具和设备。

素质目标

培养学生形成规范的操作习惯、养成良好的职业行为习惯。

学习任务引入与分析

某轿车，行驶60000km，据车主反映该车在停车一夜后发现车辆不能启动，且按下喇叭按钮时喇叭无反应。经维修人员分析，该车蓄电池已严重亏电。需要你按照“维护标准和要求”对蓄电池技术状况进行检查和更换。

学习内容

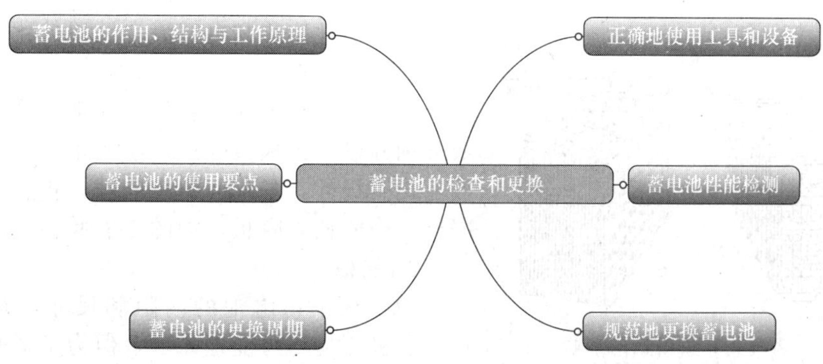

知识准备

资讯一 汽车蓄电池的用途

蓄电池是一种储存与释放电能的装置。当连接外部负载或接通充电电路，蓄电池便进行能量转换，即放电和充电。在蓄电池放电过程中，蓄电池的化学能转变成电能，向用电设备供电；在蓄电池充电过程中，外部电源的电能转变成化学能储存起来。

汽车上蓄电池主要用于发动机启动，发动机启动时，蓄电池向启动机提供大电流，一般可达 200～600A，通常称为启动用蓄电池。此外，蓄电池还具有以下作用：

(1) 当发动机停止运转或低怠速运转时，向用电设备供电；

(2) 当用电负荷超过发电机供电能力时，协助发电机供电；

(3) 稳定整车电气系统电压，缓和电气系统中冲击电压，保护电子部件；

(4) 在发电机正常工作时，将发电机输出的多余的电能存储起来。

资讯二 普通蓄电池的组成

汽车用蓄电池一般为铅酸蓄电池。普通铅酸蓄电池由极板、隔板、电解液、联条与极桩、壳体和加液孔盖等组成，如图 1-1 所示。

1. 极板：正、负极板

极板是蓄电池的核心部分，蓄电池充、放电过程中，电能和化学能的相互转换，就是依靠极板上活性物质和电解液中硫酸的化学反应来实现的。如图 1-2 所示。

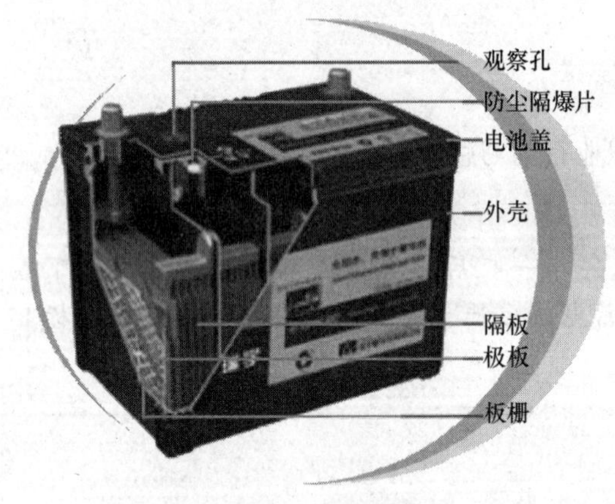

图 1-1 蓄电池

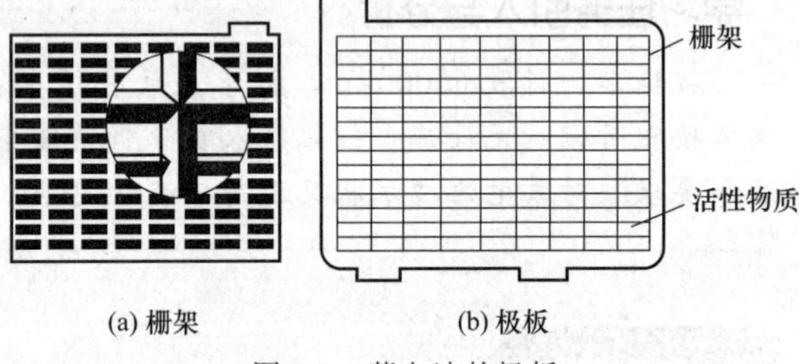

图 1-2 蓄电池的极板

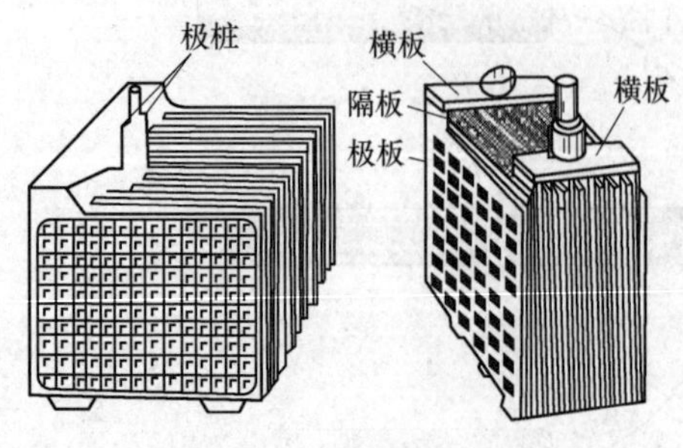

图 1-3 多片正、负极板的并联

为了增大蓄电池的容量，通常将多片正、负极板分别并联，用横板焊接，组成正、负极板组。横板上连有极柱，各片间留有间隙，正、负极板相互嵌合，中间插入隔板，如图 1-3 所示。

2. 隔板

为了减小蓄电池的内阻和尺寸，蓄电池内部正、负极板应尽可能地靠近，但为了避免彼此接触而短路，正、负极板之间要用隔板隔开。隔板的材料应具有多孔性和渗透性的特点，且化学性能稳定，即具有良好的耐酸性和抗氧化性。

3. 电解液

电解液是蓄电池内部发生化学反应的主要物质。它由化学纯净硫酸和蒸馏水按一定的比例（体积）配制而成。电解液的密度一般为 1.24～1.30g/cm^3，不同气温下电解液密度（完全充足电的蓄电池在 25℃时）的选择见表 1-1 所示。

表 1-1　适应不同气温的电解液密度　　g/cm^3

地区气候条件	冬季	夏季	地区气候条件	冬季	夏季
冬季气温低于－40℃	1.30	1.26	冬季气温高于－20℃	1.26	1.23
冬季气温高于－40℃	1.28	1.26	冬季气温高于 0℃	1.23	1.23
冬季气温高于－30℃	1.27	1.24			

电解液的液面高度应高出上防护片 10～15mm，铅蓄电池使用过程中，电解液的液面会降低，此时应及时补充蒸馏水至规定液面高度。

4. 壳体

蓄电池的极板、隔板和电解液置于壳体中。壳体内部一般分成 3 个或 6 个互不相通的单格，构成 3 个或 6 个 2.1V 单格电池。蓄电池内单格电池之间均用铅质联条串联，形成 6V 或 12V 蓄电池。每个单格电池都有一个加液孔，用于加注电解液或蒸馏水，也可检查电解液液面高度和密度。加液孔装有加液孔盖，可防止电解液溅出。加液孔盖上设有通气孔，该小孔应保持畅通，以方便气体排出。

5. 联条

联条的作用是将单体电池串联起来，提高整个蓄电池的端电压。普通蓄电池电池联条的串联方式一般是外露，而新型蓄电池联条的串联方式是穿壁式或跨接式结构（在电池内部）。如图 1-4 所示。

6. 极桩

极桩有锥台形和 L 形等形式，如图 1-5 所示。锥台形极桩是蓄电池装配后再铸造上的，L 形极桩是装配后焊接上去的。为便于识别，极桩的上方或旁边刻有“＋”（或 P）、“ ”（或 N），或者在正极桩上涂红色油漆。

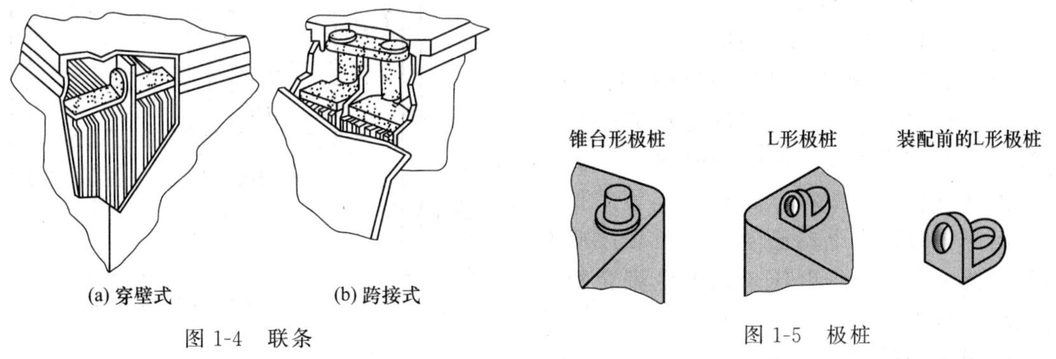

图 1-4　联条

图 1-5　极桩

资讯三　蓄电池的充电和放电

蓄电池的充、放电过程就是化学能与电能的相互转化过程。当蓄电池向外供电时，将化

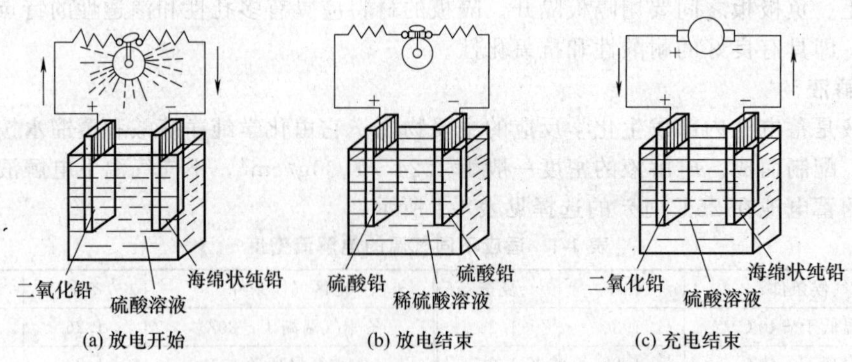

图 1-6 蓄电池的充、放电过程示意

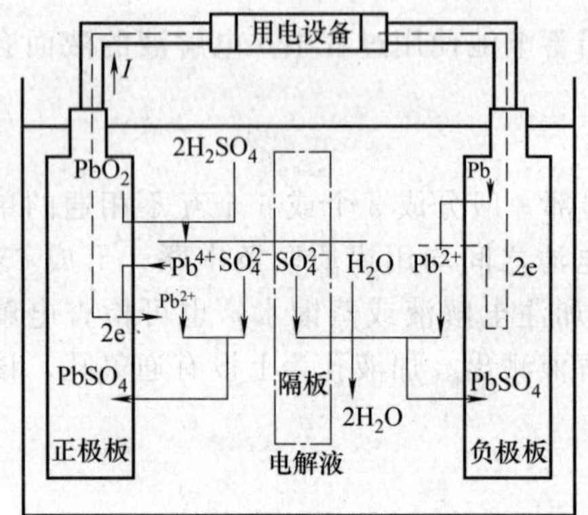

图 1-7 蓄电池放电过程示意图

学能转化为电能；而当蓄电池与外部直流电源相连进行充电时，将电能转化为化学能，如图 1-6 所示。

1. 蓄电池的放电

(1) 放电过程　当接通电路时，在极板电位差作用下，电流从正极流出，经过灯泡流回负极，使灯泡发光。在放电过程中，极板上活性物质与电解液反应生成硫酸铅和水，电解液中的 H_2SO_4（硫酸）被消耗，而 H_2O（水）增多，电解液密度逐渐下降，如图 1-7 所示。

(2) 放电终了的标志

① 单格电池电压下降到放电终了电压值（以 20h 放电率放电时，此值为 1.75V）；

② 电解相对液密度下降到最小允许值（约为 $1.11g/cm^3$）。

2. 蓄电池的充电

(1) 充电过程　当外加直流源电压高于蓄电池电动势时，电流将以放电相反的方向流过蓄电池，使蓄电池正、负极发生与放电相反的化学反应。充电时，H_2O（水）被消耗，而 H_2SO_4（硫酸）增多，电解液密度逐渐上升，如图 1-8 所示。

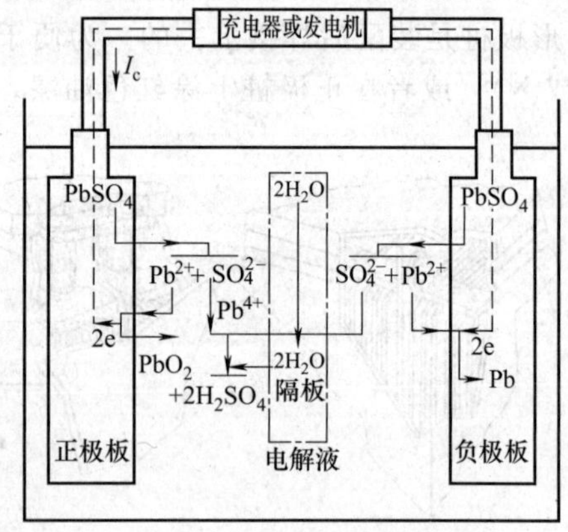

图 1-8 蓄电池充电过程示意图

(2) 充电原理　充电器的电压高于电池的电压，才能够充电，二者之间的电动势差越大，充电越快，充电电流越大，所以一般的 24V 充电器的电压最大（空载）为 28V，而 60A 是说的最大出力能力，而充电时，充电器已经有了负载，这时的电压为蓄电池正在充电的电压，充电电流会随着充电的完成越来越小。

3. 蓄电池的充电方法

充电是蓄电池使用过程中的一个重要环节。对于新蓄电池、使用中蓄电池和存放蓄电池都需要充电。

(1) 蓄电池常规充电方法　有定流充电和定压充电两种，而非常规充电有脉冲快速充电的方法。

① 定流充电。定流充电是指在蓄电池充电过程中，充电电流保持恒定不变的充电方法。这种充电方法可以任意选择和调整电流，适应各种不同条件下的蓄电池充电。其缺点是充电时间长，需专人看管。

定流充电时，可将多个蓄电池串联在一起充电，即把同容量的蓄电池串联起来接入充电电源，如图 1-9 所示。适合用于新蓄电池初充电、使用中蓄电池补充充电以及去硫化充电。

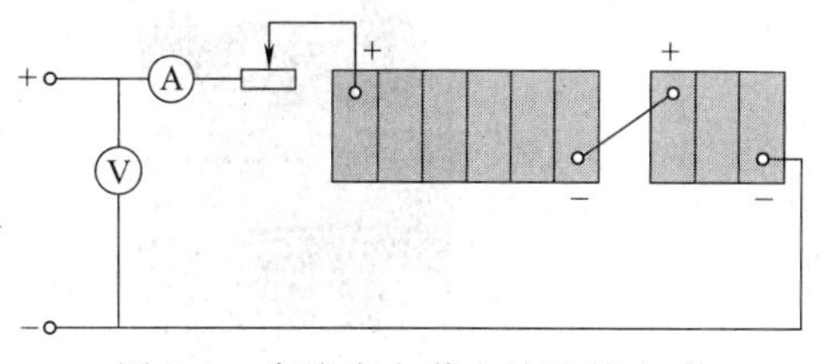

图 1-9　定流充电蓄电池连接方式

② 定压充电。定压充电是指在充电过程中，加在蓄电池两端的充电电压保持恒定的充电方法。汽车上的发电机对蓄电池的充电就是定压充电的方法。采用定压充电式，可将多个蓄电池并联在一起，充电开始时，充电电流很大，随着蓄电池电动势的不断升高，充电电流逐渐减小，充电终了时，充电电流自动减小至零，在充电过程中不需要调整充电电压，如图 1-10 所示。这种充电与定流充电相比较，具有充电时间短，不需专人照管的优点。

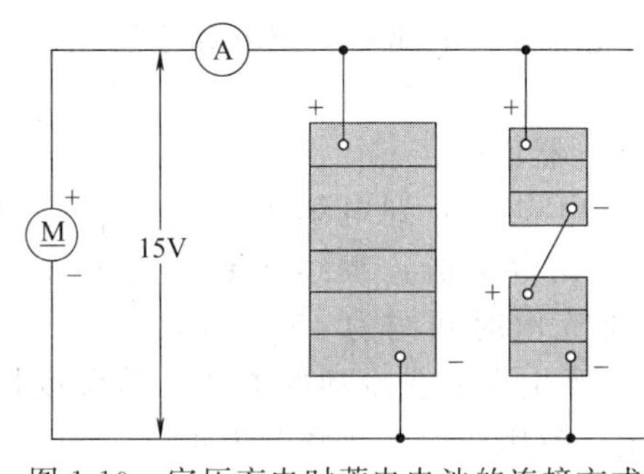

图 1-10　定压充电时蓄电电池的连接方式

③ 脉冲快速充电。亦称为分段充电法。充电初期先用大电流（为 0.8～1Q_e，Q_e 为蓄电池的额定容量）进行电流充电，使蓄电池在较短时间内充电到额定容量的 50％～60％，当蓄电池单格电池端电压达到 2.4V、电解液开始冒泡时，自动转入脉冲快速充电阶段，如图 1-11 所示。

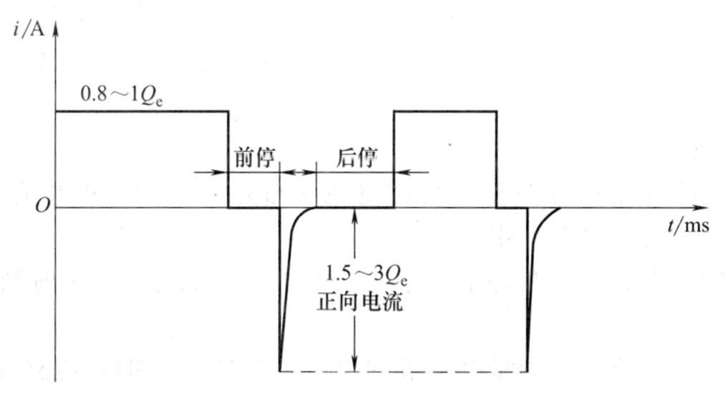

图 1-11　脉冲充电电流波形

由于蓄电池充电后期会出现极化（极板间电位差高于极板活性物质的平衡电位差），极化阻碍了蓄电池充电过程的正常化学反应，使得充电效率低和充电时间长。采用脉冲快速充电的方法有效克服了充电过程中所产生的极化现象，有效地提高了充电效率。脉冲快速充电速度快，充电时间大大缩短，一般初充电只需 5h 左右，补充充电只需 1～2h。可以增加蓄电池容量，去极板硫化作用明显，但充电过程中会产生大量气泡，对极板活性物质的冲刷力强，易使活性物质脱落，对蓄电池的使用寿命有一定影响。

（2）充电设备　通常采用的充电设备如图 1-12 所示。

（3）汽车新蓄电池的充电方法　当今汽车上的电动设备越来越多，车主在使用这些电动设备时，尽量不要让蓄电池超负荷工作。蓄电池的超负荷工作会减少蓄电池的寿命。掌握正

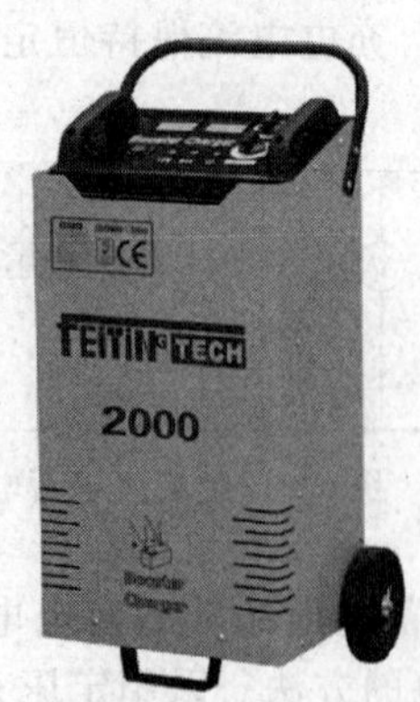

图 1-12　通常采用的充电设备

确的蓄电池充电方法很重要。通常情况下给汽车蓄电池充电分新电池初次充电和之后充电两种情况。现在汽车新蓄电池一般不需要充电。

① 首先将电池正极接充电器的正极，电池负极接充电器负极。

② 蓄电池初充电分为两个阶段进行：首先用初充电电流充到电解液放出气泡，单格电压升到 2.3～2.4V 为止。然后将电流降为 1/2 初充电电流，继续充到电解液放出剧烈的气泡，密度和电压连续 3h 稳定不变为止。全部充电时间约为 45～65h。

③ 充电过程中应常测量电解液温度，用电流减半、停止充电或冷却的方法，将温度控制在 35～40℃，初充电完毕时，若电解液密度不合规定，应用蒸馏水或密度为 1.4g/cm^3 的电解液进行调整。调整后再充电 2h，直至密度符合规定时为止。

④ 汽车新电瓶第一次充电后往往达不到容量，应进行放电循环。用放电计放电（即用额定容量 1/20 的电流放电至单格电压降到 1.75V 为止），然后再补充充电充足，经过一次充、放电循环若容量仍低于额定容量的 90%时，应再进行一次充、放电循环。直至达到规定的容量。

4. 充电注意事项

（1）充电前，应将充电机导线夹子与蓄电池极桩连接牢固；停止充电时，应先切断电源，再去下导线夹子，防止火花产生。

（2）充电过程中，要密切观察各单格电池的电压和密度变化，及时判断其充电程度和技术状况。

（3）在充电过程中，应经常测量电解液的温度，超过 45℃时，应立即停止充电。

（4）初充电时，应连续进行，不能长时间间断。

（5）配制和灌入电解液时，要注意安全操作。

（6）如直接在汽车上对蓄电池进行充电，应拆下蓄电池正、负极柱上导线。

（7）充电室要安装通风装置，并严禁明火。

（8）充电设备不应和蓄电池放置在同一工作间。

资讯四　蓄电池的容量及影响蓄电池容量的因素

1. 蓄电池容量

蓄电池容量是指完全充足电的蓄电池在规定的放电条件下所能输出的电量，用“C”表示，单位为 A·h（安·时）。蓄电池容量表示蓄电池对外供电的能力，是衡量蓄电池性能的优劣和选用蓄电池的重要指标。

蓄电池容量等于放电电流和持续放电时间的乘积，即

$$C=It$$

式中　C——蓄电池容量，A·h；

I——放电电流，A；

t——放电时间，h。

2. 影响蓄电池容量的因素

蓄电池容量与很多因素有关，包括结构因素和使用因素。在结构方面，如增大极板的面积、提高活性物质的多孔率等都可提高蓄电池的容量。蓄电池在使用过程中，使用条件对蓄电池容量的影响尤为重要，如影响蓄电池容量的因素有放电电流、电解液温度、电解液密度等。

资讯五　怎样识别蓄电池型号

1. 蓄电池型号的规定

按照机械行业标准JB/T 2599—1993《铅酸蓄电池产品型号编制方法》的规定，铅酸蓄电池型号由三段四部分组成，即

Ⅰ—ⅡⅢ—Ⅳ

Ⅰ表示串联的单体蓄电池数，用阿拉伯数字表示。

Ⅱ表示蓄电池的类型，用汉语拼音表示。其含义为：

Q——启动用蓄电池；M——摩托车用蓄电池；C——船舶用蓄电池；B——航标用蓄电池。

Ⅲ表示蓄电池的特征，用汉语拼音表示，若是干封式铅酸蓄电池，则无字母。其含义为：

A——干式荷电；H——湿式荷电；W——免维护；F——防酸式；Y——带液式；M——密封式。

Ⅳ表示额定容量，用阿拉伯数字表示，其单位为A·h，但在型号内不标注单位。

2. 蓄电池型号示例

(1) 6—QA—100型蓄电池，表示蓄电池由6个单体电池串联组成，其额定电压时12V，额定容量为100A·h的启动型蓄电池。

(2) 6—QW—100型蓄电池，表示蓄电池由6个单体电池串联组成，其额定电压时12V，额定容量为100A·h的启动型免维护蓄电池。

资讯六　蓄电池的技术状况检查项目和规范使用方法

1. 蓄电池技术状况的检查

蓄电池技术状况的检查项目包括电解液液面高度的检查、电解液密度的检查、蓄电池端电压的检查等。通过以上检查，可以判定蓄电池的技术状况。

(1) 通过观察孔判断蓄电池技术状况　对于无加液孔的全封闭型免维护蓄电池，由于不能采用传统的密度计来测量电解液密度以判断其技术状况，为此，在这种免维护蓄电池内部一般装有一支小型密度计。如图1-13所示。

(2) 电解液液面高度检查

① 对于塑料壳体的蓄电池，可以直接通过外壳上的液面线检查。壳体前侧面上标有两

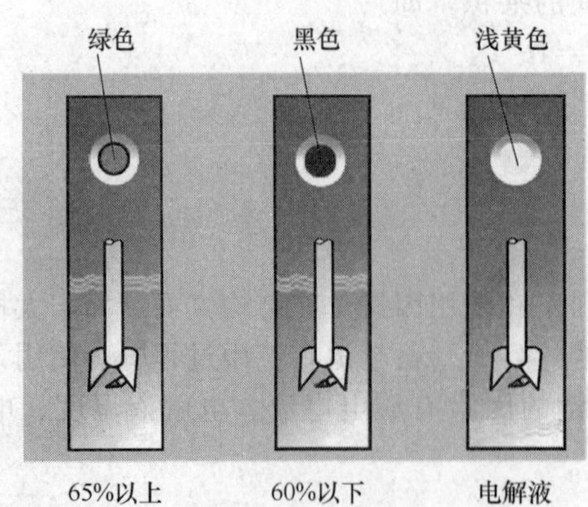

绿色：表示蓄电池的技术状况良好。
黑色：表示电解液密度偏低，应对蓄电池进行补充充电。
浅黄色：表示电解液液面过低，蓄电池已不能继续使用。

图 1-13 蓄电池观察孔

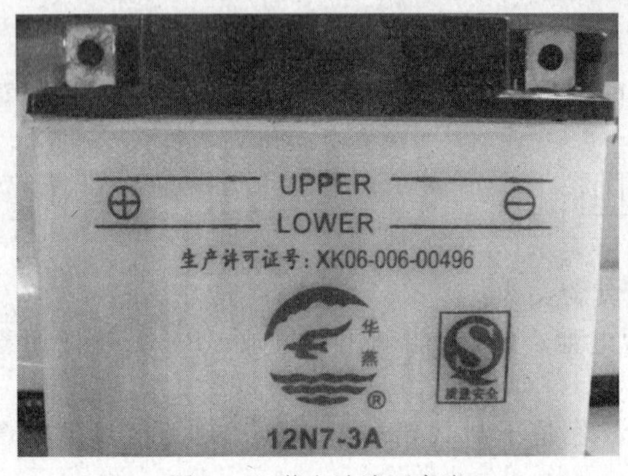

图 1-14 蓄电池液面高度

条平行的液面线，如图 1-14 所示。分别用“max”或“UPPER LEVEL”或“上液面线”和“min”或“LOWER LEVEL”或“下液面线”表示电解液液面的最高限和最低限，电解液液面应保持在高、低水平线之间，电解液不足应加注蒸馏水。

② 对于不能通过壳体上的液面线进行检测蓄电池，可采用玻璃管测量液面高度——玻璃管检查法。

检测方法是：（参见图 1-15）将玻璃管垂直插入蓄电池的加液孔中，直到与保护网或隔板上缘接触为止，然后用手指堵紧管口并将管取出，管内所吸取的电解液的高度即为液面高度，其值应为 10～15mm。

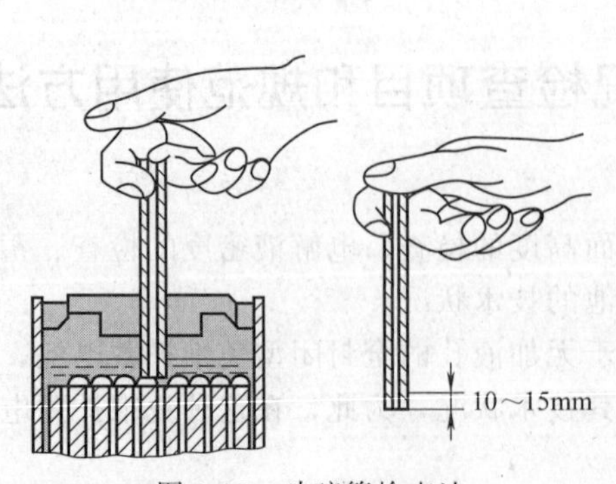

图 1-15 玻璃管检查法

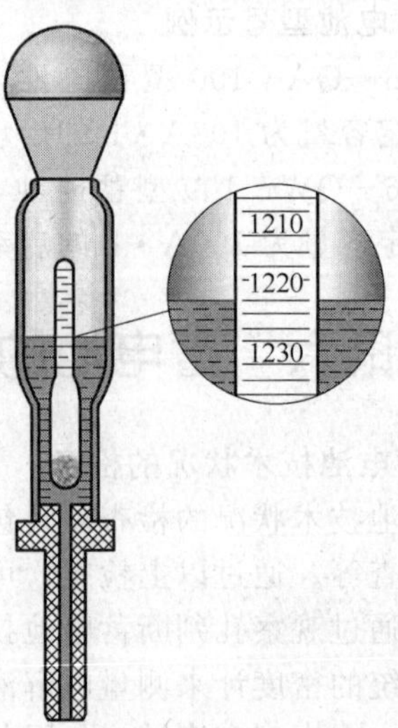

图 1-16 电解液密度计

（3）电解液密度的检查　测量蓄电池电解液密度时，先拧下加液孔盖，再将密度计下端的橡胶管伸入加液孔内，用手捏一下橡胶球，电解液就会被吸到管中，吸入的电解液不要过多或过少，使管内浮子浮起到合适的位置，读取密度计读数，读数时使密度计刻度线与眼睛平齐，如图 1-16 所示；检查测量时应防止电解液溅到人体或眼睛，以免造成事故。

通过测量电解液，可以判断蓄电池的放电程度，即电解液密度每下降 0.01g/cm^3，相当于蓄电池放电 6%左右。当电解液密度降到 1.2g/cm^3 以下时，说明蓄电池放电超过 50%，应及时对蓄电池进行补充充电。

（4）端电压检查　蓄电池的端电压可用 12V 的高率放电计，如图 1-17 所示。

图 1-17　高率放电计

方法如下：将点火开关置于关闭状态，按压高功率放电计测试开关并保持 5s 后放开，待测试仪上的指针静止不动后读出读数（如图 1 17 所示），此读数即为蓄电池的端电压：

① 如电压＜12V，则需要对蓄电池进行维护；

② 如电压＜11V，则需更换蓄电池。

2. 蓄电池的规范使用方法

（1）要经常保持蓄电池的外部清洁，以防间接短路和电极接线柱腐蚀。

（2）要经常检查蓄电池在车上的安装是否牢靠，电极接线柱与接线头的连接是否紧固。

（3）定期检查和调整各单格蓄电池内电解液液面高度。

（4）冬季补加蒸馏水时，只能在蓄电池充足电前进行。

（5）要经常检查加液孔盖是否拧紧，以免行车时因振动而使电解液溢出。

（6）使用启动机时，每次启动时间应不超过 5s，两次启动之间的时间间隔应大于 15s。

（7）对于车上使用的蓄电池，每月应拆下进行一次补充充电，新、旧蓄电池不允许混用。

（8）对暂时不用的蓄电池可放置在室内暗处进行湿储存。使用前，应重新充足电。

（9）对于长期不使用的蓄电池采用干储存法。

（10）未启用的新电池，其储存方法和时间应以出厂说明为准，其保管期限为两年。

（11）保管蓄电池时须注意，应保存在室温为 5～40℃的干燥、清洁及通风良好的地方，并不受阳光直射，远离热源，避免与任何液体和有害物质接触。

任务实施

任务实施一　蓄电池技术状况检查

一、任务准备

（1）设备：桑塔纳 2000 型拉轿车一辆、普通蓄电池一块。

（2）工具：世达工具一套、工具车、翼子板护垫三件套、抹布、万用表、电解液密度计、高率放电计等。

二、实施步骤

步骤 1　工具准备	
(1)准备翼子板护垫三件套、方向盘套、换挡手柄套、椅背套、脚垫、万用表、电解液密度计、高率放电计、维修手册、工作单、抹布等； (2)将上述工具在工具车上叠放整齐。	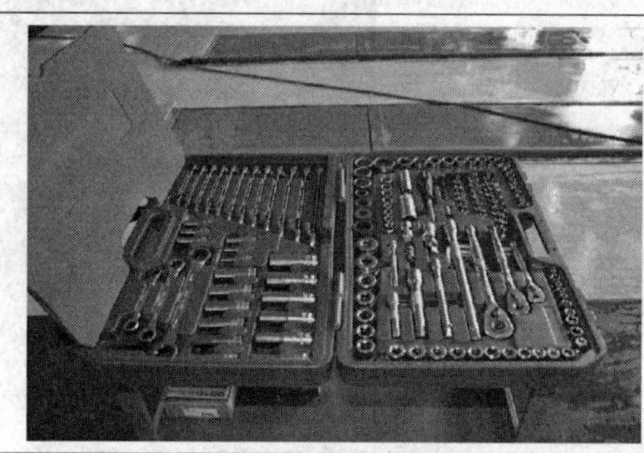
步骤 2　安装车轮挡块	
(1)正确安放车轮挡块能防止车辆意外移动； (2)左右前轮前端和左右后轮后端都必须安放车轮挡块。	
步骤 3　打开车门安装三件套	
(1)打开车门； (2)依次安装地板垫、方向盘套、座椅套等。	
步骤 4　确认变速器挡位杆置于空挡位置	

步骤5　拉紧驻车制动器	
拉紧驻车制动器	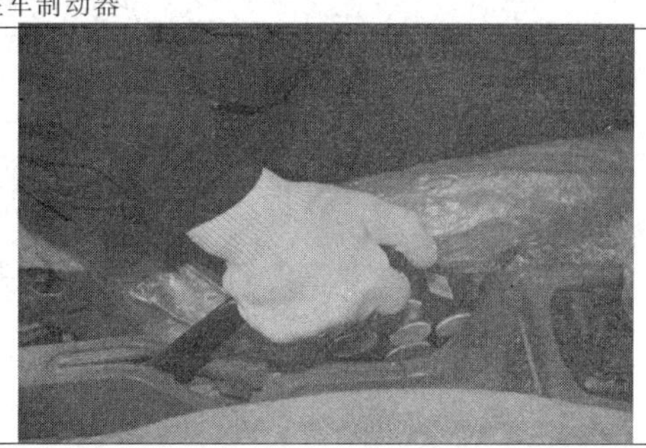
步骤6　打开发动机舱盖释放杆	
打开发动机舱盖释放杆开关(不同的车型位置和形状有所不同)。	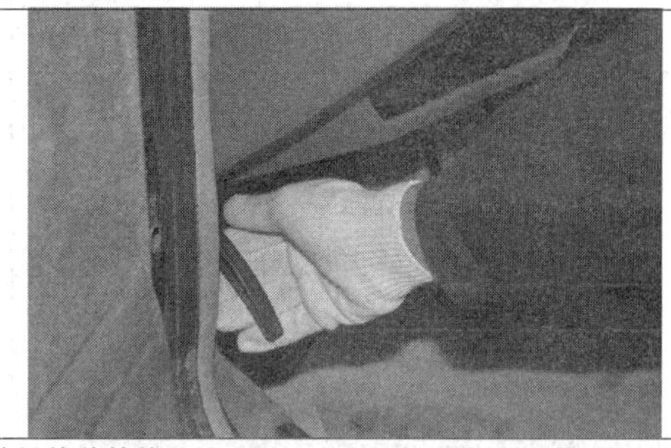
步骤7　打开发动机舱盖挂钩	
打开发动机舱盖挂钩。	
步骤8　打开发动机舱盖	
(1)打开发动机舱盖； (2)安装发动机舱盖支撑杆。	
步骤9　安装翼子板护垫和前格栅防护垫	
安装翼子板护垫和前格栅防护垫	

步骤 10　检查蓄电池液面高度

(1)关闭点火开关。

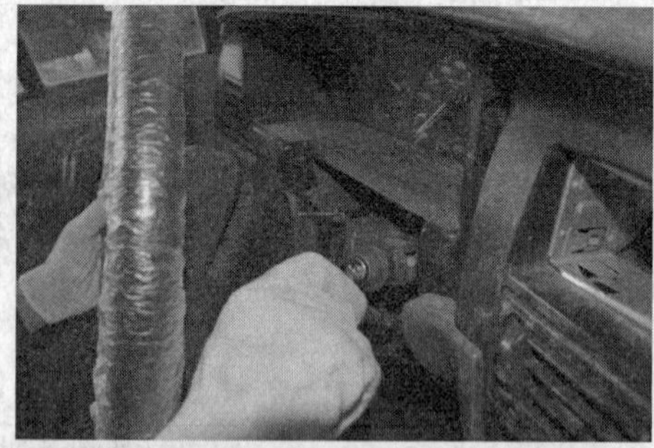

(2)拆下蓄电池负极电缆。

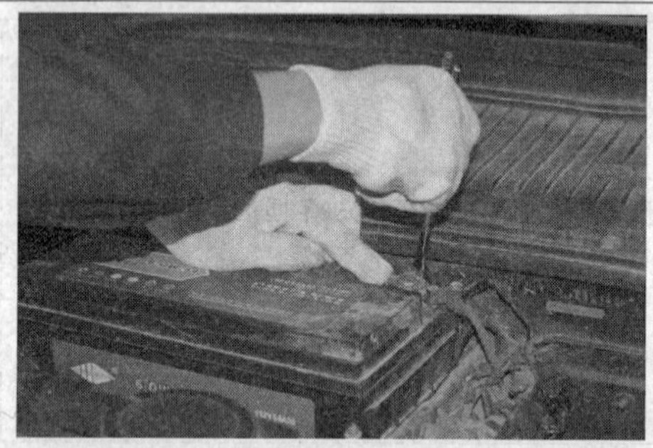

(3)检查蓄电池电解液液面高度。

首先检查蓄电池电解液是否泄漏;观察蓄电池电解液液面高度;其高度应在外壳的"Max"和"Min"指示线之间,如果电解液不足,则用蒸馏水补充。

(4)测量蓄电池密度。

使用蓄电池电解液密度计测量电解液密度。各单元格电池中电解液密度偏差不超过 $0.02g/cm^3$。如果电解液密度低,需要对蓄电池进行补充充电。如果一个或两个相邻单元格的电解液密度明显下降,则说明蓄电池有短路故障,应更换蓄电池。

(5)使用高率放电计测量蓄电池两极柱间电压,测试时间为 5～10s。负载电流为 110A 时,最小电压不得低于 9.6V。如果蓄电池电压低于规定数值,则需要对蓄电池进行补充电或者更换蓄电池。

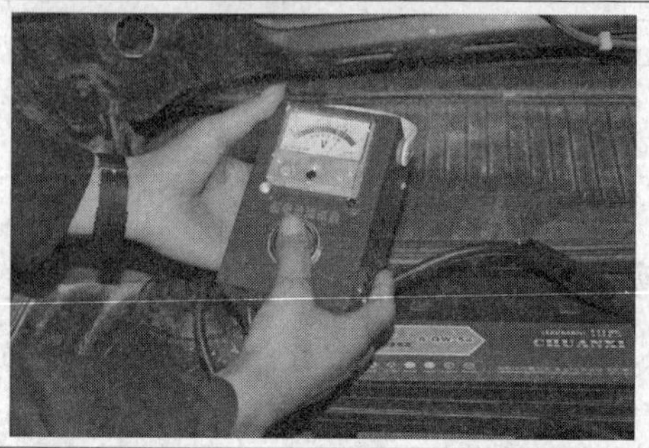

步骤 11　整理工具、清洁场地

任务实施二　就车更换蓄电池

一、任务准备

(1) 设备：丰田卡罗拉轿车一辆。

(2) 工具：世达工具 (150 套装)、工具车、抹布、翼子板护垫三件套等。

二、实施步骤

<table>
<tr><td colspan="2">步骤 1～步骤 9 同本学习任务的任务实施一</td></tr>
<tr><td colspan="2">步骤 10　拆卸蓄电池</td></tr>
<tr><td>(1)关闭点火开关。</td><td></td></tr>
<tr><td>(2)先拆下蓄电池的负极电缆，再拆下蓄电池的正极电缆。</td><td>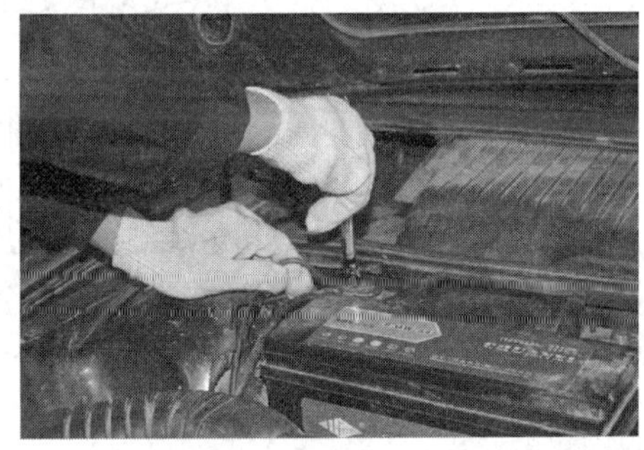</td></tr>
<tr><td>(3)拆下蓄电池。
拆下蓄电池压板；从支架中取出蓄电池。</td><td></td></tr>
<tr><td colspan="2">步骤 11　更换蓄电池</td></tr>
<tr><td colspan="2">(1)新的蓄电池必须与原蓄电池具有相同的电压(12V)、结构形式以及安全标志；
(2)电流强度和容量必须与原蓄电池一致；
(3)由于蓄电池含有硫酸和铅，因此绝对不可以作为生活垃圾处理。</td></tr>
</table>

步骤12　安装蓄电池

(1)将蓄电池放入支架中；

(2)按上蓄电池压板；

(3)安装电缆前，在电缆夹上涂上少量的耐酸油脂；

(4)先连接蓄电池正极电缆，然后连接蓄电池负极电缆。

步骤13　整理工具、清洁场地

学生作业单

姓名：	班级：	日期：

学习任务1　蓄电池的检查与更换

一、对照图，写出各标号的名称

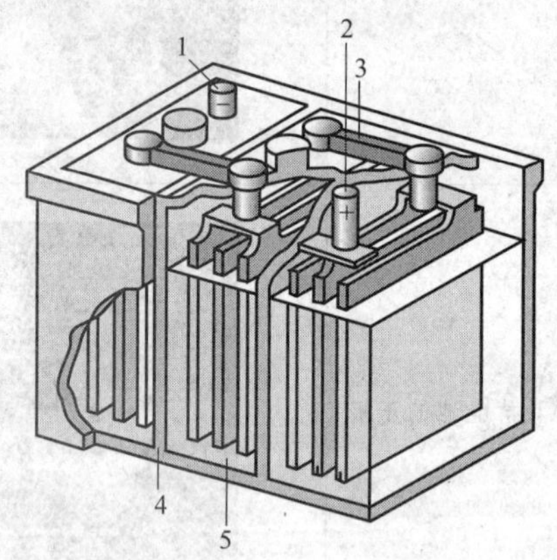

1________2________3________4________5________

二、填空题

1. 免维护蓄电池内装有小型密度计，如果绿色圆点明显，表明蓄电池__________；如果是浅黄色，表明需要__________。

2. 蓄电池一般充电步骤：____。

3. 蓄电池快速充电步骤：____。

个人成绩评定：

教师成绩评定：

小组任务实施计划

<table>
<tr><td rowspan="2">小组
信息</td><td>班级</td><td></td><td>日期</td><td></td></tr>
<tr><td>组长</td><td></td><td>小组
成员</td><td></td></tr>
<tr><td>任务名称</td><td colspan="2"></td><td>学时</td><td></td></tr>
<tr><td>任务描述</td><td colspan="2"></td><td>任务分析</td><td></td></tr>
<tr><td>实施方案</td><td colspan="3"></td><td>教师认可：</td></tr>
<tr><td>问题
记录</td><td colspan="4"></td></tr>
<tr><td>处理
方法</td><td colspan="4"></td></tr>
</table>

小组评定：

教师评定：

任务实施工作页

任务实施

一、清点工具、在准备好的工具后面空格打“√”

序号	设备工具	结果
1	翼子板护垫三件套	
2	万用表	
3	12V 高率放电计	
4	电解液密度计	
5	工具车	
6	零件车	
7	抹布	

二、按步骤完成作业项目，完成打“√”

（一）蓄电池技术状况检查

序号	作业项目	完成情况
1	安装车轮挡块	
2	打开车门安装三件套	
3	确认变速器挡位杆置于停车“P”挡位置	
4	拉紧驻车制动器	
5	打开发动机舱盖释放杆	
6	打开发动机舱盖挂钩	
7	打开发动机舱盖	
8	整理举升机举升臂归位	
9	安装翼子板护垫和前格栅防护垫	
10	取下发动机装饰盖	
11	检查蓄电池液面高度	
12	蓄电池电解液密度的检查	
13	蓄电池端电压的检查	

（二）就车更换蓄电池

序号	作业项目	完成情况
	拆卸蓄电池	
1	关闭点火开关	
2	先拆下蓄电池的负极电缆，再拆下蓄电池	
3	拆下蓄电池压板	
4	从支架中取出蓄电池	
	更换蓄电池	
5	新的蓄电池是否与原蓄电池具有相同的电压(12V)、结构形式以及安全标志	
6	电流强度和容量是否与原蓄电池一致	
	安装蓄电池	
7	将蓄电池放入支架中	
8	安上蓄电池压板	
9	安装电缆前，在电缆夹上涂上少量的耐酸油脂	
10	先连接蓄电池正极电缆，然后连接蓄电池负极电缆	

小组评定：

教师评定：

评价与反馈

1. 填写学习任务评价表

学习任务评价表

评价项目	评价内容	分值	学生自评（20%）	小组评价（30%）	教师评价（50%）
信息收集	对任务或问题的理解程度	5			
	收集信息的完整性	5			
	对信息(知识)的领会性	5			
制定计划	计划制定参与程度	5			
	计划的合理性及实用性	10			
修改计划	和老师怎么讨论计划	8			
	和老师讨论后，是否知道如何改进计划	3			
	计划修改后的完整性	4			

续表

评价项目	评价内容	分值	学生自评（20%）	小组评价（30%）	教师评价（50%）
实施	是否按计划进行工作	10			
	是否亲自实施计划	10			
	是否记录工作过程及结果	15			
检查	是否按计划的要求去完成任务	4			
	是否达到预期目标	3			
	整个工作流程是否与标准流程符合	3			
评价	是否按计划完成了任务或解决了问题	3			
	在哪个环节上可以改进	3			
	学习团队的合作情况	4			
小计		100			
合计					
教师评语	教师签字：				

2. 在实施的过程中，是否存在一些安全隐患，请找出容易忽视地方。

3. 能否口述蓄电池技术状况检查的流程。

学习拓展

安装蓄电池时，为什么要先装蓄电池正极电缆，后装蓄电池负极电缆？

学习任务二

充电指示灯故障检修

知识目标

1. 叙述充电系统的作用；
2. 叙述充电系统的结构；
3. 叙述交流发电机的工作原理与使用。

能力目标

1. 规范地检查发电机 V 带松紧度；
2. 规范地检查交流发电机电压调节器；
3. 正确地使用工具和设备。

素质目标

培养学生形成规范的操作习惯、养成良好的职业行为习惯。

学习任务引入与分析

某轿车，据车主反映该车充电指示灯一会儿亮一会儿灭，并且蓄电池严重亏电。经过维修人员分析为充电系统出现故障。需要你按照“维护标准和要求”，对交流发电机和电压调节器进行检修。

学习内容

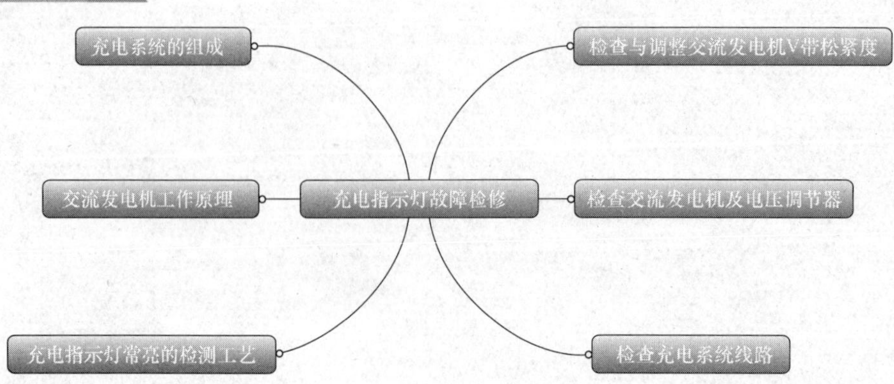

知识准备

资讯一　电源系统的组成

电源系统的组成如图 2-1 所示。汽车有两个电源，即蓄电池和发电机，蓄电池和发电机采用并联的方式连接，并与用电设备并联。发动机停止运转或启动时，由蓄电池向所有的用电设备供电；发动机正常工作时，由发电机向用电设备供电，同时给蓄电池充电。电压调节器使发电机在转速变化时保持发电机输出的电压趋于一个恒定状态。充电指示灯（或电流表）用来指示蓄电池的工作状态，即充电和放电。

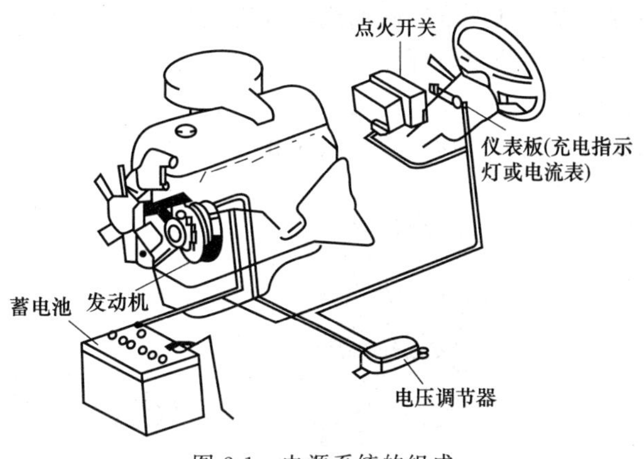

图 2-1　电源系统的组成

资讯二　交流发电机的组成及其作用

发电机是汽车的主要电源，其作用是在发动机正常运转时，除向启动机以外的所有用电设备供电，同时还向蓄电池充电。

汽车用发电机为硅整流交流发电机，包括一个三相同步交流发电机和用硅二极管组成的整流器，如图 2-2 所示。

图 2-2　发电机的组成

1. 三相交流发电机的作用及构造

三相同步交流发电机的作用是产生三相交流电。它由转子、定子、皮带轮、风扇、前端盖、后端盖、电刷及电刷架等部件组成。

（1）转子　转子是交流发电机的磁场部分，用于建立磁场。主要由两块爪极、磁场绕组、轴和滑环等组成。两块爪极各具有 6 个鸟嘴形磁极，压装在转子轴上，在爪极的空腔内装有磁轭，其上绕有磁场绕组（又称励磁绕组或转子线圈）。磁场绕组的两引出线分别焊在与轴绝缘的两个滑环上，滑环与装在后端盖上的两个电刷接触。当两电刷与直流电源接通时，磁场绕组中便有磁场电流通过，产生轴向磁通，使得一块爪极被磁化为 N 极，另一块爪极为 S 极，从而形成了六对相互交错的磁极，实物如图 2-3 所示。

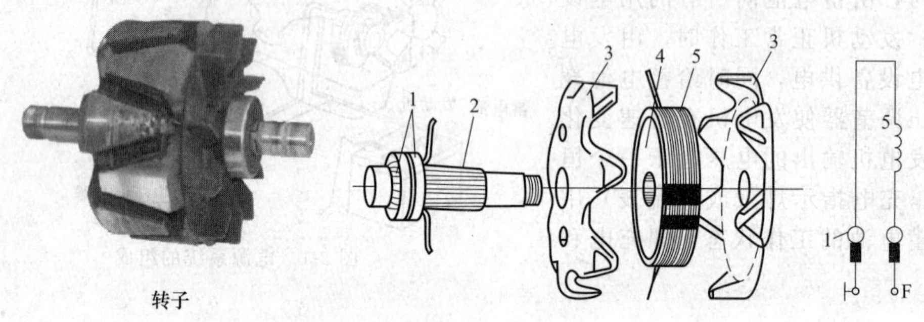

图 2-3　交流发电机转子总成

1—集电环；2—转子轴；3—爪极；4—磁轭；5—励磁绕组

（2）定子　定子由定子铁芯和定子绕组组成，用于产生交流电。定子铁芯由相互绝缘的内圆带嵌线槽的圆环状硅钢片叠成。嵌线槽内嵌入三相对称的定子绕组。绕组的接法有星形（即 Y 形）、三角形两种方式。一般采用星形连接，即每相绕组的首端分别与整流器的硅二极管相接，每相绕组的尾端接在一起，形成中性点 N，实物如图 2-4 所示。

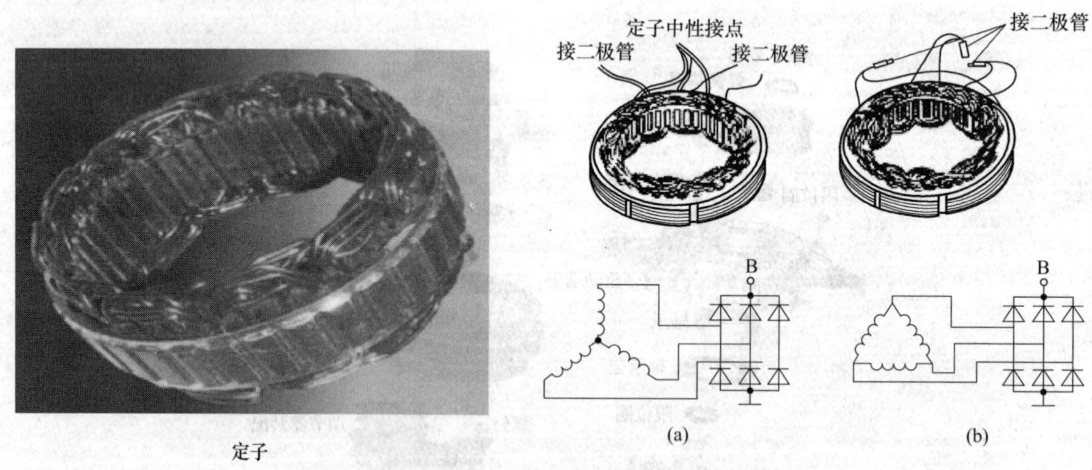

图 2-4　定子绕组的连接方式

（3）前后端盖　如图 2-5 所示，前端盖、后端盖是由非导磁材料铝合金制成的，漏磁少，并具有轻便、散热性能好等优点。在后端盖上装有电刷架和电刷。

（4）电刷与电刷架　电刷及电刷架如图 2-6 所示，电刷总成由两只电刷、电刷弹簧和电刷架组成。两只电刷装在电刷架的孔内，借电刷弹簧的压力与滑环保持接触，用于给发电机

图 2-5　前后端盖

转子绕组提供磁场电流。电刷架由酚醛玻璃纤维塑料模压而成或用玻璃纤维增强尼龙制成，安装在发电机的后端盖上。

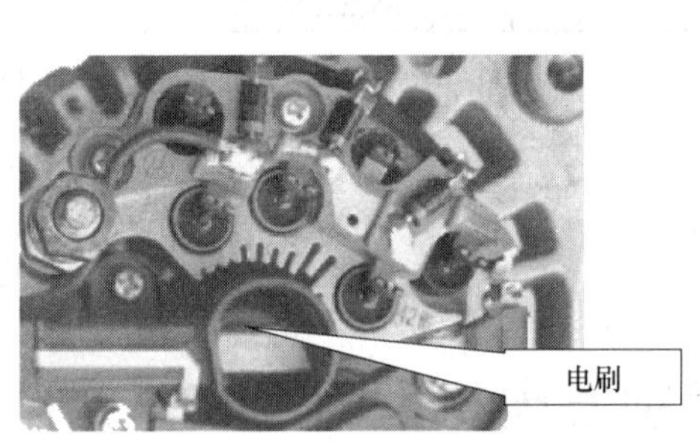

图 2-6　电刷与电刷架实物图

国产交流发电机的电刷架有两种结构，如图 2-7 所示。一种为外装式，即电刷更换在发电机外部进行；另一种为内装式，即电刷架的拆装和更换在发电机解体后进行。

(5) 风扇和皮带轮　风扇及皮带轮实物如图 2-8 所示。交流发电机的前端装有皮带轮，由发动机通过风扇传动带驱动发电机旋转。在皮带轮的后面装有叶片式风扇，前后端盖上分别有出风口和进风口。当发动机带动发电机高速旋转时，可使空气流经发电机内部，对发电机进行冷却。

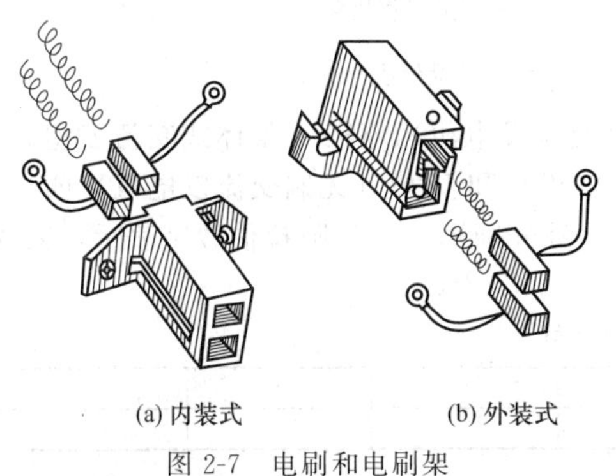

图 2-7　电刷和电刷架

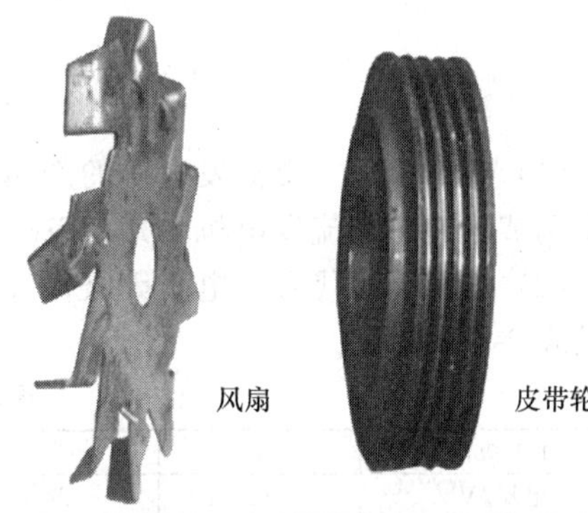

图 2-8　风扇及皮带轮

2. 整流器构造及其工作原理

整流器的作用是将三相同步交流发电机产生的三相交流电变成直流电输出。整流器一般由 6 只硅二极管接成三相桥式整流电路，如图 2-9 所示。整流二极管有两种，即正二极管和负二极管。正二极管的引线为二极管的正极，外壳为负极，在管底壳上一般有红色标记；负二极管的引线为二极管的负极，外壳为正极，管底壳上一般有黑色或蓝色标记；如图 2-10 所示。

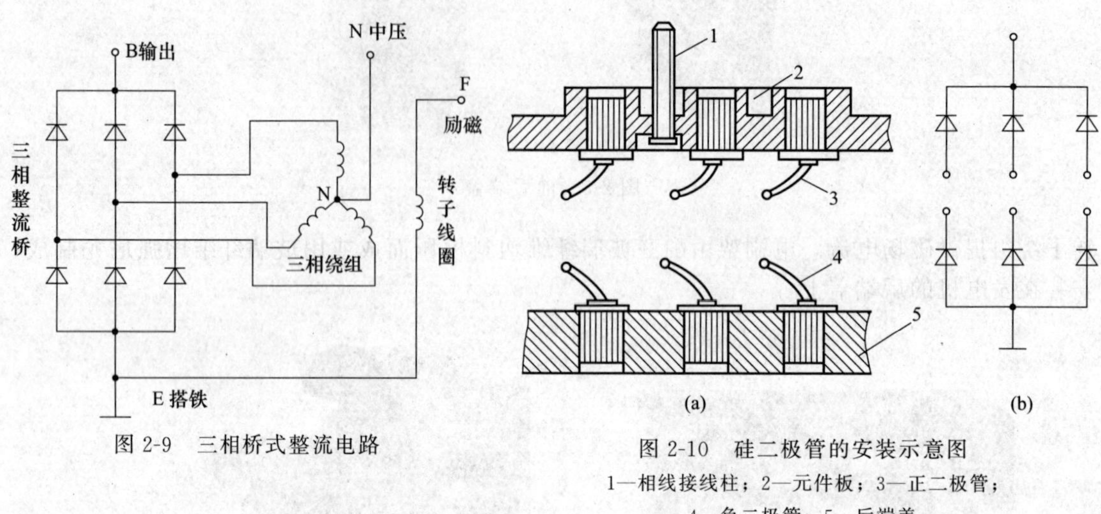

图 2-9　三相桥式整流电路

图 2-10　硅二极管的安装示意图
1—相线接线柱；2—元件板；3—正二极管；4—负二极管；5—后端盖

资讯三　如何识别发电机型号

1. 交流发电机型号的规定

根据我国汽车行业标准《汽车电气设备产品型号编制方法》（QC/T 73—93）的规定，国产交流发电机型号的组成如下：

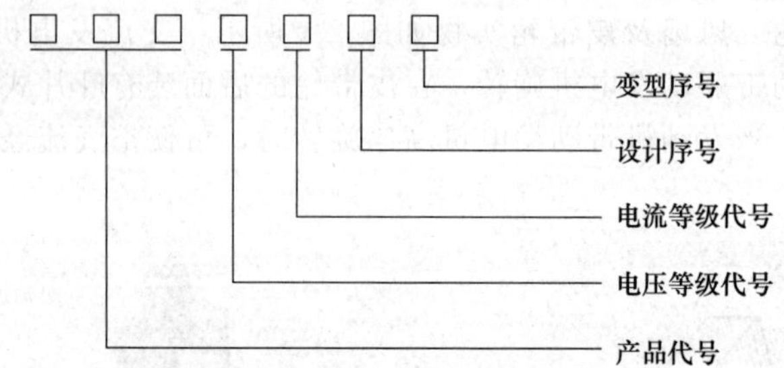

（1）产品代号　交流发电机的产品代号有 JF（交流发电机）、JFZ（整体式交流发电机，电压调节器装在交流发电机内）、JFB（带泵交流发电机）和 JFW（无刷交流发电机）四种。

（2）电压等级代号　电压等级代号和电流等级代号分别用用一位阿拉伯数字表示，其含义见表 2-1 和表 2-2。

表 2-1　电压等级代号

电压等级代号	1	2	3	4	5	6
电压/V	12	24	—	—	—	—

表 2-2　电流等级代号

电流等级代号	1	2	3	4	5	6	7	8	9
电流/A	～19	≤20～29	≤30～39	≤40～49	≤50～59	≤60～69	≤70～79	≤80～89	≥90

（3）设计序号　按产品设计先后顺序，由 1～2 位阿拉伯数字组成。

（4）变型代号　交流发电机以调整臂位置作为变型代号。从驱动端看，调整臂在中间时不加标记；调整臂在右边时用 Y 表示；调整臂在左边时用 Z 表示。

2. 交流发电机型号示例

JFZ1913Z 型交流发电机，表示电压等级为 12V、电流等级为≥90A、第 13 次设计、调整臂在左边的整体式交流发电机。

资讯四　交流发电机的工作原理

1. 发电原理

交流发电机的基本原理是电磁感应，如图 2-11 所示。当外加的直流电压作用在励磁绕组两端点的接线柱之间时，励磁绕组中便有电流通过，产生轴向磁场，两块爪形磁极磁化，形成了 6 对相间排列的磁极。磁极的磁力线经过转子与定子之间的空隙、定子铁芯形成闭合磁路。

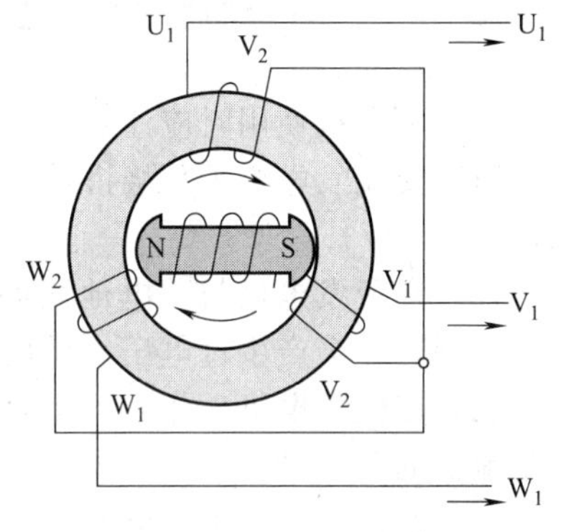

图 2-11　交流发电机工作原理

当转子旋转时，磁力线和定子绕组之间产生相对运动，在三相绕组中产生交流电动势；由于三相绕组是对称绕制的，所以产生的三相电动势也是对称的。

2. 整流原理

交流发电机定子绕组中感应产生的交流电，是靠 6 只二极管组成的三相桥式全波整流电路变为直流电的。利用二极管的单向导电特性，便可把交流电变为直流电。整流过程如图 2-12 所示。

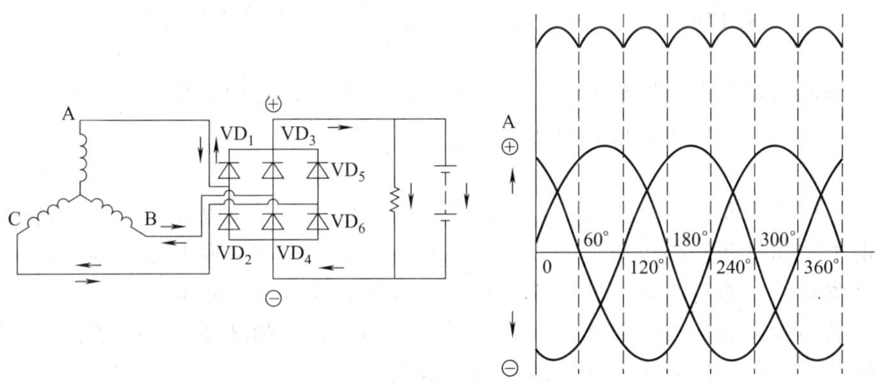

图 2-12　三相桥式整流电路工作过程

（1）二极管导通原则　由于 3 只正二极管（VD_1、VD_3、VD_5）的正极分别接在发电机三相绕组的始端（A、B、C）上，它们的负极又连接在一起，所以 3 只正二极管的导通原则是，在某一瞬间正极电位最高者导通。

由于 3 只负二极管（VD_2、VD_4、VD_6）的负极分别接在发电机三相绕组的始端，它们的正极又连接在一起，所以 3 只负二极管的导通原则是在某一瞬间负极电位最低者导通，三相整流电路如图 2-12 所示。

（2）发电机的励磁方式　交流发电机的励磁方式有它励和自励两种，即交流发电机开始发电时，由于二极管死区电压的存在，需先由蓄电池供给励磁电流。当发电机电压达到蓄电池电压时，即由发电机自己供给励磁电流，也就是由他励转变为自励。

由于交流发电机转子的爪极剩磁较弱，所以发电机在低速运转时，加在硅二极管上的正向电压也很小，此时二极管的正向电阻较大，较弱的剩磁产生的很小的电动势很难克服二极管的正向电阻，使发电机电压不能迅速建立起来。这样，发电机低速充电的要求就不能满足。

因此，汽车上发电机必须与蓄电池并联，开始由蓄电池向励磁绕组供电，使发电机电压很快建立起来并转变为自励状态，蓄电池被充电的机会就多一些，有利于蓄电池的使用维护。

资讯五　交流发电机的正确使用方法

交流发电机使用时应注意：

(1) 交流发电机为负极搭铁，蓄电池必须负极搭铁，不得接反，否则，将损坏整流器的二极管。

(2) 交流发电机与蓄电池之间的导线要连接可靠，切不能在交流发电机工作时任意拆开，否则，将会产生过电压，易损坏电子元件。

(3) 交流发电机工作时，不允许用试火的方法检查交流发电机是否发电，否则，容易损坏整流器的二极管。

(4) 交流发电机不发电或发电量小时，应及时检修，否则，易导致蓄电池充电不足。

(5) 发动机熄火后，应将点火开关断开，防止蓄电池通过励磁电路放电。

(6) 整流二极管与定子相连接和内置式调节器未拆下时，绝对禁止用绝缘电阻表或220V试灯测试发电机的绝缘性能，以免损坏二极管和电子器件。

资讯六　电压调节器的作用及其类型

(1) 电压调节器　电压调节器是发电机电压调节装置，其功能是在发电机转速变化的情况下，自动调节发电机电压，使其电压保持在规定范围内。

(2) 电压调节器的类型　按照电压调节器的结构特点和工作原理，可分为机械电磁振动式调节器和电子调节器两类。机械电磁振动式调节器通过触点反复开闭来调节励磁电流，这种调节器由于结构复杂、调压质量差、故障率较高，所以现在车辆上已不再使用。电子调节器是利用晶体管的导通与截止，使励磁电路接通或切断来调节励磁电流。电子式调节器按结构形式分为晶体管式和集成电路式；按安装形式分为内装式和外装式；按搭铁形式分为内搭铁式和外搭铁式；按功能分为单功能型和多功能型。

资讯七　电压调节器的调压原理

由三相同步交流发电机原理可知，发电机端电压的变化规律为：

$$E=C\Phi n$$

式中，E 为感应电动势；C 为发电机结构常数；Φ 为磁极磁通；n 为发电机转速。由此可知，发电机结构常数 C 是不能改变的，电动势 E 与交流发电机转速 n 和磁通 Φ 成正比。交流发电机转速 n 随着发动机转速在很大范围内变化。如果要在交流发电机转速 n 变化时维持交流发电机输出电压恒定，则必须相应地改变磁极磁通 Φ。因为磁极磁通 Φ 取决于励磁电流的大小，所以在交流发电机转速 n 变化时，只要自动调节磁场电流，就能使交流发电机输出电压保持在规定的范围内。电压调节就是利用自动调节励磁电流使磁极磁通改变这一原理来调节交流发电机输出电压的。

1. 电子调节器

电子调节器是利用三极管的开关特性制成的，即将三极管作为一只开关串联在发电机的磁场电路中，根据发电机输出电压的高低，控制三极管的导通和截止，调节发电机的磁场电流使发电机输出电压稳定在某一规定的范围之内。

电子调节器有内搭铁和外搭铁之分，分别与内搭铁或外搭铁式发电机匹配使用。

如图 2-13 所示为内搭铁式电子调节器的基本电路原理。通常由功率开关三极管、信号放大和控制电路以及电压信号的检测电路三部分电路组成。

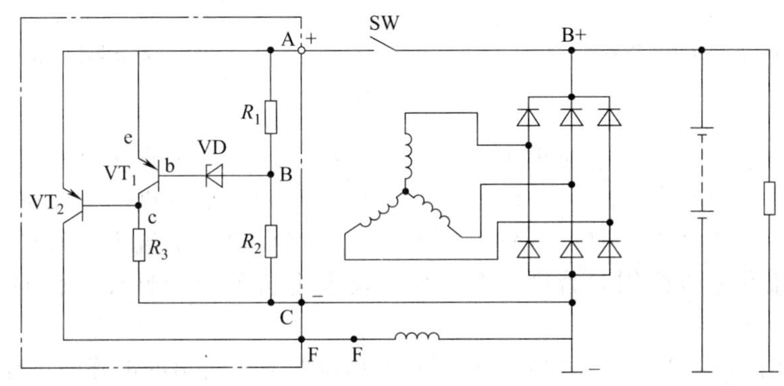

图 2-13　内搭铁接线方式

当合上点火开关 SW 后，蓄电池电压便加在 A、C 两端，R_1 上的分压 U_{AB} 通过三极管 VT_1 的发射结加到稳压管 VD 上，由于蓄电池电压低于发电机的规定电压值，故此时加到稳压管 VD 上的电压值小于其反向击穿电压 U_{VD}，稳压管 VD 截止，VT_1 截止，VT_2 则由 R_3 提供偏置电流而处于饱和导通状态，蓄电池便经 VT_2 给磁场绕组提供磁场电流。当发电机电压超过规定值时，VD 导通，VT_1 导通，使 VT_2 的发射结被短路，因而 VT_2 截止，从而切断了磁场电路，使得发电机电压迅速下降。如此反复，发电机的电压便被稳定于规定值。

2. 集成电路调节器

集成电路调节器是利用集成电路（IC）组成的调节器，将电路中的电子元件集成在一个基片上，制成一个芯片。集成电路电压调节器体积小，可以直接装在发电机内部或壳体上，构成整体式交流发电机，省去了电压调节器和发电机之间的导线，减少了线路故障的发生。

集成电路电压调节器也是利用晶体管的开关特性控制发电机励磁电流，使发电机输出电压保持恒定。集成电路电压调节器的电压检测方法分为发电机电压检测法和蓄电池电压检测法，如图 2-14 所示。如果它直接在发电机上检测发电机的输出电压称为发电机电压检测法；如果用连接导线检测蓄电池的端电压来调节发电机的输出电压称为蓄电池电压检测法。

3. 电压调节器的正确使用方法

电压调节器使用时应注意：

（1）电压调节器与交流发电机的电压等级必须一致，否则，电源系统不能正常工作。

（2）电压调节器与交流发电机的搭铁形式必须一致，内搭铁型电压调节器只能与内搭铁型发电机配用，而外搭铁型电压调节器只能与外搭铁型发电机配用，否则，发电机无磁场电流而不能输出电压。

（3）交流发电机的功率不得超过电压调节器设计时所能配用的交流发电机功率。因为

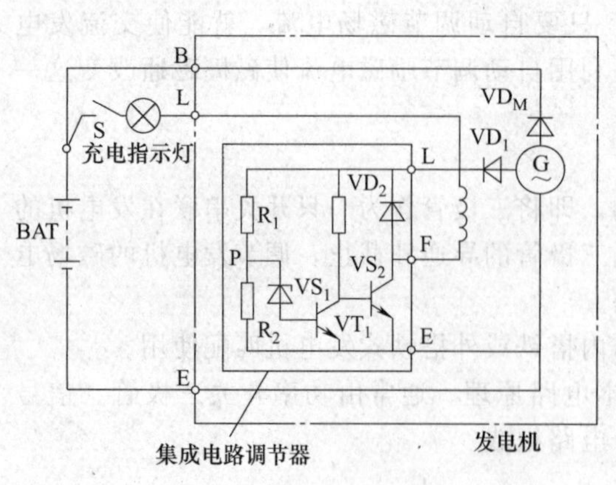

(a) 发电机电压检测法

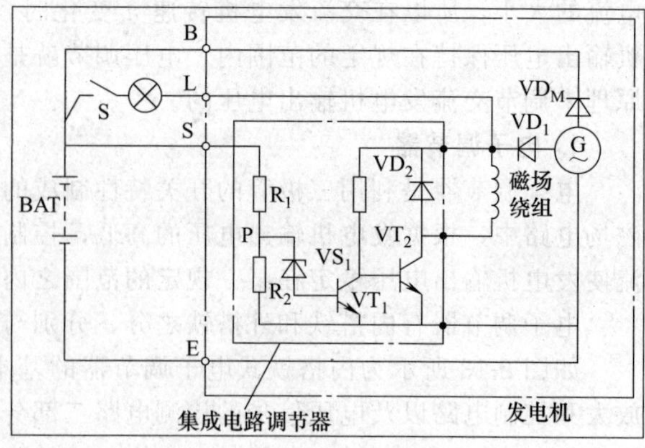

(b) 蓄电池电压检测法

图 2-14　电压检测方法

交流发电机的功率大，励磁电流也大。励磁电流越大，对电压调节器中控制励磁电流的大功率三极管的技术要求越高，成本也越高。大功率交流发电机的电压调节器配用小功率交流发电机，虽然可用，但成本较高，不经济。而小功率交流发电机的电压调节器不能与大功率交流发电机配用，否则，会降低交流发电机的输出性能，影响充电系统正常工作。

（4）线路连接必须正确。使用时必须根据使用说明书所给出的电路图正确连接电源系统线路，否则，充电系统不能正常工作，甚至会损坏电压调节器和发电机的器件。

（5）电压调节器必须受点火开关（或电源开关）控制。发动机熄火后，应及时将点火开关（或电源开关）断开。否则，可能烧坏电压调节器，还会造成蓄电池亏电。

资讯八　充电指示灯常亮的原因

1. 充电指示灯工作原理

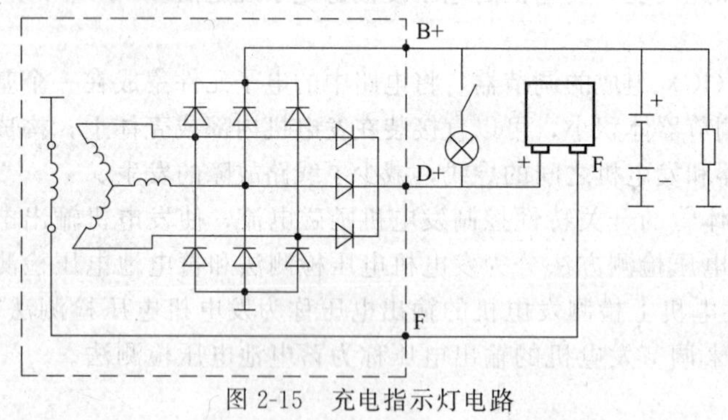

图 2-15　充电指示灯电路

充电指示灯电路如图 2-15 所示。充电指示灯受发电机 B＋电压和发电机 D＋电压的差值所控制。

接通点火开关，不启动发动机，电流从蓄电池“＋”→点火开关→充电指示灯→电压调节器“D＋”→电压调节器“F”→励磁绕组→搭铁→蓄电池“－”，充电指示灯亮。启动发动机，随发电机转速的升高，发电机 D＋电压升高，充电指示灯两端的电位差减小，充电指示灯会自动变暗直至熄灭。此后发电机 B＋与 D＋等电位，且高于蓄电池端电压，充电指示灯一直熄灭，发电机对蓄电池充电。

在正常情况下，打开点火开关，充电指示灯亮，启动发动机后，并提高发动机转速，充电指示灯熄灭。如果启动发动机后，且提高发动机转速，充电指示灯常亮，则表明不充电。一般根据充电指示灯的工作状态可以判断充电系统是否有故障。

2. 充电指示灯常亮的检测

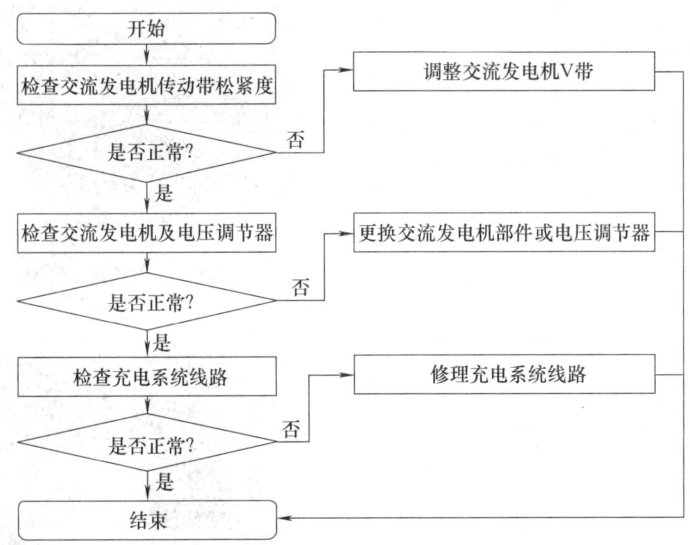

任务实施

任务实施一　检查与调整发电机 V 带的松紧度

一、任务准备

(1) 设备：桑塔纳 2000 型轿车一辆。

(2) 工具：扳手、旋具、弹簧加力器、维修手册等。

二、实施步骤

步骤 1　工具准备	
(1)准备翼子板护垫三件套、方向盘套、换挡手柄套、椅背套、脚垫、万用表、扳手、旋具、弹簧加力器、跨接线、试灯、维修手册等； (2)将工具在工具车上摆放整齐。	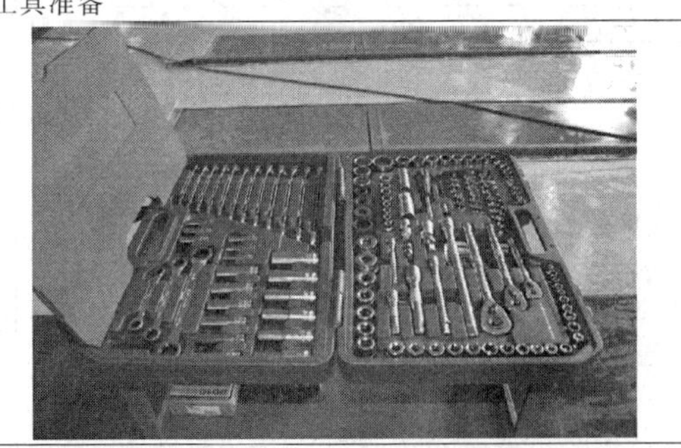
步骤 2　安装车轮挡块	
(1)正确安放车轮挡块能防止车辆意外移动； (2)左右前轮前端和左右后轮后端都安放车轮挡块。	

步骤3　打开车门安装三件套	
(1)打开车门； (2)依次安装地板垫、方向盘套、座椅套、挡杆套等。	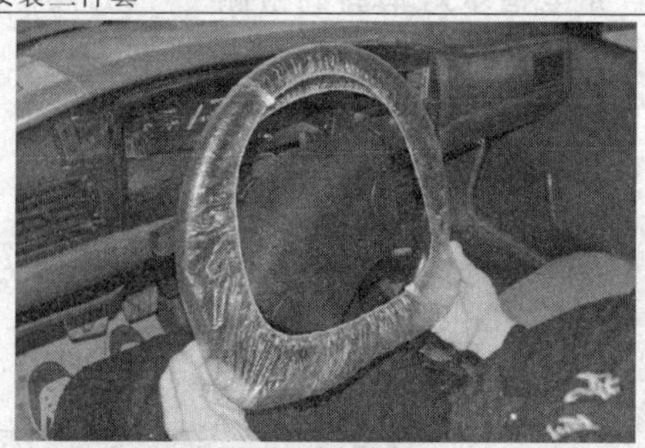
步骤4　确认变速器挡位杆置于空挡位置	
步骤5　拉紧驻车制动器	
拉紧驻车制动器。	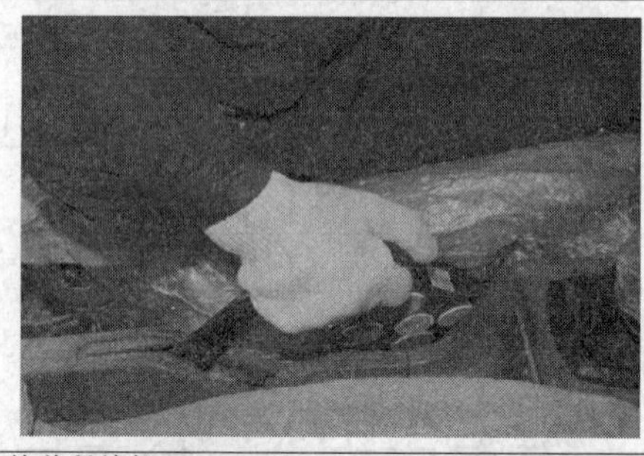
步骤6　打开发动机舱盖释放杆	
打开发动机舱盖释放杆开关(不同的车型位置和形状有所不同)。	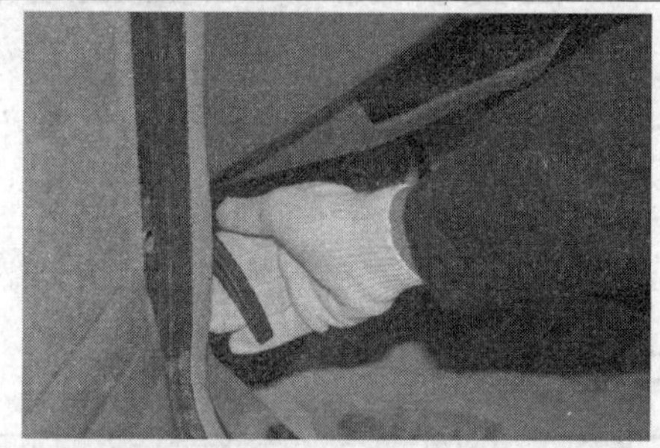
步骤7　打开发动机舱盖挂钩	
打开发动机舱盖挂钩。	
步骤8　打开发动机舱盖	
(1)打开发动机舱盖； (2)安装发动机舱盖支撑杆。	

步骤 9　安装翼子板护垫和前格栅防护垫	
安装翼子板护垫和前格栅防护垫	

步骤 10　检查发电机 V 带的挠度	
(1)用弹簧加力器在水泵带轮与发电机带轮之间 V 带的中部施加 40～50N 的力，其挠度应为 8～12mm； (2)或者用拇指在水泵带轮与发电机带轮之间 V 带中部下压时，其挠度应为 2mm(新带)或者 5mm； 如果不符合要求，则对 V 带进行调整。	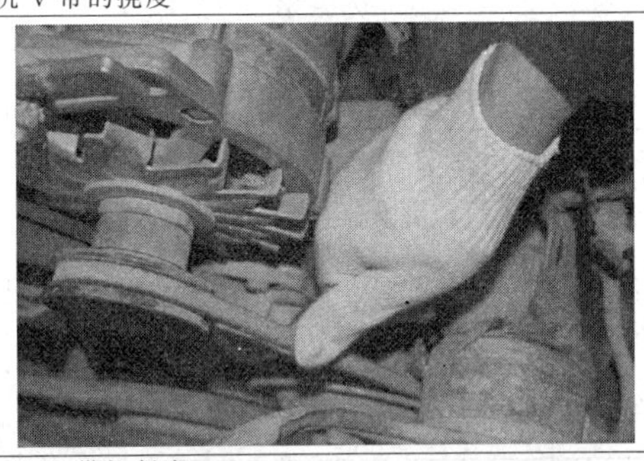

步骤 11　调整发电机 V 带松紧度	
(1)拧松张紧板和交流发电机支架紧固螺栓(至少松开一拳，紧固螺栓松开后，交流发电机靠自重倒向一侧)； (2)用扭力扳手转动张紧螺母使 V 带挠度符合规定数值； (3) 然后用 35N・m 的力矩拧紧张紧螺母上的紧固螺栓，再用 20N・m 的力矩拧紧发电机支架紧固螺栓； (4)再检查 V 带的松紧度是否合适，如果不符合要求，则重新调整。	

步骤 12　整理工具、清洁场地

任务实施二　交流发电机零部件以及电压调节器的检查

步骤 1　工具准备	
(1)扳手、旋具、跨接线、试灯、万用表、游标卡尺等； (2)桑塔纳 AJR 发电机实训台架及发电机零部件若干； (3)将上述工具在工具车上叠放整齐。	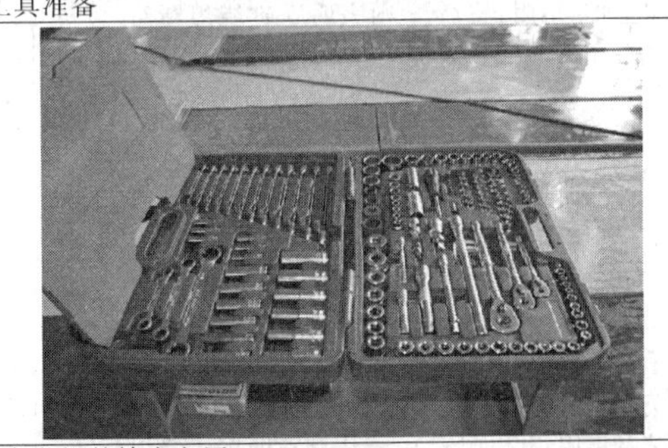

步骤 2　检查交流发电机的输出电压	
(1)将万用表的负表笔接发电机外壳，正表笔接交流发电机 B+接线柱，测得的电压应为蓄电池电压。如果无电压，则表明发电机 B+接线柱至蓄电池断路，应检修电路。 (2)测得蓄电池电压后，启动发动机，并提高发动机转速，此时测得的电压应高于蓄电池电压，否则说明发电机工作异常，应对发电机和调节器进行检修。	

步骤 3　转子的检查

(1)目测检查转子集电环表面是否光滑、清洁;如有油污则可用布沾些汽油将其擦拭干净;如果有轻微烧蚀或轻微划痕,则可用"00"号砂纸打磨。

(2)用游标卡尺测量集电环的磨损。

如果磨损超过 0.2mm,则应更换转子。

步骤 4　检查励磁绕组

(1)检查励磁绕组搭铁。

用万用表欧姆挡(×kΩ 挡)检查集电环与转子爪极(或转子轴)之间电阻,应为∞,否则说明励磁绕组搭铁,应更换转子。

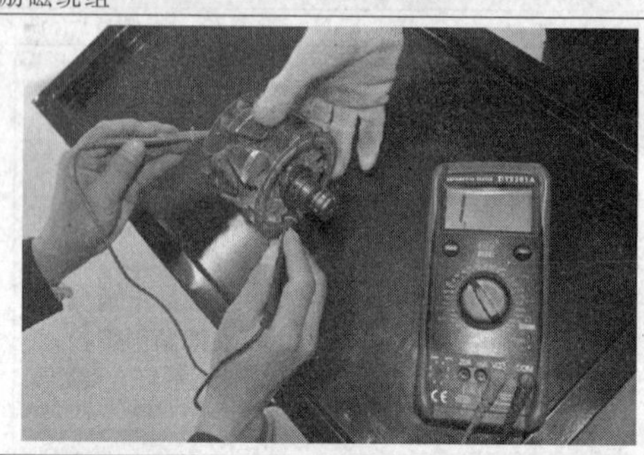

(2)检查励磁绕组短路或断路。

用万用表欧姆挡(×Ω 挡)检查两个集电环之间的电阻,应为 3~4Ω,如果电阻值小于 2Ω,则表明励磁绕组间短路;如果电阻值过大,则表明励磁绕组断路,应更换转子。

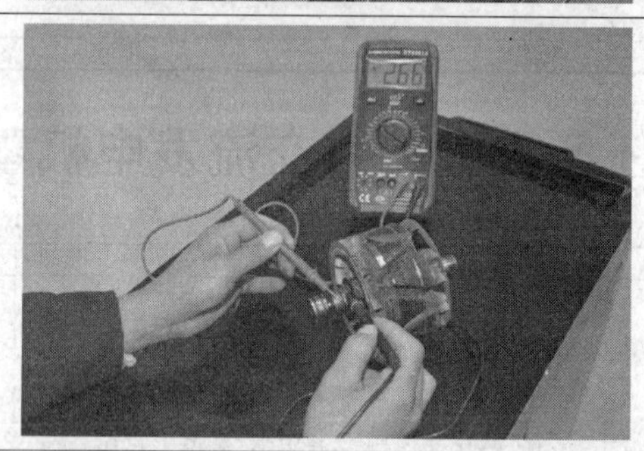

步骤 5　定子的检查

(1)检查定子绕组搭铁。

用万用表欧姆挡(×kΩ 挡)检查定子绕组引线和定子铁芯之间电阻,其电阻应为∞,否则说明定子绕组搭铁,应更换定子。

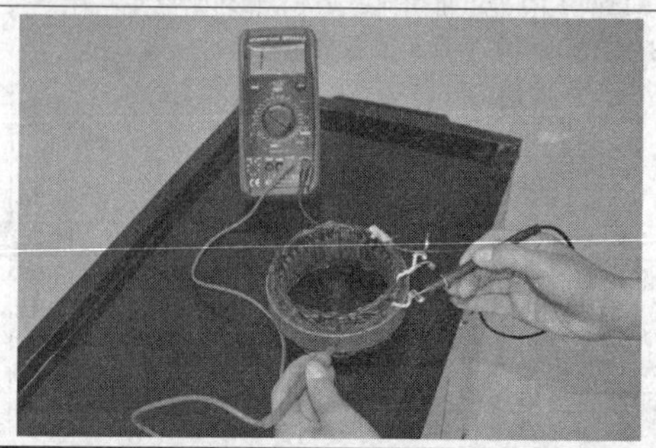

(2)检查定子绕组断路。 用万用表欧姆挡(×Ω挡)检查定子绕组引线和中性点引线之间电阻,其电阻应约为0Ω,否则说明定子绕组断路,应更换定子。	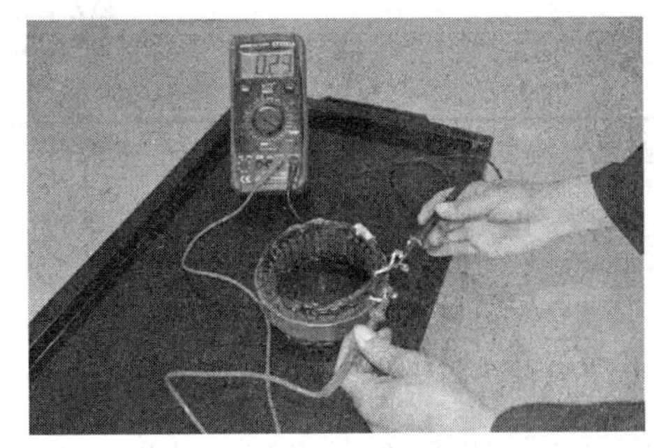

步骤6　整流器的检查

(1)用万用表的负表笔接二极管底板上的粗螺栓,正表笔依次接与定子绕组相接的各接点,每次测量的电阻值均应为50～80kΩ,将万用表的两个表笔对调后,测量其电阻值应大于10kΩ;测量数值不符,说明整流器有故障,应更换。	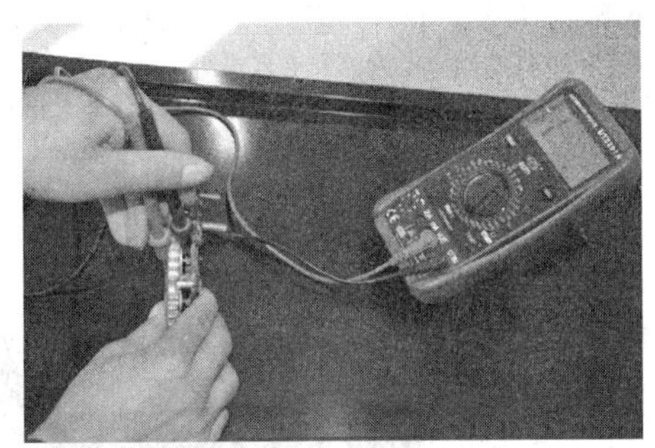
(2)将万用表正表笔接散热架(负极),负表笔依次与各接点相接,每次测量的电阻值均应为50～80Ω;将万用表的两个表笔对调后,测量其电阻值应大于10kΩ;测量数值不符,说明整流器有故障,应更换。	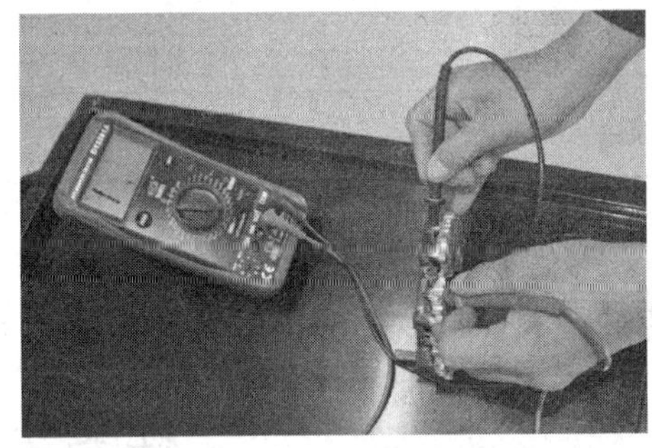

步骤7　电刷的检查

用游标卡尺测量电刷的长度;电刷的标准长度为13mm,使用极限为5mm。如果超过极限则应更换电刷。	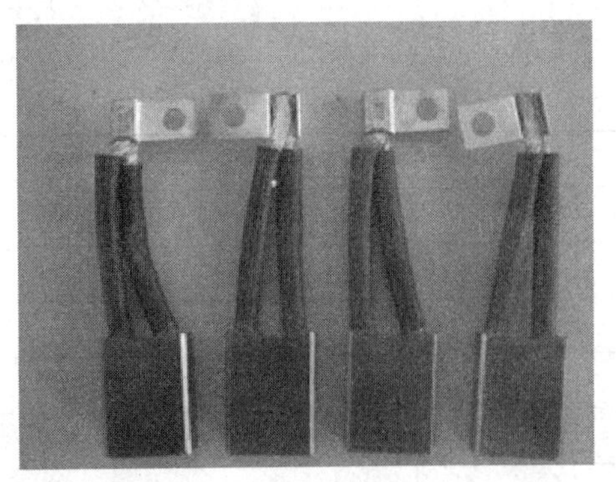

步骤8　整理工具、清洁场地

学生作业单

姓名：	班级：	日期：

学习任务　充电指示灯常亮的检修

一、填空题

1. 交流发电机是由一个____________及用硅二极管组成的____________所组成。

2. 交流发电机的转子是用来____________的，主要由转子轴、____________、爪型磁极、____________等组成。

3. 整流器的作用是把三相同步交流发电机所产生的________变成________输出，它一般由六个硅二极管接成________式全波整流电路。

4. 当给二极管加上正向电压时，二极管正向偏置，二极管________，呈现低阻状态；当给二极管加上反向电压时，二极管反向偏置，二极管________，呈现高阻状态。利用二极管的单向导电性，便可把交流电变为直流电。

5. 当蓄电池供给励磁电流的发电方式叫________。随着发电机转速升高，其电压也不断升高。当发电机电压高于蓄电池电压时，励磁电流由发电机自身供给，这种发电机供给励磁电流的发电方式叫做________。通常情况下，励磁方式是先________后________。

二、对照下图，写出各标号名称。

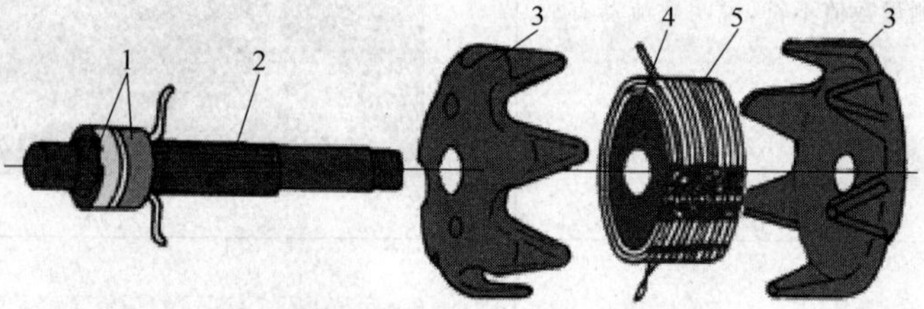

1 ________　2 ________　3 ________

4 ________　5 ________

个人成绩评定：

教师成绩评定：

任务实施工作页

任务实施一

一、清点工具、在准备好的工具后面空格打“√”

序号	设备工具	结果
1	扳手	
2	旋具	
3	弹簧加力器	
4	维修手册	
5	工具车	
6	零件车	
7	抹布	

二、按步骤完成作业项目，完成打“√”

（一）操作前准备工作

序号	作业项目	完成情况
1	安装车轮挡块	
2	打开车门安装三件套	
3	确认变速器挡位杆处于停车“P”挡位置	
4	拉紧驻车制动器	
5	打开发动机舱盖挂钩	
6	打开发动机舱盖	
7	取下发动机装饰盖	

（二）发电机V带松紧度的检查与调整

序号	作业项目	完成情况
1	用弹簧加力器检查发电机V带挠度	
2	用拇指检查法检查发电机V带挠度	
3	拧松张紧板和交流发电机支架紧固螺栓（至少松开一拳，紧固螺栓松开后，交流发电机靠自重倒向一侧）	
4	用扭力扳手转动张紧螺母使V带挠度符合规定数值	
5	然后拧紧张紧螺母上的紧固螺栓，再拧紧发电机支架紧固螺栓	
6	再检查V带的松紧度是否合适	

小组评定：

教师评定：

任务实施二

一、清点工具、在准备好的工具后面空格打“√”

序号	设备工具	结果
1	扳手	
2	旋具	
3	跨接线	
4	维修手册	
5	工具车	
6	零件车	
7	抹布	
8	试灯	
9	万用表	
10	游标卡尺	

二、按步骤完成作业项目，完成打“√”

交流发电机零部件以及电压调节器的检查

序号	作业项目	完成情况
1	检查交流发电机的输出电压	
2	转子的检查	
3	定子的检查	
4	整流器的检查	
5	电刷的检查	
6	电压调节器的检查	

小组评定：

教师评定：

评价与反馈

1. 填写学习任务评价表

学习任务评价表

评价项目	评价内容	分值	学生自评（20%）	小组评价（30%）	教师评价（50%）
信息收集	对任务或问题的理解程度	5			
	收集信息的完整性	5			
	对信息(知识)的领会性	5			
制定计划	计划制定参与程度	5			
	计划的合理性及实用性	10			
修改计划	和老师怎么讨论计划	8			
	和老师讨论后，是否知道如何改进计划	3			
	计划修改后的完整性	4			
实施	是否按计划进行工作	10			
	是否亲自实施计划	10			
	是否记录工作过程及结果	15			
检查	是否按计划的要求去完成任务	4			
	是否达到预期目标	3			
	整个工作流程是否与标准流程符合	3			
评价	按计划是否完成了任务或解决了问题	3			
	在哪个环节上可以改进	3			
	学习团队的合作情况	4			
小计		100			
合计					
教师评语	教师签字：				

2. 在实施的过程中，是否存在一些安全隐患，请找出容易忽视地方。

3. 能否口述发电机零部件检查的步骤。

学习拓展

1. 怎样测试交流发电机性能？

2. 查阅资料，说明哪些车型采用了整体式交流发电机。

学习任务三 启动机不工作的检修

知识目标

1. 叙述启动系统的作用与组成；
2. 叙述启动机的结构与工作原理；
3. 叙述启动机检测工艺流程。

能力目标

1. 能读懂给定的“检测工艺流程”，对结果进行分析；
2. 规范地检查启动机及线路；
3. 正确地使用工具和设备。

素质目标

培养学生形成规范的操作习惯、养成良好的职业行为习惯。

学习任务引入与分析

某轿车，据车主反映该车在启动发动机时，无响应；但是同时喇叭的蜂鸣声正常、前照灯灯光亮度正常。经维修人员分析该故障可能是由于启动系统存在故障而导致发动机不能启动。需要你按照“维护标准和要求”，确定故障部位并进行修理。

学习内容

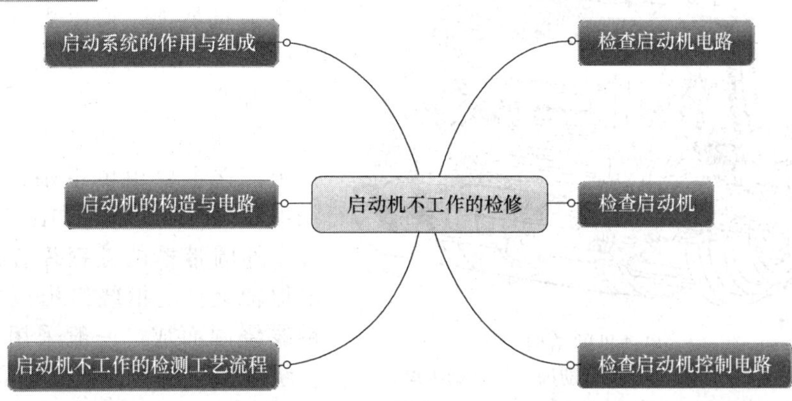

知识准备

资讯一　启动系统的作用及其组成

所谓发电机启动，是指发动机在外力作用下由被动旋转过渡到自行旋转的过程。发动机的启动方式有人力启动、电力启动、小型汽油机启动等几种形式。启动机启动属于电力启动，它具有操作安全方便、启动迅速可靠、可重复启动、劳动强度小等优点，在现代汽车上被广泛采用。

启动系统的作用是启动发动机。启动系统由串流励磁电动机、传动机构和控制装置组成，其主要部件包括蓄电池、启动机、启动继电器、点火开关等，如图 3-1 所示。

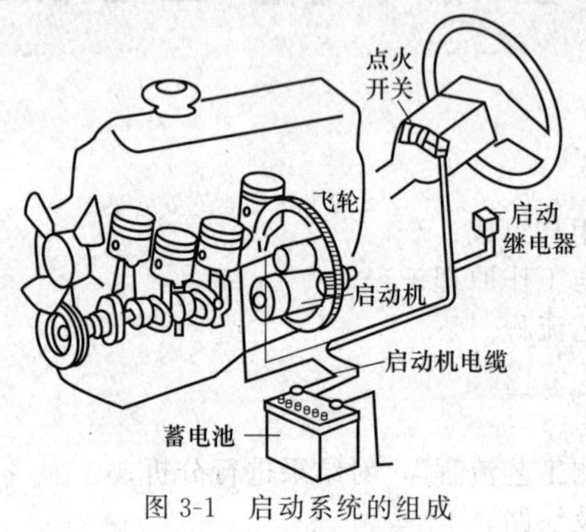

图 3-1　启动系统的组成

资讯二　启动机的组成和作用

启动机是启动系统的主要组成部分，其作用是产生扭矩，带动发动机曲轴转动，使发动机启动。启动机的种类有普通启动机、永磁式启动机和减速式启动机。

普通启动机一般由直流串励式电动机、传动机构和控制装置三大部分组成，其结构如图 3-2 所示。

1. 直流串励式电动机

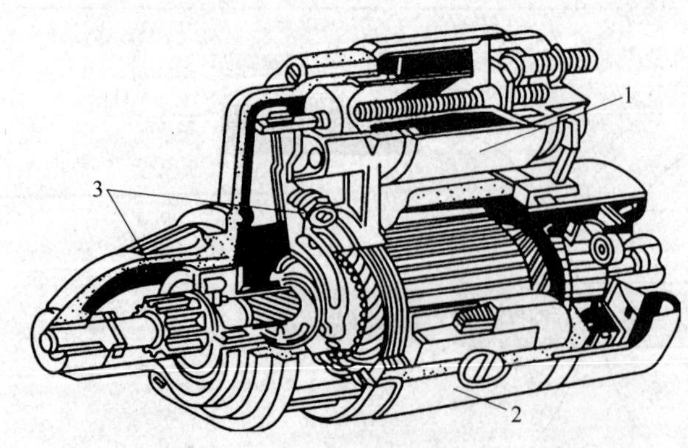

图 3-2　启动机的结构

1—控制装置；2—直流串励式电动机；3—传动机构

（1）直流串励式电动机的构造　直流串励式的作用是将蓄电池提供的电能转换为机械能，产生机械转矩。它主要由电枢、磁极、端盖、电刷与电刷架等组成。

① 电枢。又叫转子，作用是产生扭矩。它主要由电枢轴、铁芯、电枢绕组和换向器组成，如图 3-3 所示。铁芯由外圆带槽的硅钢片叠成后固定在电枢轴上。电枢绕组由较粗的矩形裸铜线绕制而成，一般采用波绕法，每一绕组相连接的换向片相隔 90°。换向

器由换向片组成，换向片之间均用云母绝缘。电枢绕组的两端焊接在换向片上。

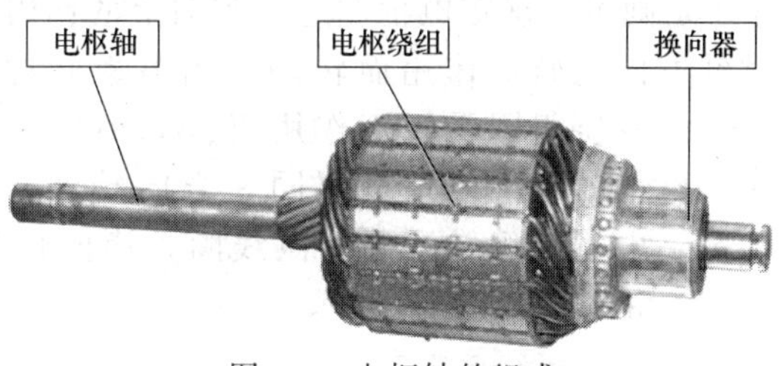

图 3-3　电枢轴的组成

② 磁极和外壳。磁极和外壳又叫做定子，它是电动机的磁场部分，用来产生磁场，如图 3-4 所示。磁极一般有 4 个，每个磁极都由磁极和励磁绕组两部分组成。铁芯通过螺钉固定在外壳的内圈，励磁绕组由较粗的矩形裸铜线绕制而成。励磁绕组一端接在外壳的绝缘接线柱上，另一端与两个绝缘电刷相连，励磁绕组与电枢绕组串联，这种直流电动机称为直流串励式电动机，如图 3-5 所示。

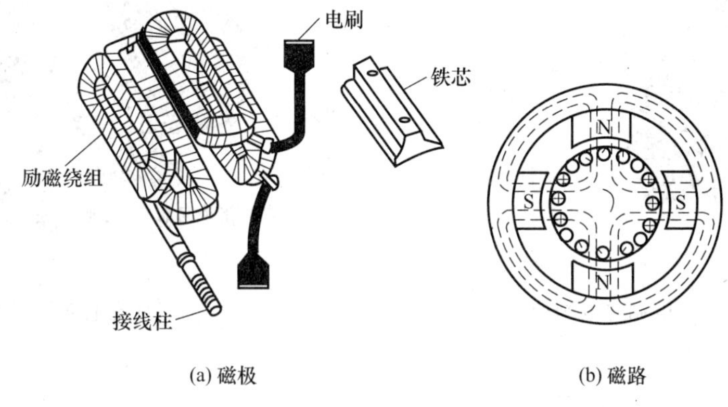

图 3-4　磁极和磁路

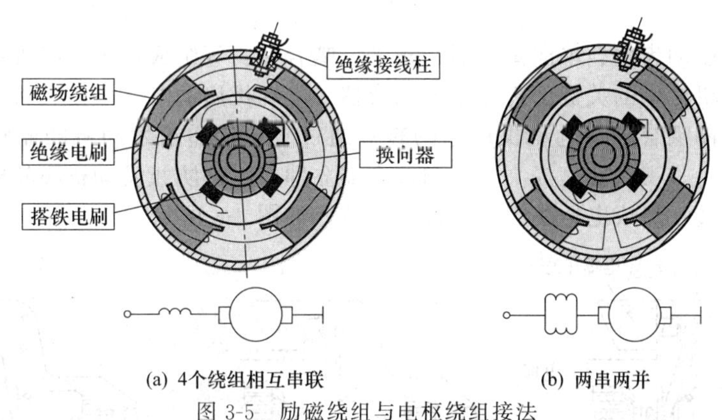

图 3-5　励磁绕组与电枢绕组接法

③ 电刷与电刷架。电刷用于连接励磁绕组和电枢绕组电路。电刷用含铜石墨制成，装在端盖上的电刷架中，通过电刷弹簧使电刷压在换向器上，如图 3-6 所示。4 个磁极的电动机装有 4 个电刷，其中两个电刷与电刷架绝缘称为绝缘电刷，另外两个称为搭铁电刷。

④ 端盖。端盖有前端盖和后端盖。电刷架固定在后端盖中，又叫做电刷端盖。前端盖用于安装启动机和容纳启动的传动机构，又叫做驱动端盖。

(2) 直流串励式电动机的工作原理　直流电动机将蓄电池电能转变为机械能。在磁场中放置一个矩形线圈，线圈的两端分别与两个换向片连接，两只电刷分别与两换向片接触，并分别与蓄电池的正极和负极连接，如图 3-7 所示。电流的方向为：蓄电池（正极）→励磁绕组→正电刷→换向片→电枢绕组→负电刷→蓄电池（负极）。按照电枢绕组中的电流方向，由左手定则可以确定电枢左边受到向上的作用力，右边受到向下的作用力，整个电枢受到顺时针方向的转矩作用而转动。当电枢转过半周后，换向片与正负电刷接触位置刚好换位，电枢绕组因受转矩作用仍按顺时针方向转动。这样在电源连续向直流电动机供电时，电枢就会不停地按照同一方向转动。实际电动机为了增大电动机输出转矩和运转平稳，电枢绕组常采用多匝线圈，换向片的数量也随着绕组匝数的增多而增多。

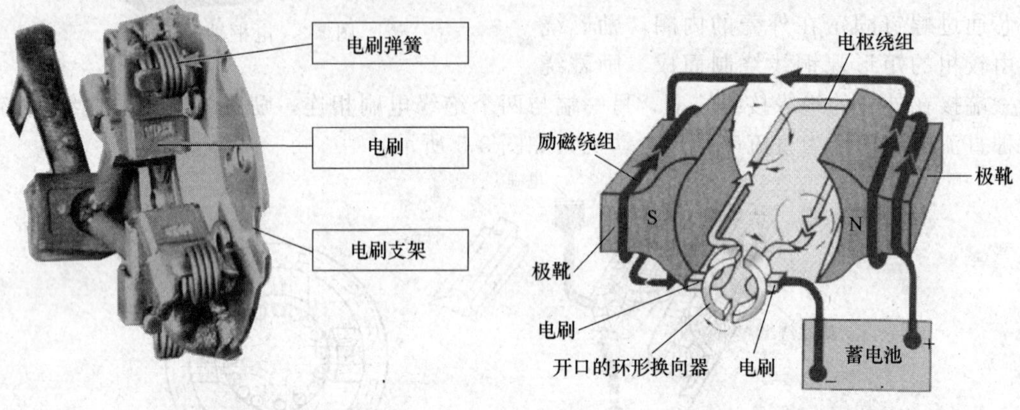

图 3-6　电刷与电刷架　　　　图 3-7　直流电动机工作原理

2. 传动机构

传动机构的作用是在发动机启动时，使驱动齿轮与飞轮齿圈啮合，将电动机的转矩传给发动机飞轮，带动曲轴旋转；在发动机启动后，使驱动齿轮打滑或与飞轮齿圈自动脱开。

传动机构由驱动齿轮、单向离合器、拨叉、啮合弹簧等组成，与电枢轴花键滑动连接。

启动机传动机构中的关键部件是单向离合器。发动机启动时，由拨叉将驱动齿轮沿电枢轴移出与飞轮齿圈啮合，将电动机产生的转矩通过飞轮传递给发动机的曲轴，使发动机启动；发动机启动后，飞轮转速提高，单向离合器立即打滑，防止发动机飞轮通过驱动齿轮带动电枢轴高速旋转，造成电枢绕组“飞散”事故，如图 3-8 所示。

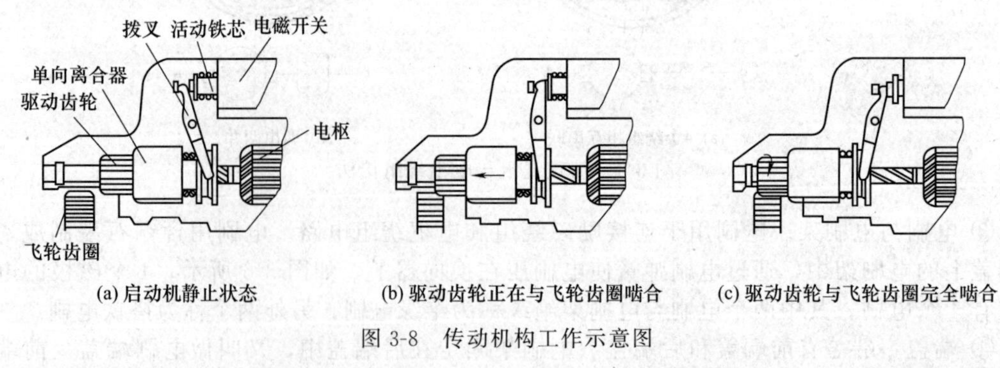

图 3-8　传动机构工作示意图

传动机构的工作示意图如图 3-8 所示。图 3-8（a）所示为启动机不工作时所处的位置；图 3-8（b）所示为在电磁开关的作用下，驱动齿轮与飞轮齿圈正在啮合，此时启动机的主电路还没有接通；图 3-8（c）所示为驱动齿轮与飞轮齿轮完全啮合，主电路接通，电枢轴开始带动发动机曲轴旋转。发动机启动后，驱动齿轮与飞轮齿圈仍处于啮合状态，单向离合器开始“打滑”，驱动齿轮在飞轮的带动下空转。启动结束后，驱动齿轮在电磁开关的作用下，与发动机飞轮齿圈脱离啮合。

3. 控制装置

控制装置又称为电磁开关，它的作用是控制驱动齿轮与飞轮齿圈啮合与分离，以及控制电动机的主电路。

控制装置一般为电磁式，其结构简单、工作可靠，便于远距离控制，在现代汽车的启动机上得到广泛采用。电磁控制装置的结构如图 3-9 所示，电磁开关主要由吸拉线圈、保持线圈、活动铁芯、固定铁芯、接触盘等组成。吸拉线圈与保持线圈的一端接启动接线柱，吸拉线圈另一端接主接线柱与直流电动机串联，保持线圈另一端直接搭铁。固定铁芯的中心装有推杆，推杆与接触盘连接，接触盘上装有复位弹簧。活动铁芯的一端与拨叉相连。

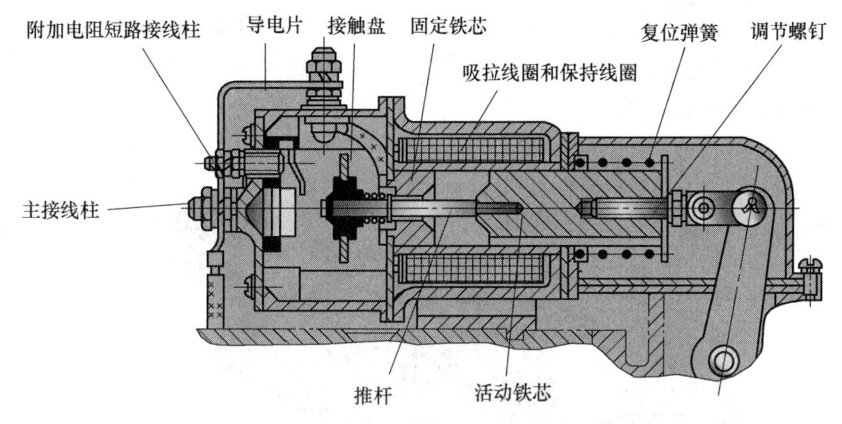

图 3-9　电磁控制装置的结构

当电磁开关的吸拉线圈、保持线圈同时通电时，产生电磁力，使铁芯移动，通过拨叉带动驱动齿轮移向飞轮齿圈并啮合，推动接触盘向两个主接线柱，在驱动齿轮与飞轮齿圈啮合后，接触盘将两个接通，直流电动机通电运转。两个线圈通电后，在驱动齿轮与飞轮齿圈啮合前，吸拉线圈的电流经过电动机，促使电动机缓慢旋转，便于驱动齿轮与飞轮齿圈啮合。两个主接线柱接通之后，蓄电池的电流通过主接线柱和接触盘进入电动机，使电动机正常运转，此时，吸拉线圈被短路，驱动齿轮的啮合位置由保持线圈的所产生的电磁力来维持。发动机启动后，切断启动电路，保持线圈断电，在复位弹簧的作用下，活动铁芯复位，切断了电动机的电路，驱动齿轮与飞轮齿圈脱离啮合状态。

资讯三　启动机的分类及其型号的识别

1. 启动机的分类

按照启动机的用途、构造及啮合方式的不同，通常将启动机分为以下几类：

（1）普通启动机　如图 3-10 所示，为红旗轿车所采用的启动机。

（2）永磁式启动机　永磁式启动机以永磁材料为磁极，具有质量轻、结构简单等优点。由于永磁式启动机的机械特性差，所以永磁式启动机必须配有减速机构，即永磁式启动机，一般都是永磁式减速启动机，如图 3-11 所示。

（3）减速启动机

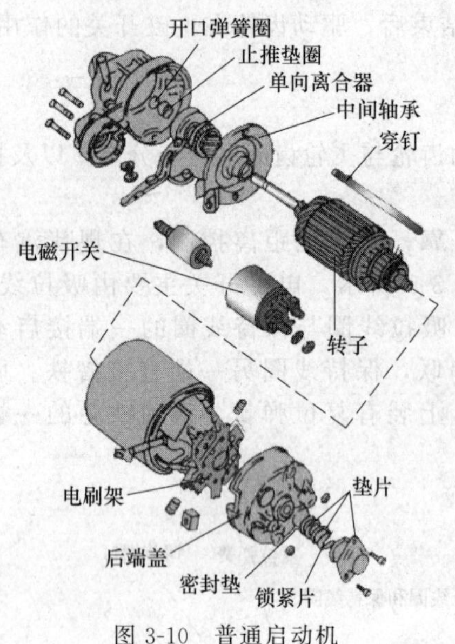

图 3-10　普通启动机

① 外啮合式。如图 3-12 所示，该启动机的传动中心距离为 30mm 左右，在电枢轴与驱动齿轮之间，利用惰轮做中间传动，且电磁开关铁芯与驱动齿轮同轴心，电磁开关直接推动驱动齿轮与飞轮齿圈啮合，无需拨叉，启动机的减速传动效率高，成本适中，广泛应用于小功率的启动机上。

② 内啮合式。该种启动机的传动中心距离为 20mm 左右，减速传动效率高，但成本也高，其结构如图 3-13 所示。

③ 行星齿轮式减速启动机。该种启动机的传动中心距离为零，输出轴与电枢轴同心，可使整机尺寸减小。如图 3-14 所示。同时该启动机采用行星齿轮减速机构，使得其传动比增大，可达 4.5∶1，大大减少了启动机的启动电流。

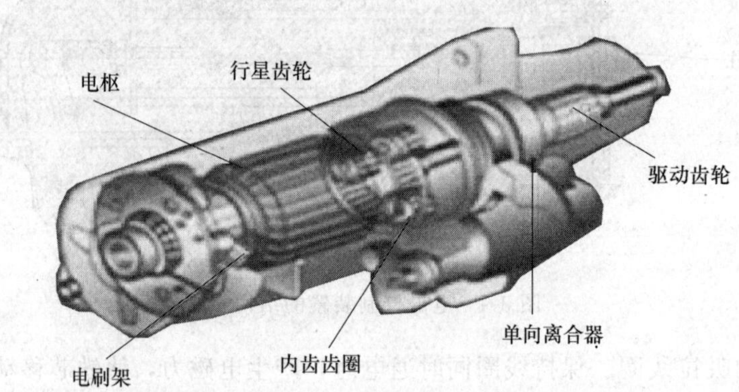

图 3-11　永磁式减速启动机构造

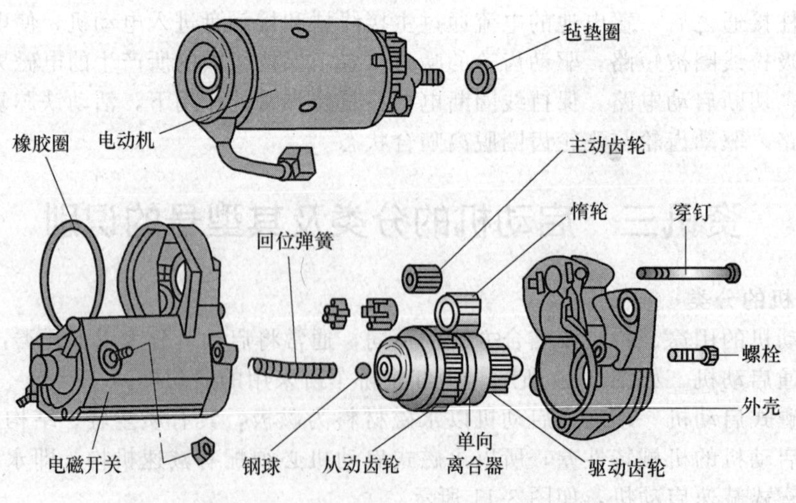

图 3-12　丰田汽车采用的外啮合式减速启动机分解图

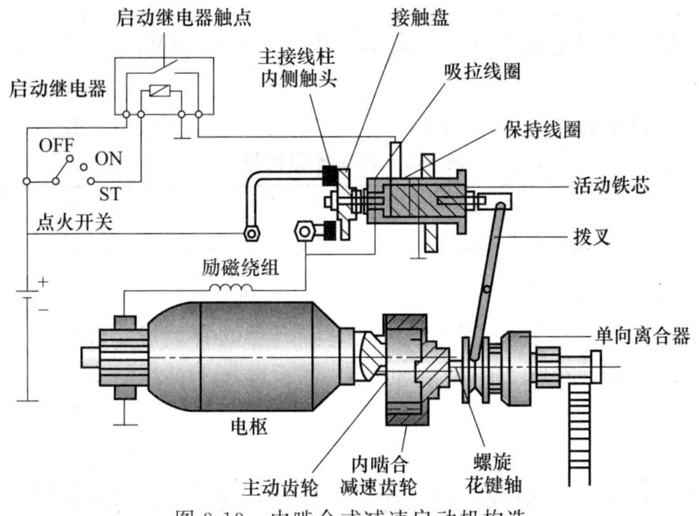

图 3-13 内啮合式减速启动机构造

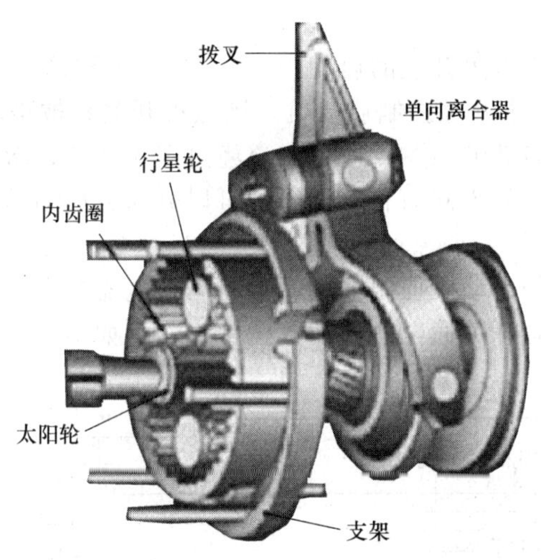

图 3-14 行星齿轮式总成结构

2. 启动机型号的识别

(1) 型号的识别 根据中华人民共和国汽车行业推荐标准 QC/T 73—1993《汽车电气设备产品型号编制方法》规定，汽车用启动机型号组成如下：

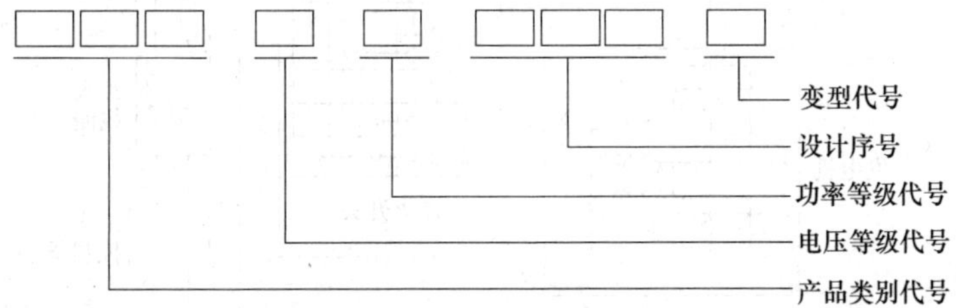

① 产品类别代号：

QD——表示启动机；

QDJ——表示减速启动机；

QDY——永磁式启动机。

② 电压等级代号：

用一位阿拉伯数字表示电压等级，1 表示 12V，2 表示 24V。

③ 功率等级代号：

也用一位阿拉伯数字表示，见表 3-1。

表 3-1 功率等级代号

功率等级代号	1	2	3	4	5	6	7	8	9
功率/kW	＜1	1～2	2～3	3～4	4～5	5～6	6～7	7～8	8～9

④ 设计序号和变型代号。

设计序号和变型代号所代表的含义与其他电器产品的有关规定相同。

（2）启动机型号示例 QD1202 型启动机，表示电压为 12V、功率为 1.6kW 的普通启动机。

资讯四 启动机的控制电路和保护电路

1. 启动机控制电路

启动机的控制通常由点火开关的启动挡（ST 挡）来控制。由于启动机的工作电流较大（＞20A），如果直接由点火开关控制启动机，则点火开关易被烧坏。为此，大部分汽车的启动机控制电路中设置了启动继电器，避免电流经过点火开关，起到保护点火开关的作用。

启动机的控制随车型的不同而有所不同，可以分为无启动继电器的启动机控制电路和带启动继电器的控制电路。

（1）无启动继电器的启动机控制电路 无启动继电器的启动机控制电路的启动机控制是由点火开关直接控制电磁开关通电使启动机正常工作，如图 3-15 所示。

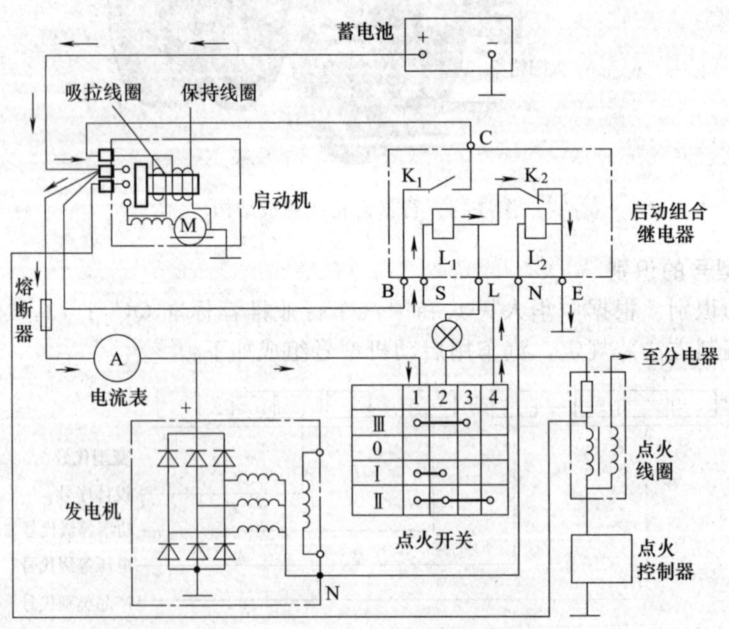

图 3-15 无启动继电器启动机控制电路

（2）有启动继电器的启动机控制电路 有启动继电器的启动机控制电路如图 3-16 所示。当点火开关打到 ST 挡时，蓄电池经点火开关给启动继电器中的磁化线圈供电（电流很小），使继电器中的常开触点闭合，这样蓄电池电流经主接线柱、继电器的触点到启动机电磁开关上的启动接线柱，启动机开始正常工作。

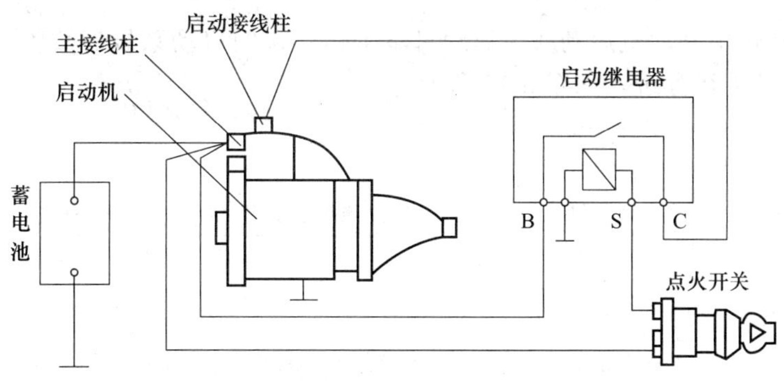

图 3-16 有启动继电器的启动机控制电路

2. 启动机保护电路

对于装有自动变速器的汽车，要求只有变速器在 P 位（停车挡）或 N 位（空挡）时，启动机才能工作。否则启动发动机时，汽车不是向前跑就是向后跑而发生事故。为此装备自动变速器的汽车，在启动系统中都设有“空挡启动开关”，当自动变速器在 P 位或 N 位之外任何挡时，此开关都是断开的，即将启动机控制电路断开，使启动机无法工作。

资讯五 启动系统常见故障

启动系统常见故障有启动机不转、启动机运转无力、启动机空转、启动机不停和启动机异响等，其诊断方法如表 3-2 所示。

图 3-2 启动系统常见故障及诊断

故障现象	故障原因	故障处理方法
启动机不转	点火开关损坏	更换点火开关
	插接器脱落	重新插紧插接器
	蓄电池严重亏电或损坏	充电或更换蓄电池
	启动机内部故障	检修起动机
	电磁开关故障	检修电磁开关
启动机运转无力	蓄电池亏电	充电
	蓄电池极柱或启动机接线柱接触不良	清除氧化物并紧固
	电磁开关内触电、接触盘烧蚀	修复或更换电磁开关
	电动机故障	修复电动机
启动机空转	单向离合器打滑或驱动齿轮磨损过度	更换单向离合器
	拨叉或弹簧损坏	更换拨叉或弹簧
	电磁开关拉钩与拨叉脱离或损坏	重新安装或更换
	启动机的齿圈轮齿损坏	更换齿圈
	驱动齿轮端面与挡套间隙过大	调整
启动机不停	拨叉复位弹簧折断	更换拨叉复位弹簧
	电磁开关触电烧蚀粘住	修复或更换电磁开关
	单向离合器运动发卡	检修并润滑
启动机异响	轴承松旷	更换轴承
	电磁开关线路短路	检修或更换电磁开关
	驱动齿轮轮齿损坏	更换驱动齿轮

资讯六　启动机不工作的检测工艺流程

桑塔纳 2000 轿车发动机启动时，启动机不工作，说明启动系统有故障，应按规定的检测工艺流程对故障进行分析，如图 3-17 所示。

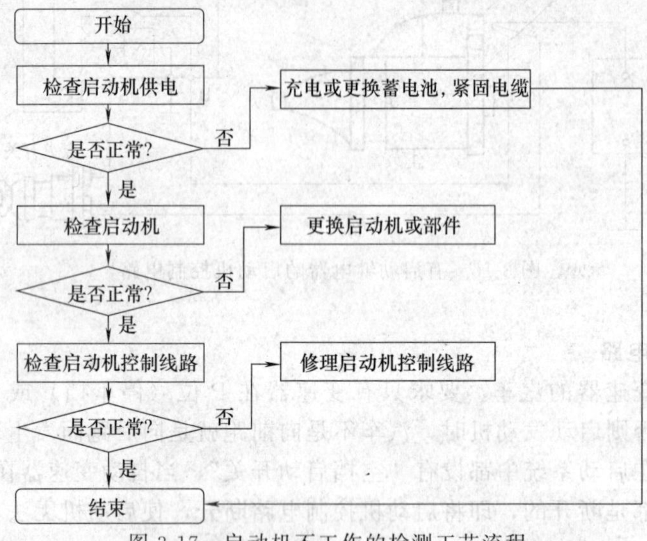

图 3-17　启动机不工作的检测工艺流程

任务实施

任务实施一　启动机及部件的检查

步骤 1　工具准备	
(1)扳手、旋具、尖嘴钳、万用表、游标卡尺、抹布、维修手册等； (2)发电机零部件若干； (3)将工具在工具车上摆放整齐。	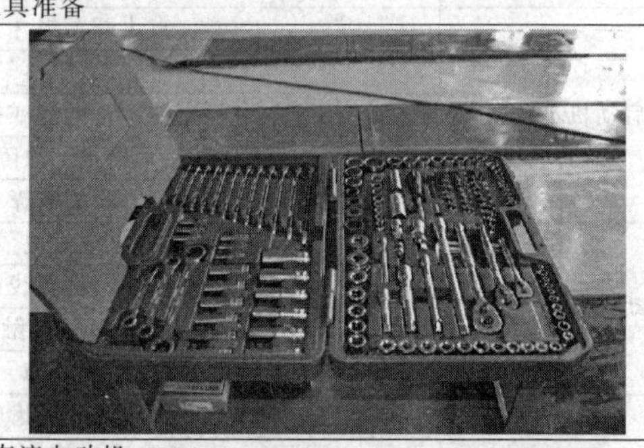
步骤 2　检查直流电动机	
(1)磁场绕组的检修。 用万用表测量励磁绕组两端的导通情况。若不通，则说明磁场绕组有断路现象。	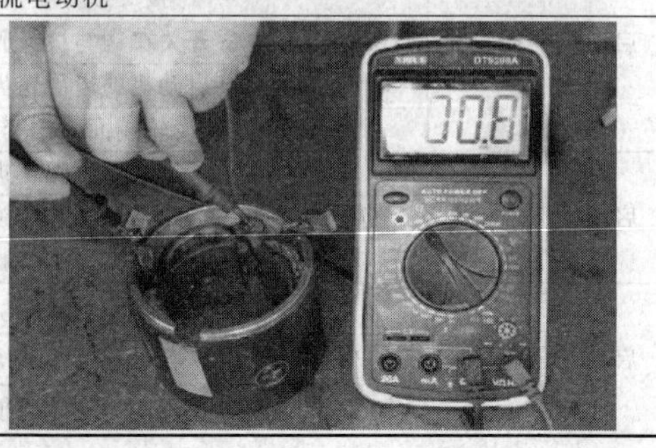

(2)励磁绕组短路的检修。

在励磁绕组的两端加 2V 的直流电,用一铁器或螺钉旋具在四个磁极片上分别感受磁吸力的大小。若某一磁极吸力较小,则说明该磁极上的励磁绕组短路。

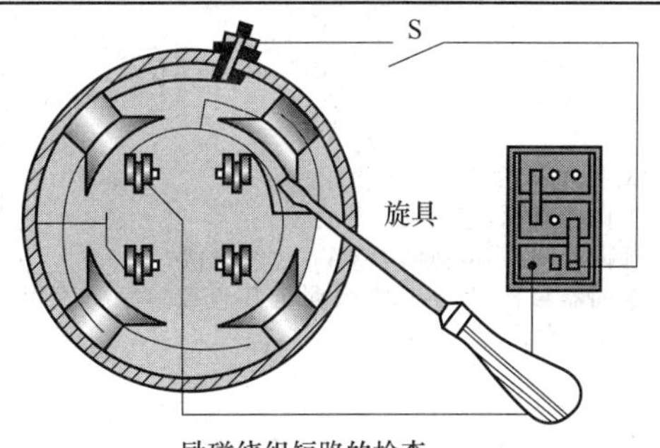

励磁绕组短路的检查

(3)磁场绕组搭铁的检查。

用万用表检查励磁绕组引线与启动机外壳之间的导通情况。若导通,则说明励磁绕组有搭铁故障。

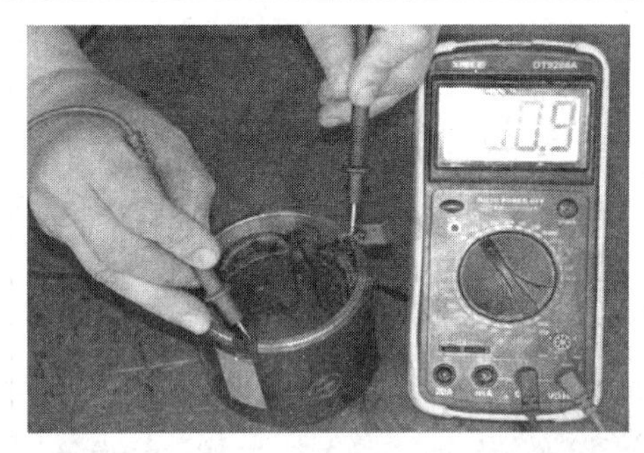

步骤 3　转子的检查(电枢部分)

(1)使用万用表对电枢绕组搭铁的检查。

用电阻 R×10kΩ 挡检测。用一根表笔接触电枢,另一根表笔接触换向器铜片;电阻应为无穷大,否则说明电枢绕组与电枢轴之间绝缘不良,有搭铁之处。

(2)使用万用表对电枢绕组短路的检查。

用电阻 R×1Ω 挡(或二极管挡)。将两个表笔分别接触换向器铜片之间,每相邻两铜片间应为导通,否则说明电枢绕组短路。

(3)用百分表对电枢轴弯曲的检查。

如果径向圆跳动量超过 0.1mm 或电枢轴上的花键严重磨损、损坏,则更换电枢。

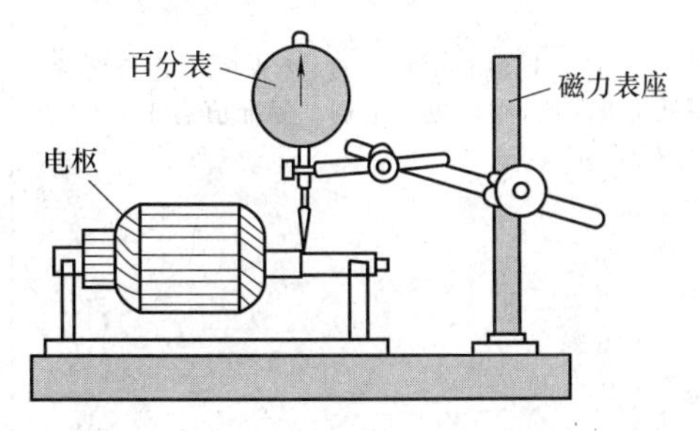

(4)对换向器的检查。

① 换向器表面,应无脏污和烧蚀;

② 换向器凹槽,应清洁无异物,边缘光滑;

③ 换向器直径,用游标卡尺测量其直径。标准值为30mm,最小直径为29mm。

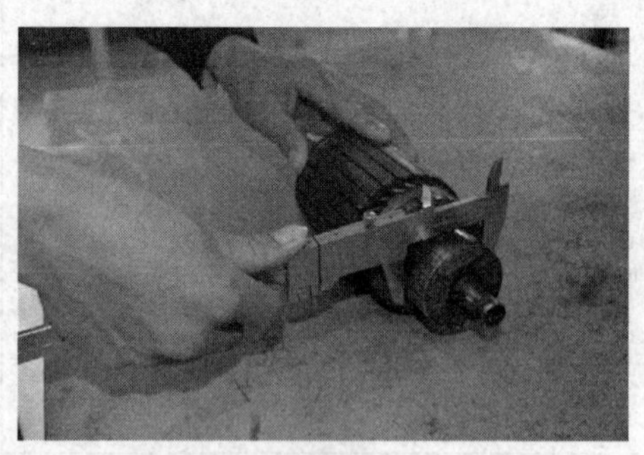

步骤4 电刷、电刷架的检查

(1)用拉力计检查电刷弹簧,读取电刷弹簧刚离开电刷时的读数。标准拉力应为17～23N,最小拉力为12N;如果小于规定值,则更换电刷弹簧。

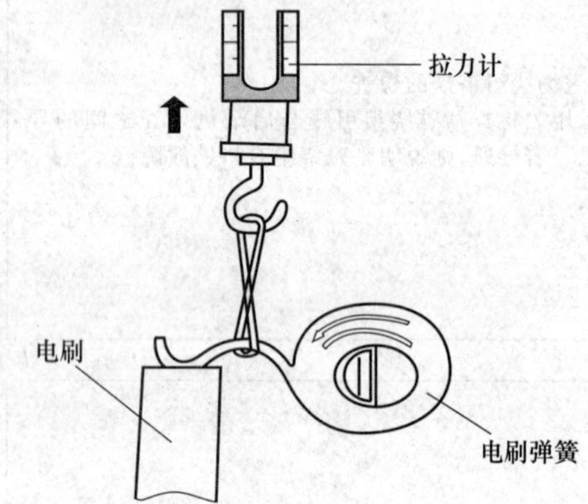

(2)用万用表检查正极电刷架与搭铁电刷架之间应不导通,说明正极电刷架绝缘良好,否则,应更换电刷架。

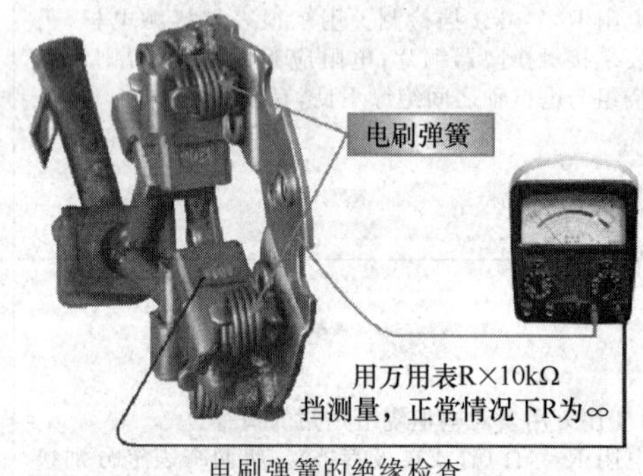

电刷弹簧的绝缘检查

(3)用游标卡尺测量电刷长度,检查电刷是否磨损。如果低于极限值,则应更换电刷。标准值为16mm,极限值为10mm。

步骤 5　传动机构(单向离合器)的检查	
(1)检查驱动齿轮有无严重损伤或磨损，如果有，则应更换。 (2)检查单向离合器是否打滑或卡滞；握住外座圈，转动驱动齿轮，应能自由转动；反转时不应转动，否则就有故障，应更换单向离合器。	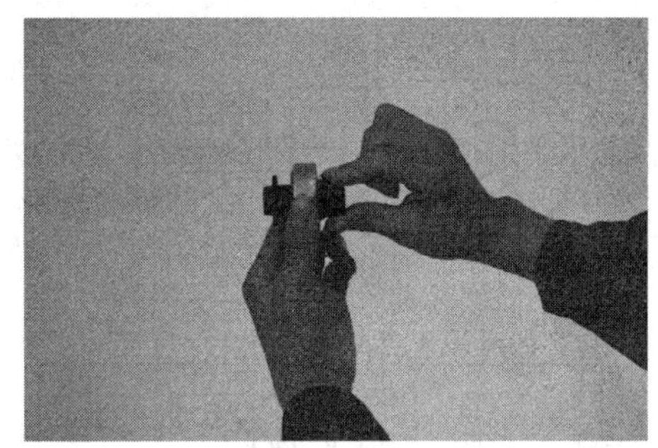
步骤 6　电磁开关的检查	
(1)接触盘表面和触头表面的检查。 轻微的烧蚀可用砂布打光，严重烧蚀，则应更换（针对某些启动机而言）。	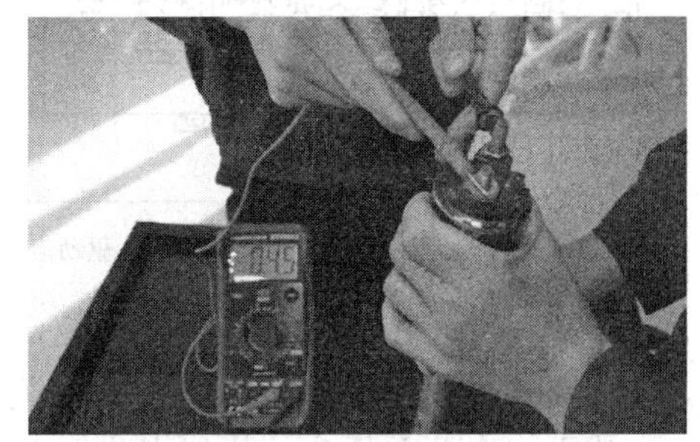
(2)吸拉线圈和保持线圈的检查。 用万用表 R×1Ω 挡检查吸拉线圈和保持线圈的电阻值，若线圈发生短路或断路，应更换。	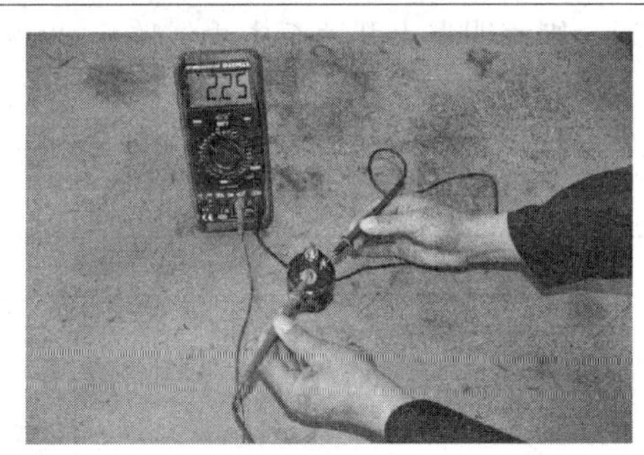
步骤 7　整理工具、清洁场地	

任务实施二　启动机控制线路的检查

桑塔纳 2000 轿车启动系统电气线路图如图 3-18 所示。启动机由点火开关控制，无启动继电器。

(1) 检查电磁开关“50”接线柱导线是否松脱。如果松脱，则予以紧固。

(2) 将试灯负极一端搭铁，试灯正极一端接电磁开关“50”接线柱，接通点火开关启动挡，如果试灯不亮，则表明启动机控制线路断路。

(3) 将试灯负极一端搭铁，试灯正极一端接中央线路板“C18”，接通点火开关启动挡，如果试灯亮，则表明电磁开关“50”接线柱至中央线路板“C18”之间导线断路，应修理线路。如果试灯不亮，应检查中央线路板“C18”与“B8”之间线路。

(4) 将试灯负极一端搭铁，试灯正极一端接中央线路板“B8”，接通点火开关启动挡，如果试灯亮，则表明中央线路板“C18”与“B8”之间断路，应更换中央线路板。如果试灯

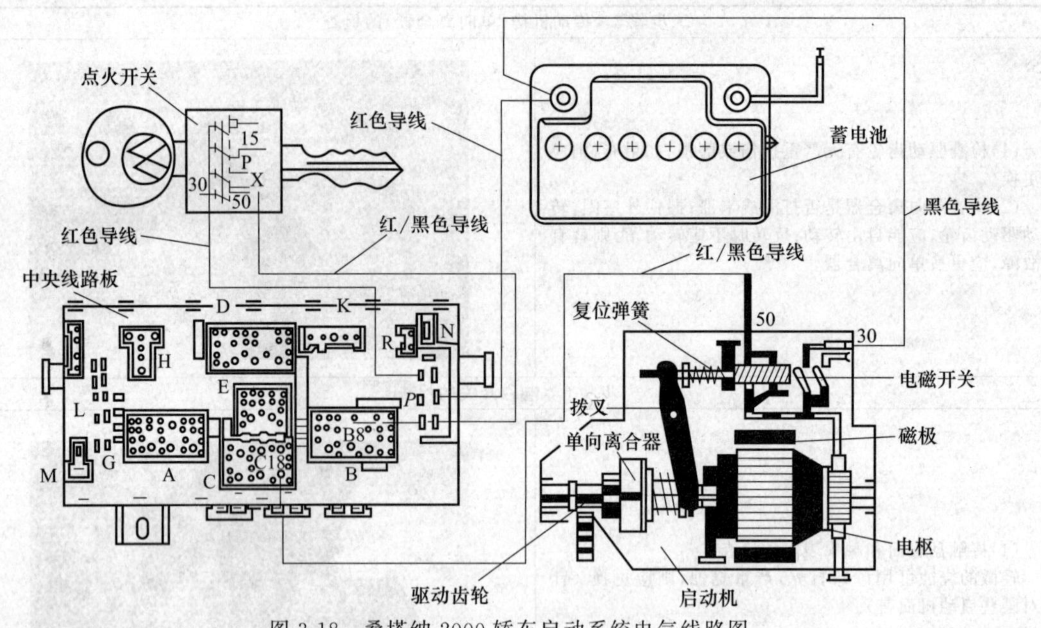

图 3-18　桑塔纳 2000 轿车启动系统电气线路图

不亮，应检查中央线路板“B8”至点火开关线路和点火开关。

（5）拔下点火开关插头，检查点火开关启动挡是否导通。如果不通，则更换点火开关。如果通，则表明点火开关至中央线路板“B8”之间导线断路。

学生作业单

姓名：	班级：	日期：

学习任务　启动机不转的检修

一、启动机的组成如下图，写出个部分的名称及作用

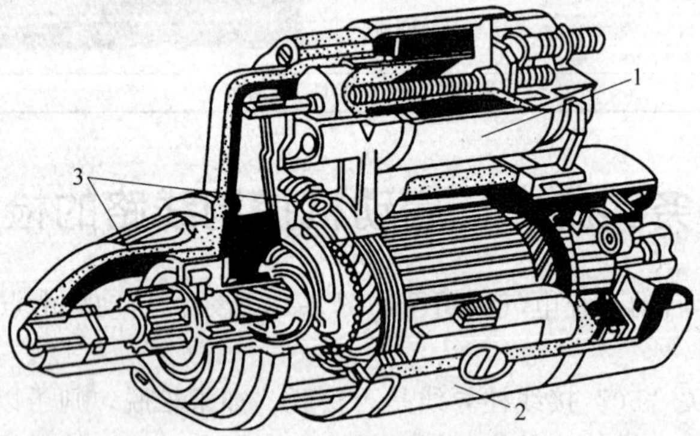

图中“1”的名称为＿＿＿＿＿＿＿＿＿＿；其作用是＿＿＿＿＿＿＿＿＿＿。

图中“2”的名称为＿＿＿＿＿＿＿＿＿＿；其作用是＿＿＿＿＿＿＿＿＿＿。

图中“3”的名称为＿＿＿＿＿＿＿＿＿＿；其作用是＿＿＿＿＿＿＿＿＿＿。

二、对照下图，写出启动机主电路和控制电路流程

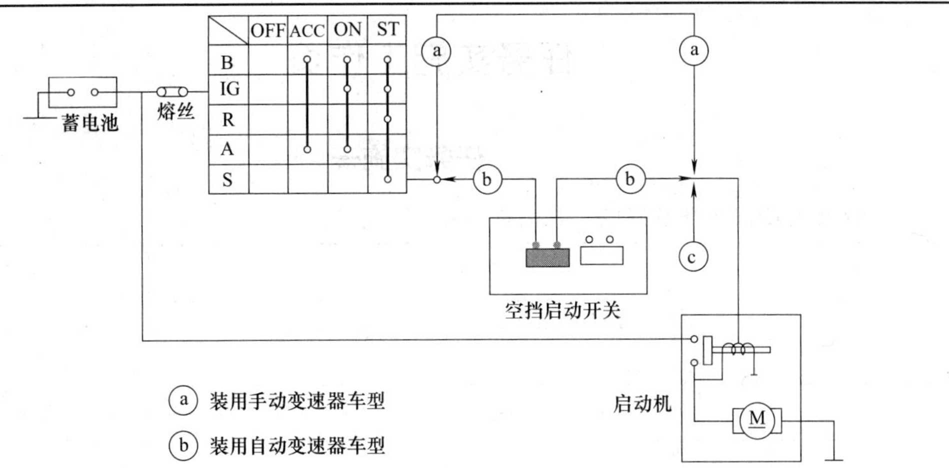

(1)启动机主电路：

(2)启动机控制电路：
手动变速器车型为：

自动变速器车型为：

个人成绩评定：

教师成绩评定：

小组任务实施计划

<table>
<tr><td rowspan="2">小组信息</td><td>班级</td><td></td><td>日期</td><td></td></tr>
<tr><td>组长</td><td></td><td>小组成员</td><td></td></tr>
<tr><td>任务名称</td><td colspan="2"></td><td>学时</td><td></td></tr>
<tr><td>任务描述</td><td colspan="2"></td><td>任务分析</td><td></td></tr>
<tr><td>实施方案</td><td colspan="2"></td><td colspan="2">教师认可：</td></tr>
<tr><td>问题记录</td><td colspan="4"></td></tr>
<tr><td>处理方法</td><td colspan="4"></td></tr>
</table>

小组评定：

教师评定：

任务实施工作页

任务实施一

一、清点工具、在准备好的工具后面空格打“√”

序号	设备工具	结果
1	扳手	
2	旋具	
3	尖嘴钳	
4	维修手册	
5	工具车	
6	零件车	
7	抹布	
8	万用表	

二、按步骤完成作业项目，完成打“√”

启动机及部件的检查

序号	作业项目	完成情况
1	检查直流电动机	
2	转子的检查(电枢部分)	
3	电刷、电刷架的检查	
4	传动机构(单向离合器)的检查	
5	电磁开关的检查	

小组评定：

教师评定：

任务实施二

一、清点工具、在准备好的工具后面空格打“√”

序号	设备工具	结果
1	扳手	
2	旋具	
3	跨接线	
4	维修手册	
5	工具车	
6	零件车	
7	抹布	
8	试灯	
9	万用表	

二、按步骤完成作业项目，完成打“√”

启动机控制线路的检查

序号	作业项目	完成情况
1	检查电磁开关“50”接线柱导线	
2	启动机控制线路断路的检查	
3	中央线路板“C18”电压的检查	
4	中央线路板“C18”与“B8”之间线路的检查	
5	点火开关至中央线路板“B8”之间线路的检查	

小组评定：

教师评定：

评价与反馈

1. 填写学习任务评价表

学习任务评价表

评价项目	评价内容	分值	学生自评（20%）	小组评价（30%）	教师评价（50%）
信息收集	对任务或问题的理解程度	5			
	收集信息的完整性	5			
	对信息（知识）的领会性	5			
制定计划	计划制定参与程度	5			
	计划的合理性及实用性	10			
修改计划	和老师怎么讨论计划	8			
	和老师讨论后，是否知道如何改进计划	3			
	计划修改后的完整性	4			
实施	是否按计划进行工作	10			
	是否亲自实施计划	10			
	是否记录工作过程及结果	15			
检查	是否按计划的要求去完成任务	4			
	是否达到预期目标	3			
	整个工作流程是否与标准流程符合	3			
评价	按计划是否完成了任务或解决了问题	3			
	在哪个环节上可以改进	3			
	学习团队的合作情况	4			
小计		100			
合计					
教师评语	教师签字：				

2. 在实施的过程中，是否存在一些安全隐患，请找出容易忽视地方。

3. 能否口述启动机及部件检查的步骤。

学习拓展

1. 怎样检查启动继电器？

2. 查阅资料，说明启动机的调整项目有哪些，是如何进行调整的？

学习任务四

火花塞的检查与更换

知识目标

1. 叙述点火系统的作用与组成；
2. 知道启动机的结构与工作原理；
3. 能叙述点火系统常见故障的原因与检修方法。

能力目标

1. 能规范地检查火花塞；
2. 正确地使用工具和设备；
3. 规范地更换火花塞和检查点火系统线路。

素质目标

培养学生形成规范的操作习惯、养成良好的职业行为习惯。

学习任务引入与分析

某轿车，行驶总里程12.5万公里。据车主反映该车启动机可正常运转但是发动机就是不能启动。经检查发现该车的故障原因是发动机有油无火。需要你按照“维护标准和要求”，确定故障部位并进行修理。

学习内容

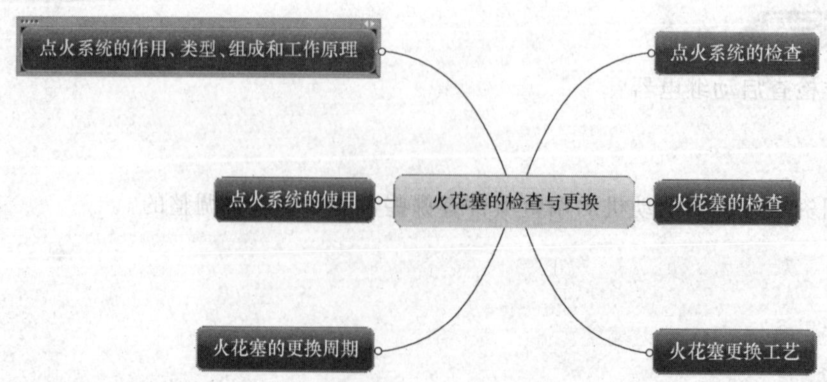

知识准备

资讯一　点火系统的作用及对点火系统的基本要求

1. 点火系统的作用

汽车发动机在启动以及整个过程中，必须将各气缸中被压缩的可燃混合气点燃，使各个气缸按工作顺序做功，将热能转换为机械能，产生的动力用来启动发动机和驱动汽车行驶。这种将将发动机气缸内可燃混合气点燃的工作，称为点火。而点火的电火花的产生是由点火系统完成的。所以说点火系统的作用是：

(1) 将汽车电源的低压电（12V）转变为足以击穿火花塞间隙的高压电；

(2) 按照发动机的做功顺序和点火时间的要求，适时地、准确地将高压电分配给各缸火花塞；

(3) 击穿火花塞电极间隙产生电火花，点燃可燃混合气。

2. 点火系统的基本要求

(1) 能产生足以击穿火花塞电极间隙的高压电。点火系统利用高压电击穿火花塞电极间隙而产生电火花，为了确保发动机在工作时火花塞的电极间隙处能产生可靠电火花，要求点火系统必须能提供10～30kV的电压，但电压也不能过高，以免绝缘不良而产生漏电。

(2) 电火花应具有足够的能量。要使可燃混合气可靠点燃，电火花必须具有一定的能量。

(3) 点火时间应适应发动机的工作状况。首先，点火系统应按照发动机工作顺序依次为各个气缸点火；其次，对单个气缸而言，要求点火系统在任何工况下都在最佳点火提前角处产生电火花，以使发动机发出最大动力。

(4) 工作可靠。点火系统除在正常的工作条件下工作可靠外，在一些特殊的条件下，如高温、低温、潮湿、高原等环境下可靠地工作。

(5) 除上述基本要求外，一般还要求高压电形成要迅速，以减少能量的泄漏；电火花持续时刻应长些，使可燃混合气更可靠地燃烧。

资讯二　点火系统的组成和分类

一、点火系统的组成

如图4-1所示，点火系统主要由蓄电池、点火开关、点火线圈和火花塞等组成。蓄电池供给点火系统所需要的电能。点火开关接通或断开点火系统电源。点火线圈存储点火能量，并将蓄电池电压转变为点火高压。分电器由断电器和点火提前机构等部分组成。断电器的作用是接通或切断点火线圈初级回路；配电器的作用是将点火线圈产生的点火高压，按照发动机的工作顺序输送给各缸火花塞；点火提前机构的作用是随发动机转速、负荷和汽油辛烷值变化调节点火提前角。火花塞将点火高压引入气缸燃烧室，并在电极间产生电火花，点燃混合气。

二、点火系统的分类

1. 按点火系统储存火花塞能量的方式分类

(1) 电容储能式点火系统。点火系统产生高压电前从电源获取的火花原始能量以磁场能

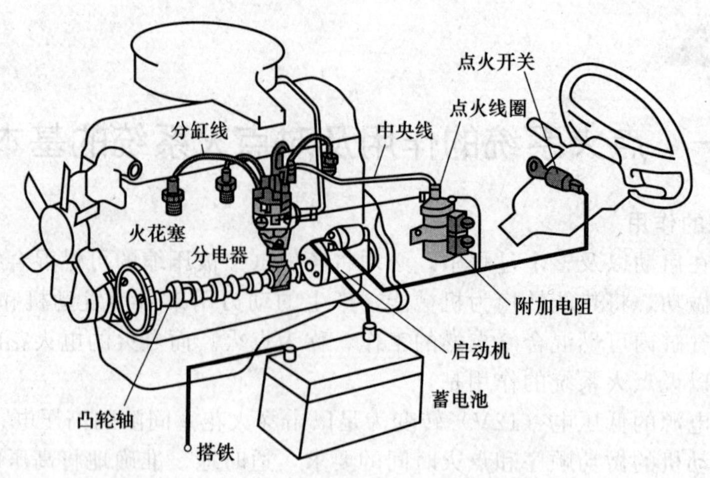

图 4-1 点火系统的基本组成

的形式储存在点火线圈内。

（2）电容储能式点火系统。点火系统产生高压电前从电源获取的火花原始能量以电场的形式储存在电容器内。

2. **按发展进程分类**

（1）传统点火系统。又称蓄电池点火系统，如图 4-1 所示。由断电器触点控制初级电路的通、断，将低压电转换为高压电。由于该点火系统故障率较高，现已被淘汰。

（2）普通电子点火系统。又称无触点点火系统，如图 4-2 所示。由点火信号发生器产生点火信号输送给点火控制器，使点火控制器内晶体管导通或截止，从而接通或切断点火线圈的初级电路，将低压电转换为高压电；普通电子点火系统根据信号发生器的形式分为磁感应式电子点火系统、霍尔效应式电子点火系统和光电式电子点火系统。

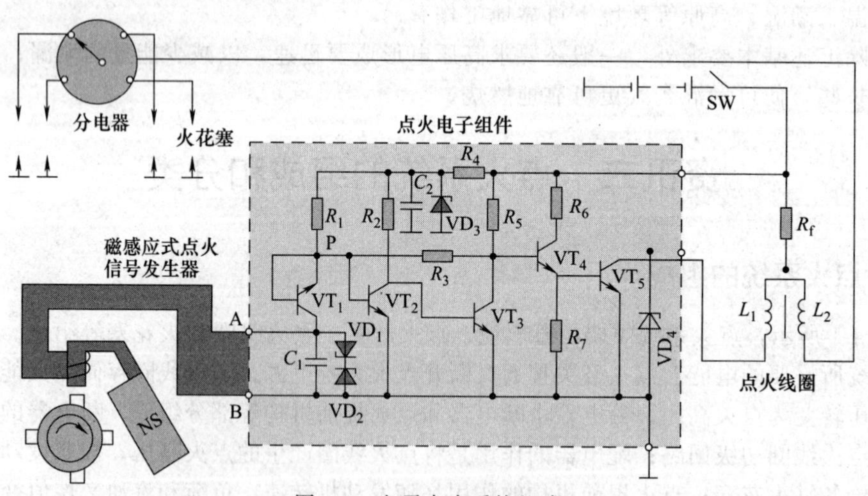

图 4-2 电子点火系统组成

（3）微机控制的电子点火系统。如图 4-3 所示，由电子控制单元（ECU）根据传感器输送来的发动机工况信息向点火控制器发出点火指令，使点火控制器内晶体管导通或截止，从而接通或切断点火线圈初级电路，将低压电转换为高压电。微机控制的电子点火系统又分为有分电器式点火系统和微机控制无分电器式电子点火系统。

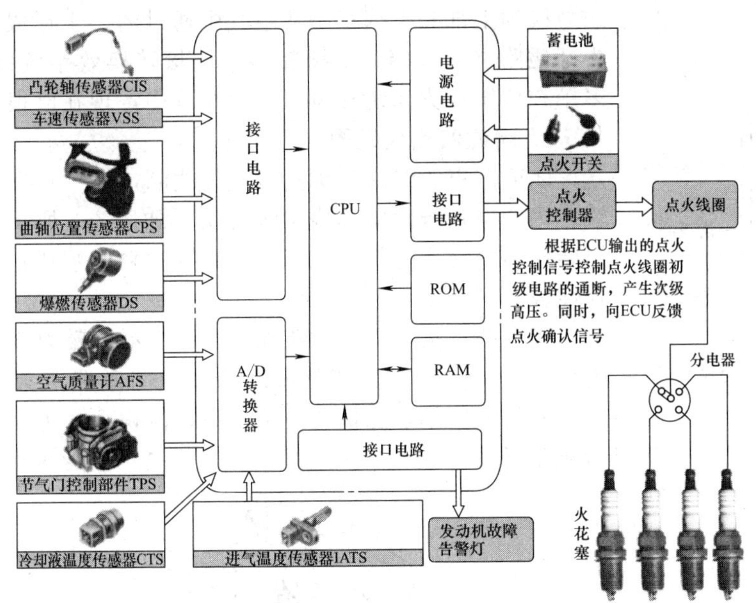

图 4-3　微机控制的点火系统组成

资讯三　普通电子点火系统的主要部件

一、点火线圈

点火线圈的作用是将低压直流电转变为高压电。其结构要由初级绕组、次级绕组和铁芯等组成。按磁路的结构形式不同，可分为开磁路点火线圈和闭磁路点火线圈。

1. 开磁路点火线圈

丌磁路点火线圈又称为普通点火线圈。如图 4-4 所示，点火线圈的中心部分是一个用硅钢片叠成的铁芯，包在纸板套内；纸板套外绕有次级绕组，用直径为 0.06～0.10mm 的漆包线绕成，一般约为 20000 匝；在次级绕组外绕有初级绕组，用直径为 0.5～1.0mm 的高强漆包线绕成，一般约为 200 匝；上部是胶木盖，中央突出的部分是高压线插孔，两侧接线柱为低压接线柱。

在初级点火电路中串联了附加电阻，其特性是温度高时，电阻增大，温度低时，电阻减小，可以自动调节初级电流，以改善点火性能。若附加电阻装在点火线圈外部，点火线圈有三个接线柱主，其标记分别为“开关”、“开关＋”和“－”。附加电阻连接在“开关”和“开关＋”两接线柱之间。若附加电阻为电阻线，点火线圈有两个接线柱，其标记分别为“＋”和“－”，电阻线与点火线圈“＋”连接，然后与点火开关连接。

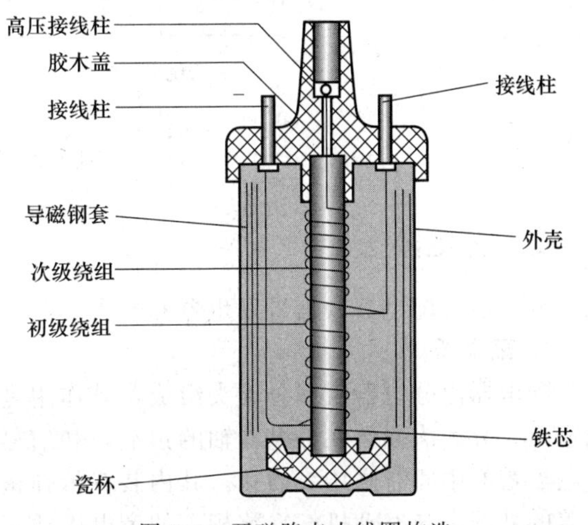

图 4-4　开磁路点火线圈构造

开磁路点火线圈的磁路如图 4-5 所示。

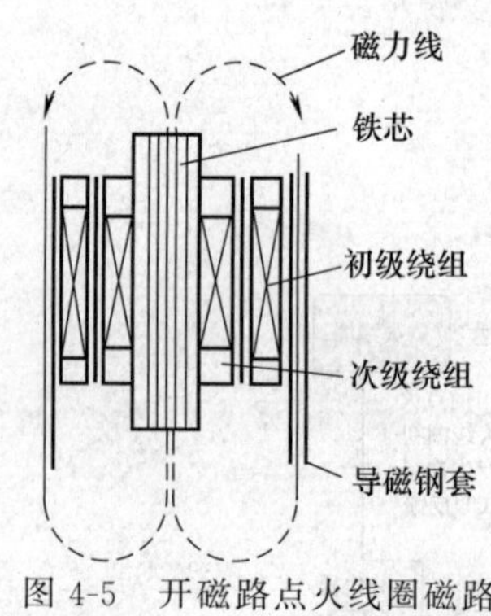

图 4-5　开磁路点火线圈磁路

磁力线的上部和下部都是从空气中通过的，未形成闭合磁路，称为开磁路点火线圈。漏磁较多，能量转换效率较低，体积较大，多用在传统点火系统和电子点火系统中，现在已很少使用。

2. 闭磁路点火线圈

闭磁路点火线圈又称高能点火线圈，在“口”或“日”字形铁芯内绕有初级绕组和绕次级绕组，如图 4-6 所示。采用热固性树脂作为绝缘填充物，外壳用热熔性塑料注塑成形，绝缘性和密封性较好。

闭磁路点火线圈的磁路如图 4-7 所示。磁力线可由铁芯构成闭合磁路，因此，这种点火线圈称为闭磁路点火线圈。因漏磁少，能量损失小，能量变换效率高，体积小，可以直接安装在分电器中，省去了点火线圈到分电器的高压线；在微机控制点火系统中广泛采用。

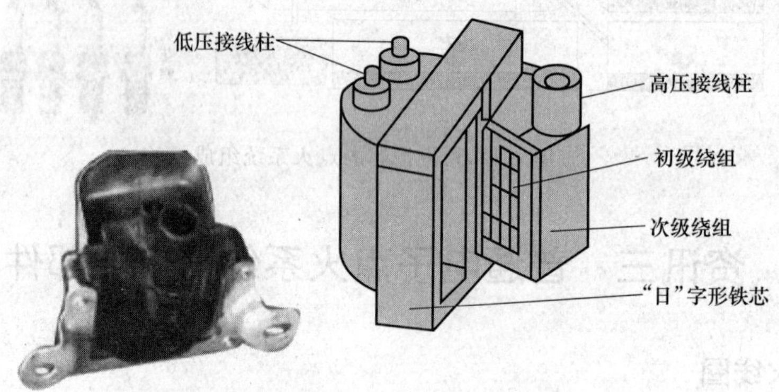

图 4-6　闭磁路点火线圈构造

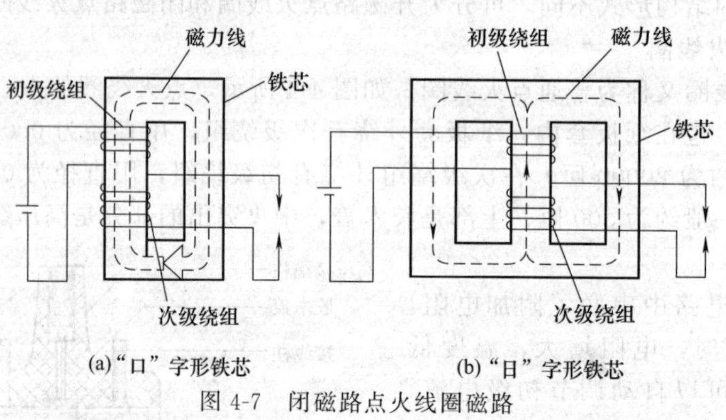

图 4-7　闭磁路点火线圈磁路

二、分电器

分电器由配电器、信号发生器和点火提前机构等组成，如图 4-8 所示。

1. 配电器

配电器由分电器盖和分火头组成，其作用是按发动机点火顺序，将高压电分配到各缸火花塞上。分火头插装在分电器轴的顶端，和信号发生器转子一起旋转，其上有金属导电片。分电器盖的中间有高压线插孔，其内装有带弹簧的炭柱，炭柱压在分火头的导电片上。分电器盖的外围有与发动机气缸数相等的旁电极插孔，以安装分高压线，如图 4-9 所示。

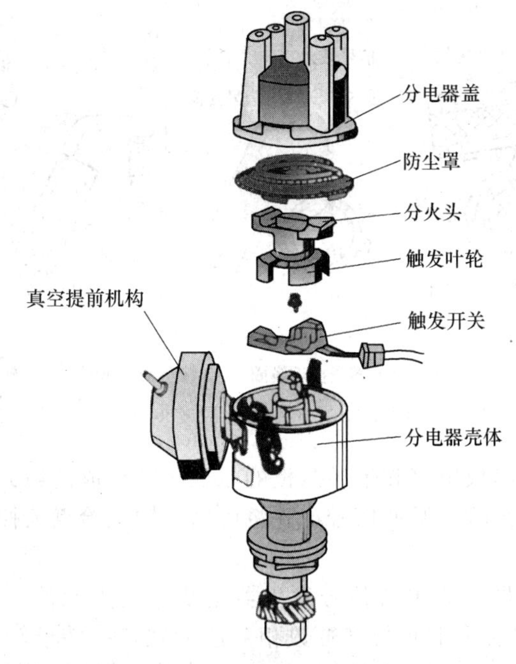

图 4-8 分电器结构

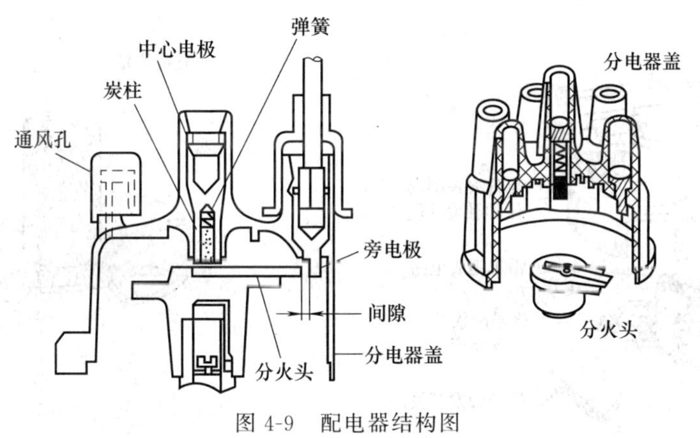

图 4-9 配电器结构图

2. 信号发生器

信号发生器的作用是产生点火信号。根据结构形式不同，通常分为电磁式、霍尔式和光电式，其中电磁式和霍尔式信号发生器应用较为广泛。

（1）电磁式信号发生器　电磁式信号发生器由信号转子、信号线圈和永久磁铁组成，如图 4-10 所示。信号转子的凸齿数与发动机气缸数相同，信号转子与分电器轴固定连接。当分电器轴旋转时，带动信号转子旋转，它的凸起与信号线圈之间的间隙不断变化，随之通过信号线圈的磁通量也发生变化，凸起接近信号线圈时磁通量迅速增加，在线圈两端产生电压信号；当凸起与信号线圈正对时，磁通量变化最小，线圈两端电压为零；当凸起离开信号线圈时磁通迅速减小，线圈两端电压急剧改变极性，产生负的电压信号，信号线圈输出交流电信号，电压从正变为负就是点火时刻。

（2）霍尔式信号发生器　霍尔式信号发生器主要由触发叶轮和信号触发开关组成，如图 4-11 所示。触发叶轮的叶轮数与发动机的气缸数相同，与分火头制成一体，由分电器轴带

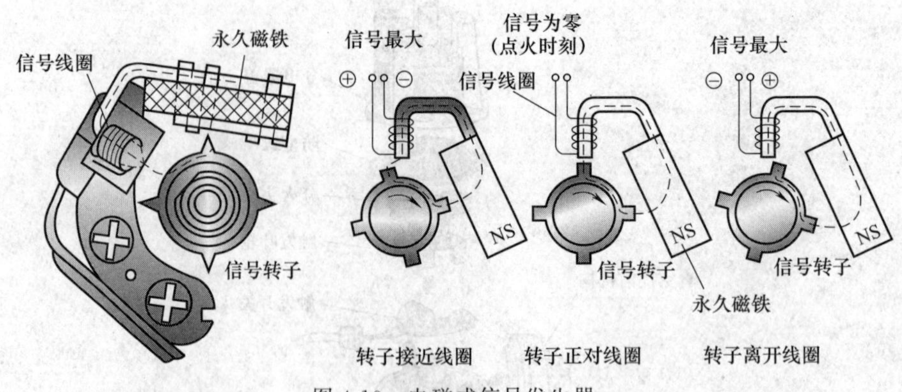

图 4-10　电磁式信号发生器

动。信号触发开关由霍尔集成电路和带导磁板的永久磁铁组成。当分电器轴旋转时，带动触发叶轮旋转，霍尔集成电路输出脉冲信号，并将此信号输送给点火控制器便可实现对点火系统的控制。

（3）光电式信号发生器　光电式信号发生器主要由发光元件、光敏元件和遮光转子组成。如图 4-12 所示，遮光转子上有与气缸数相对应的缺口，转子转动时，发光元件所发出的光线通过遮光转子的缺口可以照射到光敏元件上，当转子挡住光线时，光敏元件得不到光线的照射，这样光线的时通时断就使得光敏元件产生了脉冲点火信号。

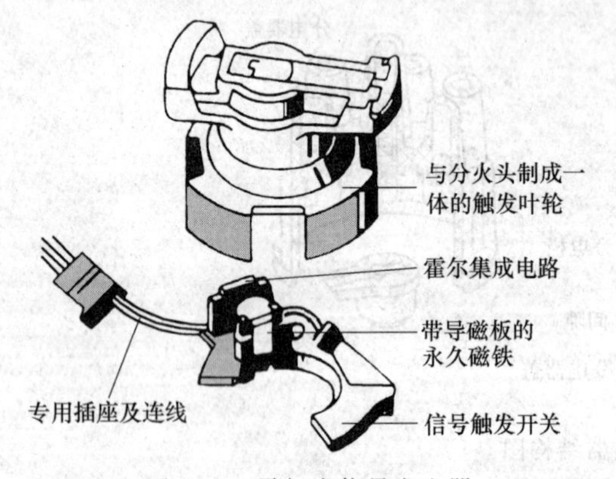

图 4-11　霍尔式信号发生器

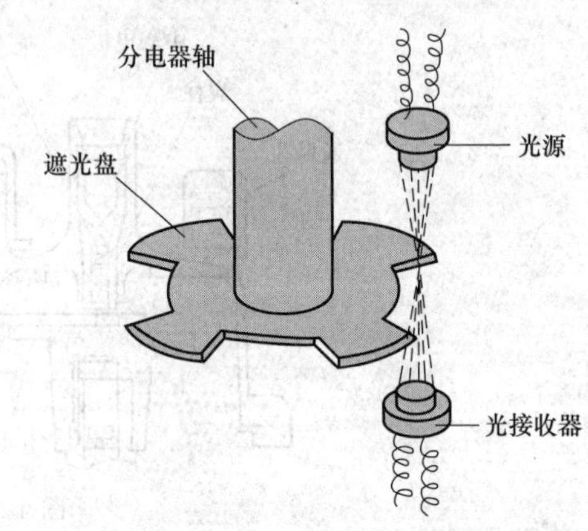

图 4-12　光电式信号发生器

3. 点火提前角调节装置

为了保证发动机在任何工况下都能实现在最佳点火时刻点燃可燃混合气，在分电器内设置了点火提前角机构，通常有离心式调节器和真空式调节器。

（1）离心式调节器　离心式调节器的作用是在发动机转速升高时，自动增大点火提前角，如图 4-13 所示。当发动机转速升高，重块的离心力增大时，离心力使重块克服弹簧拉力绕柱销转动一个角度，重块上的销钉推动拨板，使信号发生器的转子沿旋转方向相对于分电器轴转过一个角度，实现提前点火，即转速升高时，点火提前角增大。

（2）真空式调节器　真空式调节器的作用是在发动机负荷增大时，自动减小点火提前角，如图 4-14 所示。发动机负荷减小时，节气门开度也小，节气门下方及管道的真空度增大，真空吸力吸引膜片向右弯曲，通过拉杆拉动活动板（信号发生器的信号线圈位于活动板上）逆着分电器轴旋转的方向相对转子转动一个角度，实现提前点火，即点火提前角增大；

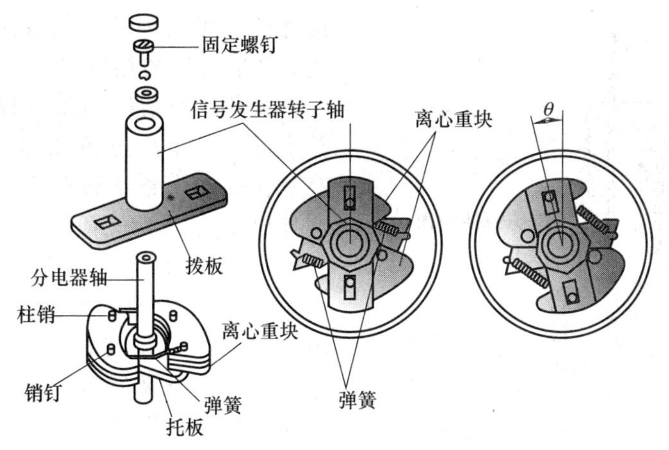

图 4-13　离心式调节器

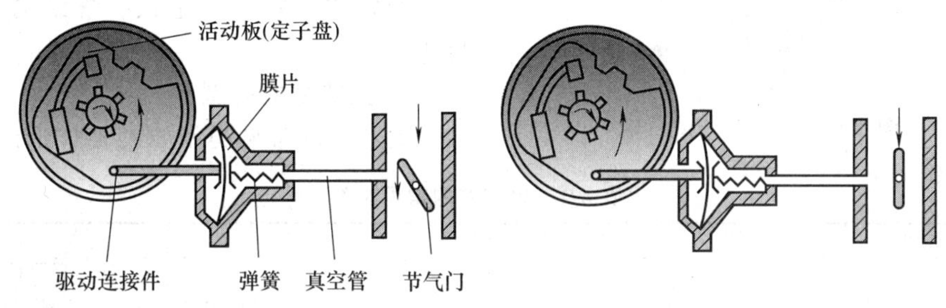

图 4-14　真空式调节器

当负荷增大时，点火提前角减小。

三、 点火控制器

点火控制器（点火模块）的作用是接收信号发生器的点火信号控制点火系统初级电路的导通与截止，使点火系统产生高压电，如图 4-15 所示。点火控制器内部为集成电路，全封闭结构。

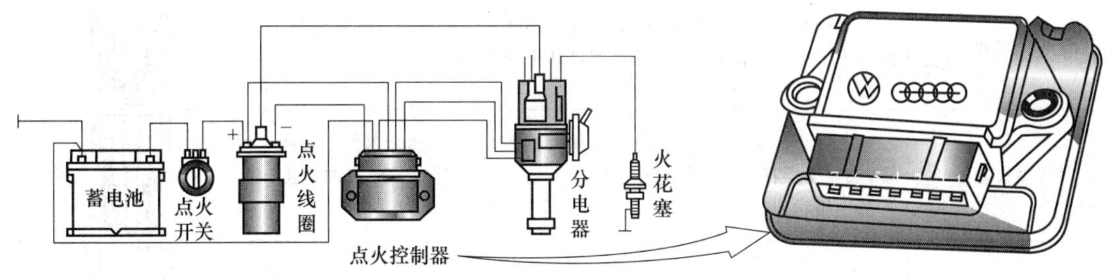

图 4-15　某轿车点火线路及点火控制器

四、 火花塞

1. 作用和结构

火花塞的作用是在高压电的作用下，产生电弧点燃可燃混合气。火花塞的工作条件十分恶劣，它受高温、高压及燃烧产物腐蚀的作用，因此，火花塞必须具有足够的强度、良好的

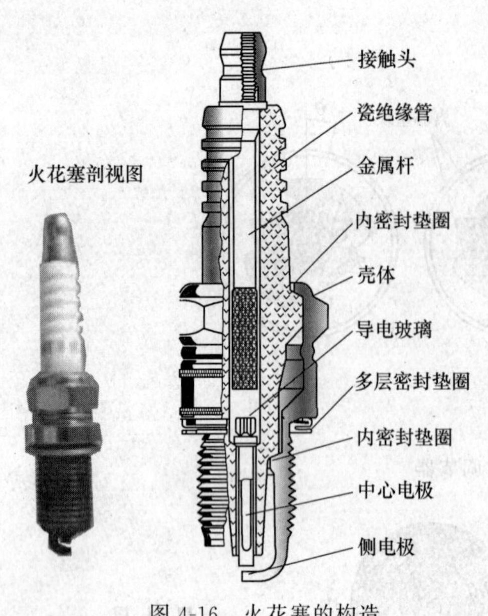

图 4-16　火花塞的构造

绝缘性和耐腐蚀性，能够承受高温的剧烈变化，要有合适的热特性。

火花塞的结构如图 4-16 所示。火花塞的放电部分是中心电极和侧电极，它们之间用高氧化铝陶瓷绝缘体隔开。绝缘体内部的中心导电部分分为三段，上部是金属杆，金属杆的上部制有螺纹，其上拧有接线螺母；中间是膨胀系数与陶瓷绝缘体相差不大的导电玻璃，确保火花塞在各种温度下的密封性；下部是中心电极。陶瓷绝缘体的外面是钢制壳体，有两个铜制的内垫圈，起密封和导热作用。壳体的上部制成六方体，下部制有螺纹，壳体的下端为侧电极。螺纹的上端有密封垫圈。

2. 火花塞的类型

火花塞的常见类型如表 4-1 所示。

表 4-1　火花塞的常见类型

火花塞类型	特　　点	结　构　图
标准型火花塞	其绝缘体裙部略缩入壳体端面，侧电极在壳体端面以外，是使用最广泛的一种	
缘体突出型火花塞	绝缘体裙部较长，突出于壳体端面以外。它具有吸热量大、抗污能力好等优点，且能直接受到进气的冷却而降低温度，因而也不易引起炽热点火，故热适应范围宽	
细电极型火花塞	其电极很细，特点是火花强烈，点火能力好，在严寒季节也能保证发动机迅速可靠地启动，热范围较宽，能满足多种用途	
锥座型火花塞	其壳体和旋入螺纹制成锥形，因此不用垫圈即可保持良好密封，从而缩小了火花塞体积，对发动机的设计更为有利	
多极型火花塞	侧电极一般为两个或两个以上，优点是点火可靠，间隙不需经常调整，故在电极容易烧蚀和火花塞间隙不能经常调节的一些汽油机上常常采用	
沿面跳火型火花塞	即沿面间隙型，它是一种最冷型的火花塞，其中心电极与壳体端面之间的间隙是同心的	

资讯四　普通电子点火系统的工作过程

普通电子点火系统工作电路如图 4-17 所示。点火系统电路分为低压电路部分和高压电路部分，即点火线圈的初级绕组所在的回路称为低压电路，点火线圈的次级绕组所在的回路称为高压电路。

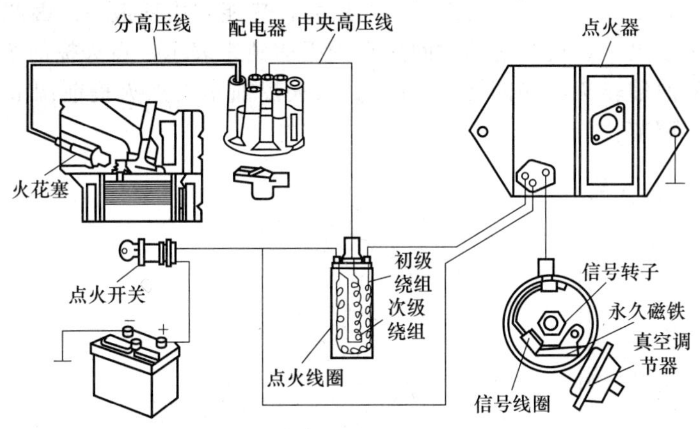

图 4-17　普通电子点火系统

普通电子点火系统工作原理，如图 4-18 所示。发动机运转时，分电器中信号发生器产生脉冲点火信号，并将点火信号输送至点火器。当信号发生器的一个点火信号的正脉冲信号发送到点火器时，点火器接通初级电路，初级电流路径为：蓄电池（电源）正极→点火开关 S→点火线圈“+”接线柱→初级绕组 N_1→点火线圈“−”接线柱→点火器→搭铁，电流经过点火线圈的初级绕组，产生磁场。信号发生器的负脉冲信号输送到点火器，点火器切断初级电路，点火线圈初级绕组无电流，磁场消失，点火线圈的次级绕组产生高压电。此时，配电器中分火头正对分电器盖上的某个旁电极，将高压电输送给火花塞，使火花塞产生电火花。信号发生器每输送一个点火信号点火线圈变产生一次高压电，信号发生器的信号转子随分电器轴旋转一周，点火线圈产生与气缸数相同次数的高压电，由配电器按点火顺序将高压电输送至各气缸的火花塞，使各缸火花塞点火一次。

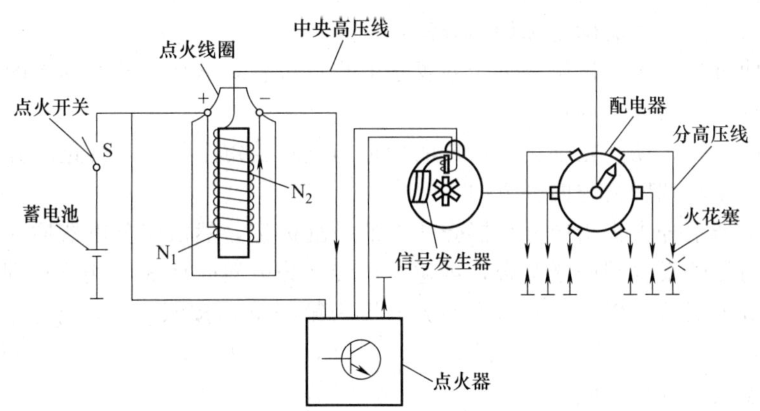

图 4-18　普通电子点火系统工作原理

资讯五　点火提前角和点火正时的确定

1. 点火提前角

点火时刻对发动机性能影响较大。从火花塞跳火开始到可燃混合气燃烧完毕，是需要一定时间的，这段时间很短。若在活塞到达上止点开始点火，可燃混合气边燃烧，活塞边下移，这将导致气缸燃烧压力降低，发动机功率下降。实验证明，气缸内的最高燃烧压力出现在活塞到达上止点后 10°～15°，发动机的功率最大，热能利用率最高。因此，要在活塞到达上止点前某一时刻点火。点火提前的时间用点火提前角来表示，点火提前角是从点火开始到活塞到达上止点的曲轴转角，如图 4-19 所示。点火提前角由点火提前调节机构根据发动机转速、负荷等进行调节。

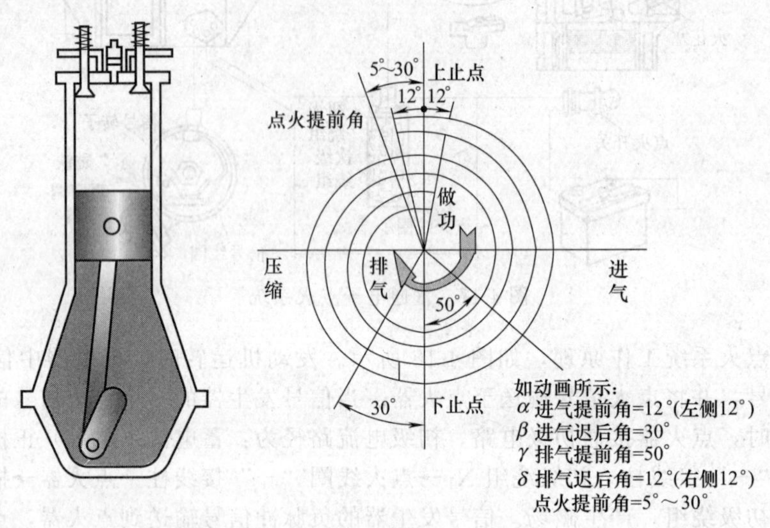

图 4-19　点火提前角示意图

2. 点火正时的确定

点火正时是指在安装分电器和分缸高压线时依靠人工调整和确定初始点火提前角，即找到一缸压缩上止点前的点火位置（初始点火提前角的位置），此时分火头位置与第一缸分缸高压线对应，按点火顺序确定其他分缸高压线与对应火花塞连接。

普通发动机点火正时的确定和调整方法：

（1）转动曲轴，将发动机第一缸活塞置于上止点位置，从离合器壳体上的观察孔可以看到飞轮的刻度标记与壳体上的指针对齐；

（2）转动凸轮轴，使凸轮轴正时齿轮的标记与气缸盖罩上的正时标记对齐；

（3）使机油泵轴端凹槽与曲轴方向一致；

（4）将分电器上分火头指向分电器壳体上的一缸标记，然后将分电器插入安装孔，使分电器轴端凸起与机油泵轴端凹槽配合，再逆时针转动分电器壳体 3°，用压板固定分电器；

（5）装上分电器盖，以分火头所指的旁电极为第一缸，按照一定顺序连接分缸高压线、中央高压线；

（6）连接点火系统低压线路；

（7）检查调整点火正时。

资讯六　微机控制点火系统

在微机控制电子点火系统中，点火线圈、火花塞等部件与普通电子点火系统中的组件相同，在此不再介绍。

影响点火系统正常工作的因素除了发动机的转速和负荷之外，还有冷却液温度、进气温度、混合器空燃比等。微机控制电子点火系统能解决这些影响因素，使发动机在各种工况下都能获得最佳点火提前角，进一步提高发动机的动力性和经济性，降低发动机的排放污染。

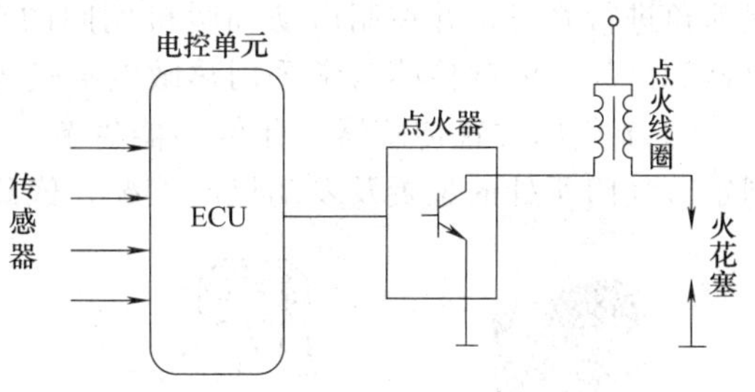

图 4-20　微机控制点火系统的组成

1. **微机控制电子点火系统的组成**

微机控制的电子点火系统主要由传感器、电控单元（ECU）、点火器、点火线圈、火花塞等组成，如图 4-20 所示。

（1）传感器　用来检测与点火有关的发动机工况信息，并将信息输入电控单元（ECU），作为运算和控制点火时刻的依据。主要传感器有曲轴位置传感器、爆震传感器、空气流量传感器、进气温度传感器、冷却液温度传感器、节气门位置传感器等。

① 曲轴位置传感器　该传感器可将发动机曲轴转过的角度变换为电信号输入微机，微机通过这个信号计算出曲轴转过的角度，也可以通过此信号计算出曲轴的转速，如图 4-21 所示。

② 进气压力传感器　对于 D 形电控燃油喷射系统的发动机，此传感器用来检测发动机的负荷，并将其转换为电信号输入微机，微机以此作为确定点火提前角的基本信号，实物如图 4-22 所示。

图 4-21　曲轴位置传感器

图 4-22　进气压力传感器

③ 空气流量传感器　在 L 形电控燃油喷射系统中，空气流量传感器用来测量进入气缸的空气量，作为发动机的负荷信号，同时也作为点火提前的基本信号，实物如图 4-23 所示。

④ 进气温度传感器　此传感器用来测量发动机的进气温度，微机可根据此信号对点火提前角进行修正，实物如图 4-24 所示。

⑤ 冷却液温度传感器　该传感器将冷却液温度信号送入微机，微机根据此信号对点火

图 4-23　空气流量传感器

图 4-24　进气温度传感器

提前角进行修正，并控制启动和暖机期间的点火提前角，实物如图 4-25 所示。进气温度传感器和冷却液温度传感器常采用热敏电阻式传感器。

⑥ 节气门位置传感器 此传感器将节气门的位置转变为电信号，微机通过这个信号来判定节气门所处的位置及发动机的工况，依此修正点火提角前，实物如图 4-26 所示。

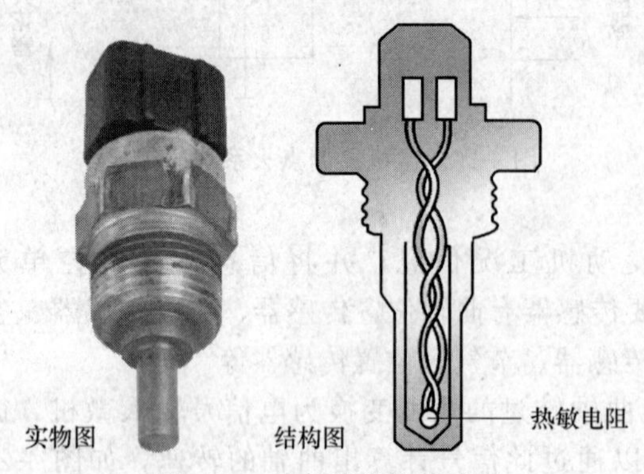

图 4-25 冷却液温度传感器

图 4-26 节气门位置传感器

⑦ 爆震传感器 爆震传感器用来检测发动机是否发生爆震，如果发动机发生爆震，微机将自动减小点火提前角。常见的爆震传感器有两种，即一种是磁致伸缩式爆震传感器，另一种是压电式爆震传感器。磁致伸缩式爆震传感器的外形与结构如图 4-27（a）所示。压电式爆震传感器的结构如图 4-27（b）所示。

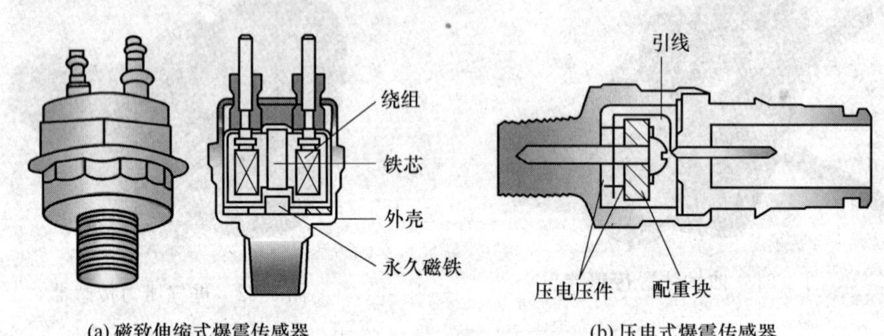

(a) 磁致伸缩式爆震传感器　(b) 压电式爆震传感器

图 4-27 爆震传感器

（2）电控单元（ECU） 电控单元本身就是一台微机，它是微机点火系统的核心，在点火系统工作时，接受前述各种传感器传来的信号，按照特定的程序进行判断、运算后，给点火器输出最佳点火提前角和点火初级电路导通时间的控制信号，实物如图 4-28 所示。

图 4-28 发动机 ECU

（3）点火器 点火器是微机点火控制系统的功率输出级，它按电子控制器输出的指令工作，并对点火信号进行放大，驱动点火线圈工作。各种发动机的点火器内部结构也不一样。有的只有大功率三极管，单纯起开关作用。有的除起开关作用外，还有电流控制、闭合角控制、判别缸位、点火监视等功能。有的发动机不单设点火器，将大功率三极管组合在电子控制器中，由电子控制器直接控制点火线圈中的初级电流的通断。

2. 微机控制电子点火系统的控制内容

发动机工作时，各种传感器的信号输入到电控单元（ECU）中，电控单元（ECU）经过逻辑运算、对比参照确定一个最佳点火提前角，按最佳点火时刻点火，同时对点火线圈通电时间和发动机爆震进行控制。

（1）点火提前角的控制　发动机启动时，电控单元（ECU）按初始点火提前角控制点火时刻，而发动机启动后，以实际点火提前角控制点火时刻。实际点火提前角的确定，各车型有所不同，通常发动机实际点火提前角为初始点火提前角、基本点火提前角和修正点火提前角之和，如图4-29所示。

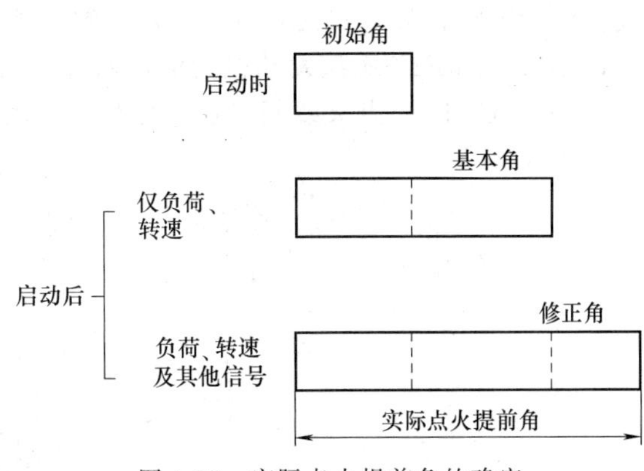

图 4-29　实际点火提前角的确定

① 初始点火提前角的确定：发动机启动时，由于转速与负荷信号都不稳定，点火时刻是在固定的曲轴转角点火，即点火提前角固定，与发动机的其他信号无关。

② 基本点火提前角的确定：发动机正常工作时，电控单元（ECU）根据发动机的转速和负荷信号，在电控单元（ECU）存储器（ROM）中查到这一工况下对应的基本点火提前角，即先确定基本点火提前角。

③ 修正点火提前角的确定：发动机正常工作时，还应考虑其他因素对点火提前角的影响，如发动机温度、负荷、爆震等。电控单元（ECU）根据得到的修正信号对点火提前角进行修正，最终确定实际的最佳点火提前角。

（2）通电时间的控制　在微机控制电子点火系统中，为了减小转速对次级电压的影响，提高点火能量，采用了初级线圈电阻很小的高能点火线圈，其饱和电流可达30A以上。为了防止初级电流过大烧坏点火线圈，在点火控制线路中，必须控制一个最佳通电时间，保证在任何转速下初级电流都能达到规定值7A。这样既能改善点火性能，又能防止初级电流过大而烧坏点火线圈。

（3）爆震的控制　爆震是汽油发动机的一种不正常燃烧现象。轻微的爆震可使发动机功率增加，油耗下降，但严重的爆震会导致发动机过热，功率下降、油耗上升、机械使用寿命减短，所以发动机工作时，应对爆震加以控制。点火提前角是影响爆震的主要因素之一，电控单元（ECU）根据爆震传感器的信号判定有无爆震及爆震的强度，对点火提前角进行控制。有爆震时，逐渐减小点火提前角（推迟点火），直到爆震消失；无爆震时，则逐渐增大点火提前角（提前点火）。当再次出现爆震时，电控单元ECU又开始逐渐减小点火提前角。爆震控制过程就是对点火提前角进行反复调整的过程，如图4-30所示。

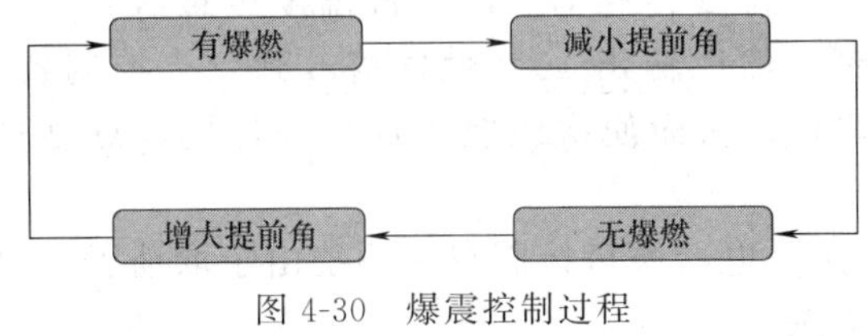

图 4-30　爆震控制过程

3. 微机控制电子点火系统的高压配电方式

微机控制电子点火系统目前主要有两种方式：一种是有分电器式微机控制点火系统，采用分电器分配高压电；另一种是无分电器微机控制点火系统，采用同时点火或单独点火的方式。

（1）有分电器微机控制点火系统运用实例　桑塔纳 2000GLi 轿车 AFE 型发动机、广州本田雅阁 F22B1 型发动机等点火系统为有分电器微机控制点火系统，仍保留分电器用于分配高压电，同时在分电器内安装了曲轴位置传感器。

以本田雅阁 F22B1 型发动机为例，如图 4-31 所示。在该点火系统中，曲轴位置传感器（TDC/CKP/CYP）、点火线圈、点或控制模块都在分电器下，与分电器合为一体。

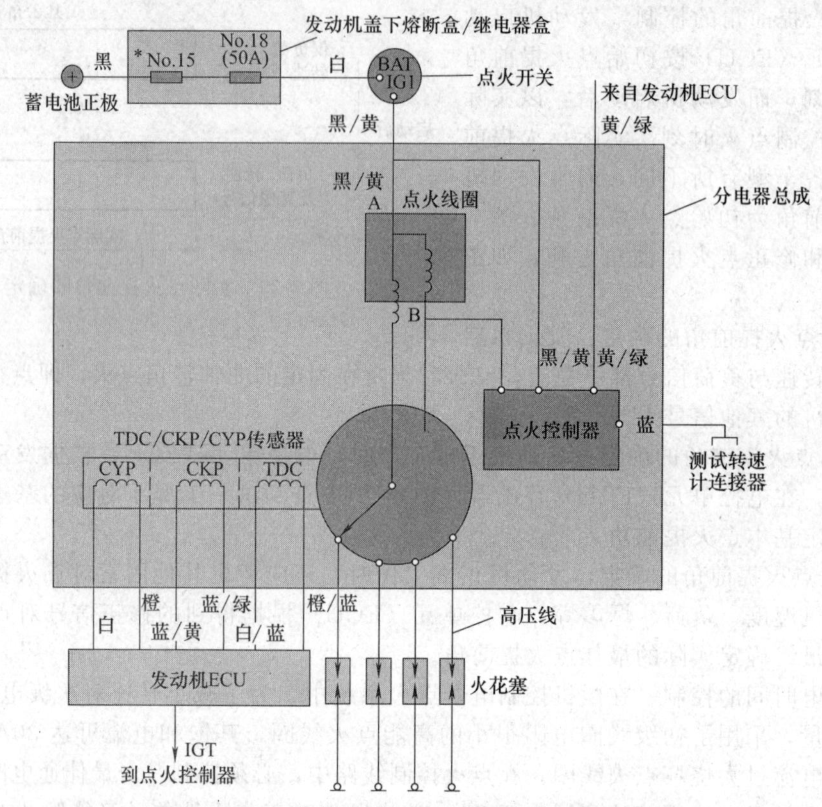

图 4-31　本田雅阁 F22B1 型发动机点火系统电路图

基本控制原理：点火系统的初级电路为：蓄电池正极→点火开关→点火线圈初级绕组→点火控制器→搭铁。点火系统由发动机 ECU 控制，发动机 ECU 根据发动机转速传感器、进气歧管压力传感器、曲轴位置传感器、节气门位置传感器、冷却液温度传感器、进气温度传感器等输入的信号，计算最佳点火时刻，然后输出 10V 触发信号到点火控制器，点火控制器使点火线圈的初级绕组电路迅速截止，从而使次级绕组产生高压电，点燃可燃混合气。

（2）无分电器微机控制点火系运用实例　无分电器微机控制点火系统由于取消了分电器，其配电方式主要有同时点火和单独点火的方式。

① 同时点火：一个点火线圈连接两个火花塞，如四缸发动机的 1 缸/4 缸、2 缸/3 缸分别共用一个点火线圈，如图 4-32 所示。两个火花塞同时点火，其中一个火花塞在压缩行程点火，击穿电压高，火花能量强，称为有效点火；另一个火花塞在排气行程点火，击穿电压低，火花能量弱，消耗点火能量少，称为无效点火。

② 单独点火：是指一个火花塞配一个点火线圈，如图 4-33 所示。并且可将点火线圈直接安装在火花塞顶上，这样不仅取消了分电器，而且也不用高压线，因此，彻底消除了分电器和高压线所带来的缺陷，点火性能最好，但结构复杂。

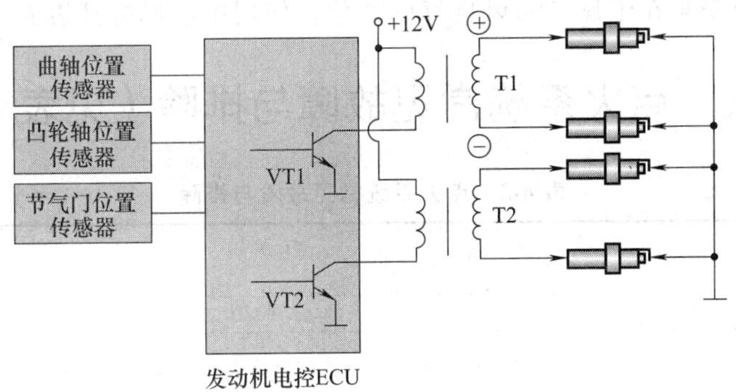

图 4-32　同时点火系统原理图

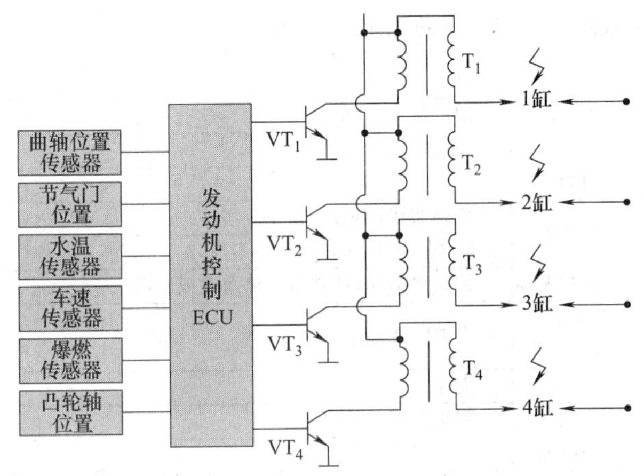

图 4-33　单独点火无分电器原理

资讯七　点火系统的使用注意事项

(1) 安装时，接线必须正确、牢固，电源的极性不能接错，否则极易损坏点火器；

(2) 点火器必须搭铁良好，使用中应尽可能减少搭铁处接触电阻，确保电路稳定可靠地工作；

(3) 点火信号线应与高压线分开，避免高压线对点火系统的干扰；

(4) 洗车时，应尽量避免洗车水溅到点火器和分电器内；

(5) 发动机在运转过程中，严禁拆卸蓄电池，也不可用刮火的方法试电，以免损坏点火器；

(6) 电子点火系统的点火线圈一般都使用高能点火线圈，应尽可能避免用普通点火线圈代用；

(7) 高压线必须连接牢靠，如果连接不牢，容易造成系统电压过高而损坏高压系统的绝缘；

(8) 在判断点火系统的故障时，不要使高压电路处于开路状态，否则极易使点火器中的大功率三极管损坏；

(9) 当需要拆卸点火系统的连接导线或安装测试仪器时，应先关断点火开关或拆下蓄电池的负极导线；

（10）点火器应安装在干燥、通风良好的部位，使用中应保持其表面清洁，以利散热。

资讯八　点火系统常见故障与排除（见表 4-2）

表 4-2　点火系统常见故障与排除

常见故障	故障分析：故障部位			故障分析：故障原因	排除方法
发动机不能启动	初级电路	线路		从点火开关至分电器间电路有断路或接触不良处	紧固接点，必要时更换导线
		电流表或点火开关		电流表或点火开关损坏，使初级电路断路	更换电流表或点火开关
		点火线圈		初级断路或附加电阻损坏	更换点火线圈或附加电阻
		传统点火系统	断电器	断电器触点氧化	清洁或更换触点
				固定触点接地不良	修复或重新固定
				接线柱或活动触点搭铁	
			电容器	电容器损坏	更换
		半导体点火系统	传感器	传感器线圈短路、断路或搭铁	修理或更换
				转子凸齿与铁芯间间隙不当	调整
			点火控制器	控制器损坏，使初级电路短路或断路	更换
	次级电路		分电器盖或分火头	有裂纹或漏电	更换
			高压导线	损坏	更换
			火花塞	积炭严重或绝缘损坏	更换
			分电器	分电器安装角度不正确	调整
			配线	火花塞的高压线配线错乱	
发动机运转不平稳			点火正时	点火正时调整不当	进行点火正时调整
				点火提前调节装置故障	修理或更换分电器
				分电器轴松旷，凸轮磨损不均匀	更换
			高压导线	损坏或脱落	更换或调整
			火花塞	个别缸火花塞绝缘损坏或积炭严重而漏电	光环
发动机功率下降，油耗增加，加速性能变坏			点火正时	点火正时调整不当，点火提前角过大或过小	调整
				点火提前调节装置失效	修理或更换
			继电器	触点间隙过大	调整
启动时发动机运行，启动后熄火			附加电阻	点火线圈附加电阻或附加电阻线损坏	更换

资讯九　常见车型火花塞的更换周期

火花塞的使用寿命一般为 15000～30000km。但有些车上使用的火花塞采用特殊材料，使用寿命可达 50000～100000km。部分轿车火花塞更换周期见表 4-3。

表 4-3　部分轿车火花塞更换周期

车　型	发动机型号	更换周期/km
受丽舍	TU5JP4 型	30000
广州本田雅阁 2.0L	L2.0 型	20000
卡罗拉 1.6L	IZR-FE 型	80000
凯越 1.6L	FI6D3 型	200000

可能有些车上的火花塞会因发动机维护不及时或不当，达不到正常使用寿命。如果检查发现火花塞严重烧蚀或损坏，应及时更换。若不及时更换火花塞，火花塞虽能点火，但由于火花塞的烧损会引起点火性能下降，可燃混合气燃烧不完全，使油耗、排放增加，启动困难，加速无力。

任务实施

任务实施一　点火系统主要构件的检查

步骤1　工具、设备和材料的准备	
(1)扳手、旋具、万用表、塞尺、抹布、维修手册等； (2)点火系统零部件若干； (3)将上述工具在工具车上叠放整齐。	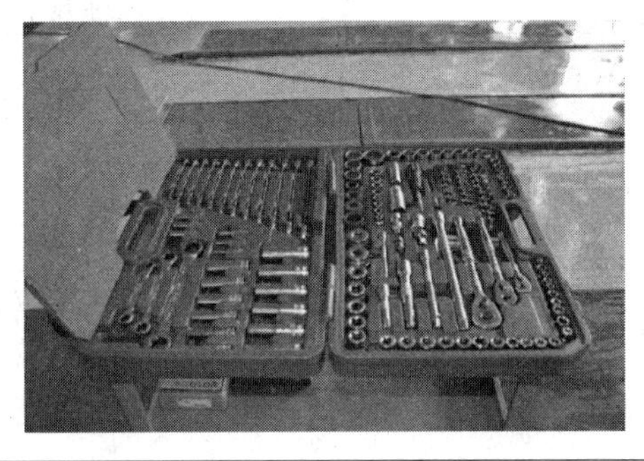
步骤2　分电器的检查	
(1)分火头的检查。 用高压电按图(a)所示的方法进行绝缘检查，如有跳火，说明分火头绝缘不良，应予以更换；按图(b)所示的方法测量分火头的电阻(分火头中央导电片与尖端电极之间设有一个电阻，阻值为1kΩ±0.41kΩ)，如不符合要求，应更换分火头。	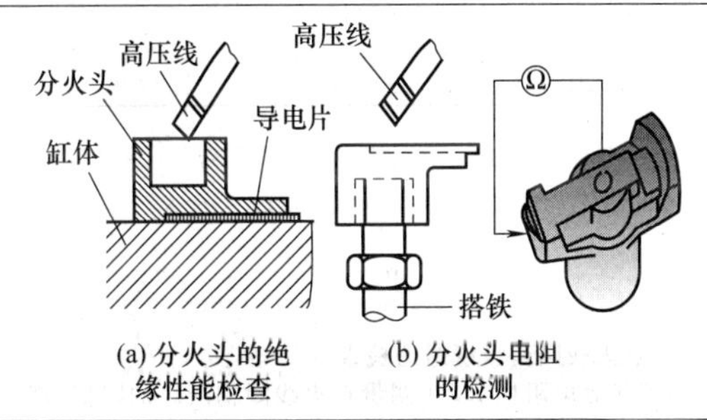 (a) 分火头的绝缘性能检查　(b) 分火头电阻的检测
(2)真空调节器的检查。 用嘴吸吮真空调节器上真空管的插头时，调节器的拉杆应能移动，否则，说明调节器已失效，应更换。	
(3)离心调节器的检查。 一手握住分电器轴，另一手先按分火头的正常转向向前转动分火头然后放松，此时分火头应能迅速复位。如果分火头不能迅速复位，说明离心调节器失效，应更换。	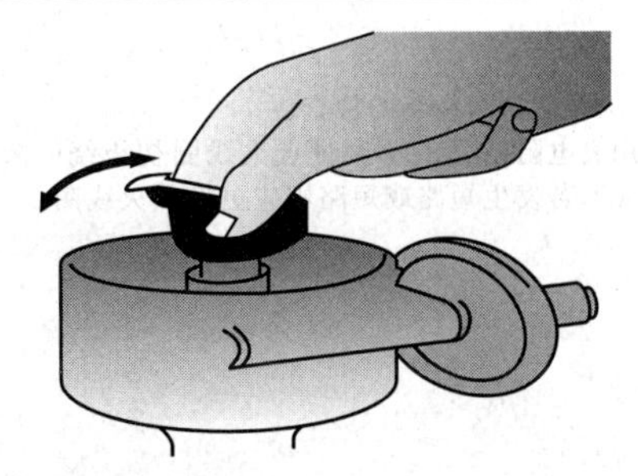

(4)信号发生的检查(霍尔式)。

分别测量"+"与"－"电压,应为 12V;测量端子"S"与"－"电压,当转子缺口对正霍尔元件的气隙时,应为 0.3～0.4V,反之应为 11～12V;(霍尔信号发生器的"+"极,红/黑色,接点火控制器 5 号端子;霍尔信号发生器的输出信号端子 S,绿/白色,接点火控制 6 号端子;霍尔信号发生器的"－"极,棕/白色,接点火控制器 3 号端子。)

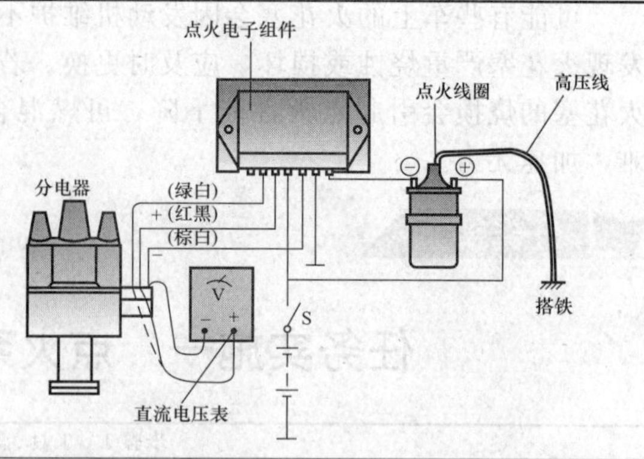

步骤 3　点火线圈的检查

(1)目视检查点火线圈外壳,若绝缘盖或外壳破裂,应予更换。

(2)点火线圈初级绕组的检查。

用万用表电阻挡 R×1 测量点火线圈初级绕的阻值应为 2.2Ω,若发生短路或短路则应更换点火线圈。

(3)点火线圈次级绕组的检查。

用万用表电阻挡 R×1k 测量点火线圈初级绕的阻值应为 7.93kΩ,若发生短路或短路则应更换点火线圈。

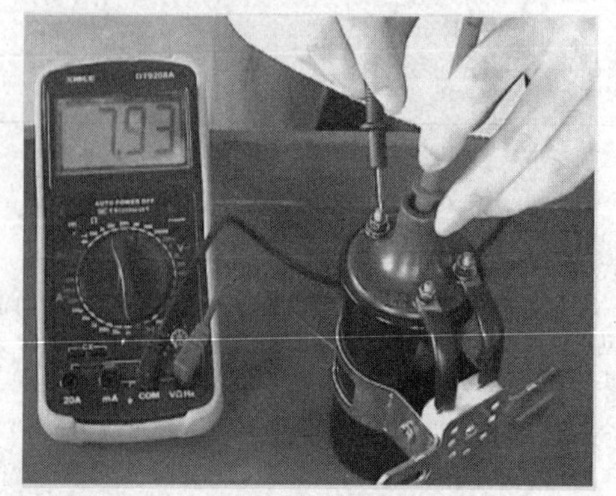

步骤4　火花塞的检查	
(1)火花塞的清洗。 将拆下的火花塞先用铜丝刷或专用清洁仪清洗。	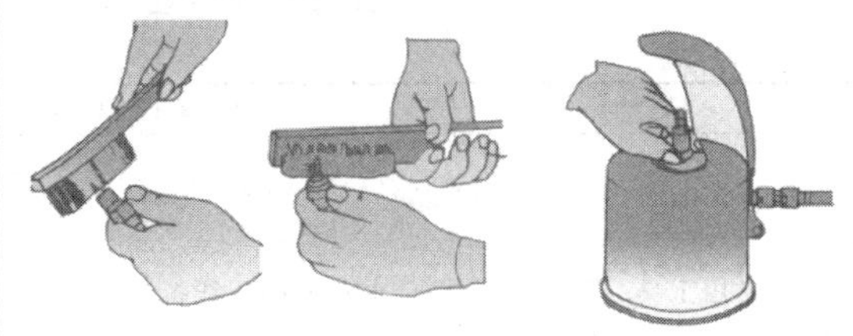
(2)检查火花塞外观。 ①绝缘体是否有裂纹、破损,中心电极是否烧损,如有烧损应更换; ②螺纹部分损坏不超过2牙,否则应更换。	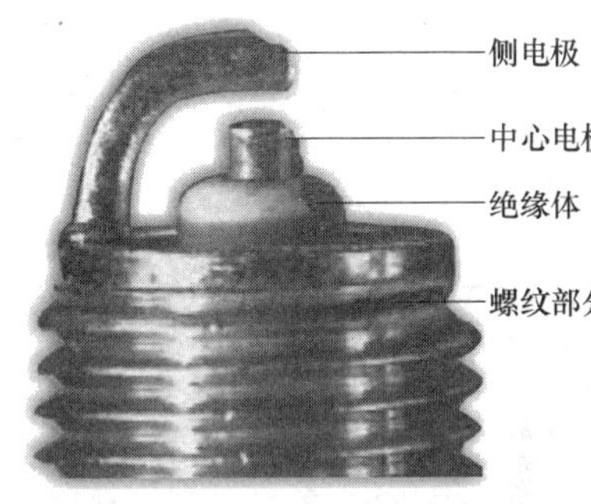

步骤5　火花塞极间的检查与电极间隙的调整	
首先用火花塞专用量规测量火花塞的电极间隙,其间隙一般为0.6~0.8mm,采用电子点火的火花塞的间隙可达1~1.2mm;如果不符合要求,应调整到标准值。	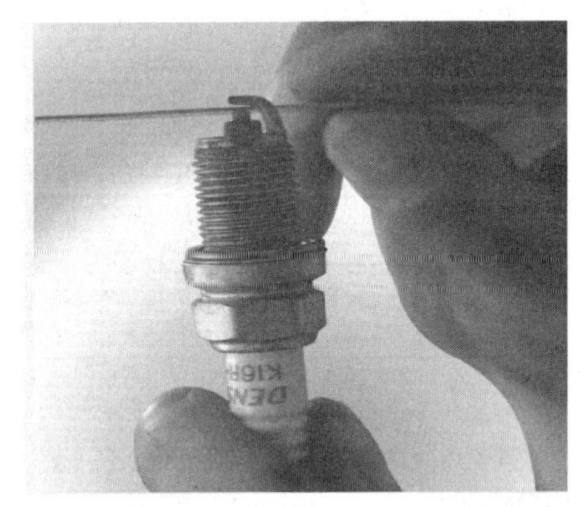

步骤6　高压线的检查	
为了减少对外界的无线电干扰,现代汽车的高压线一般都有一定的阻尼电阻。检查时应用万用表检查其电阻,并与标准值比较,若符合要求,则说明高压线正常;若阻值不在正常范围之内,应更换高压线。	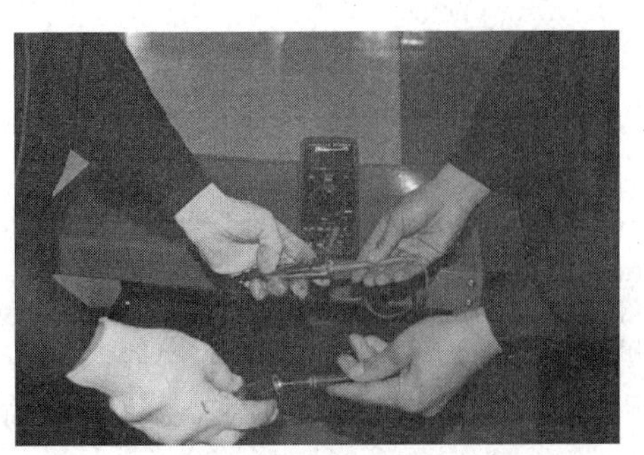

任务实施二　火花塞的更换

步骤1　工具、设备和材料的准备	
(1)常用工具、零件车、工具车、火花塞高压线拆装钳、火花塞扳手、抹布、维修手册等； (2)桑塔纳2000轿车一辆； (3)将上述工具在工具车上叠放整齐。	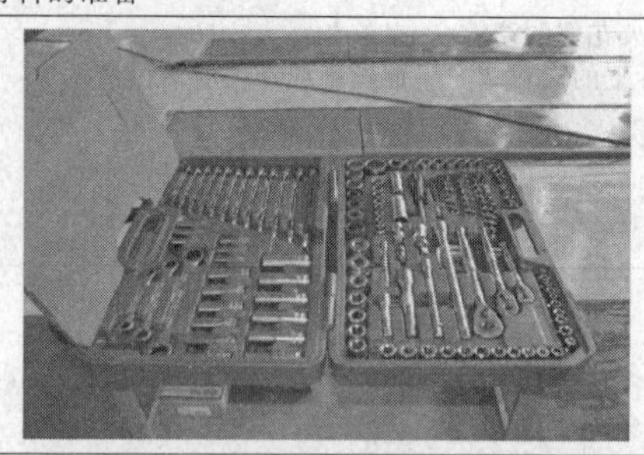
步骤2　拆卸蓄电池负极接线	
(1)关闭点火开关； (2)打开发动机引擎盖并支撑牢靠； (3)拆卸蓄电池负极接线，并使之可靠地离开负极柱，以防发生短路事故。	
步骤3　拆卸火花塞	
(1)拔出点火模块线束插头。 先压下锁扣，再拉出连接器；拆卸时不得强拉导线和连接器。	
(2)拆卸高压线。 使用火花塞高压线专用拆装钳夹住与火花塞连接高压线的金属部分，依次将火花塞上的高压线拆下。	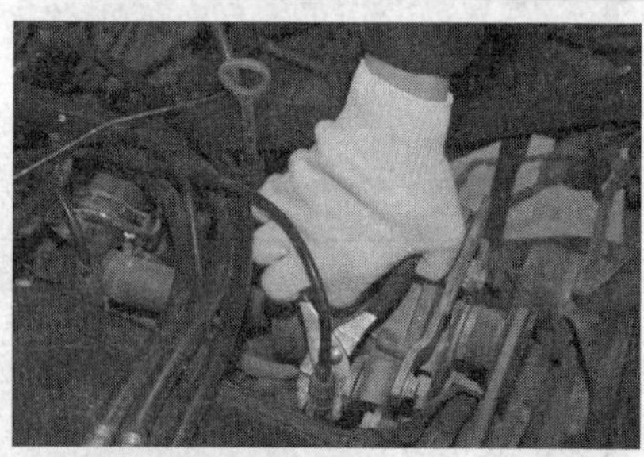
(3)拆卸火花塞。 用火花塞扳手分别拆下发动机气缸盖上的4个火花塞，并用棉纱将火花塞孔堵住，防止异物进入气缸。	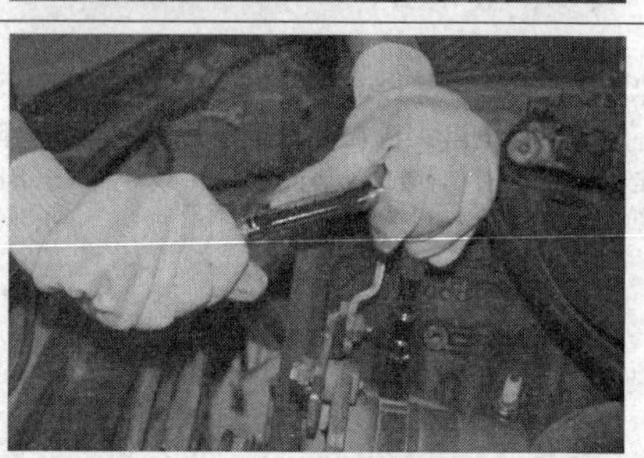

步骤4　火花塞的检查	
按照气缸顺序将拆下的火花塞对应的摆放整齐，并检查火花塞的技术状况。	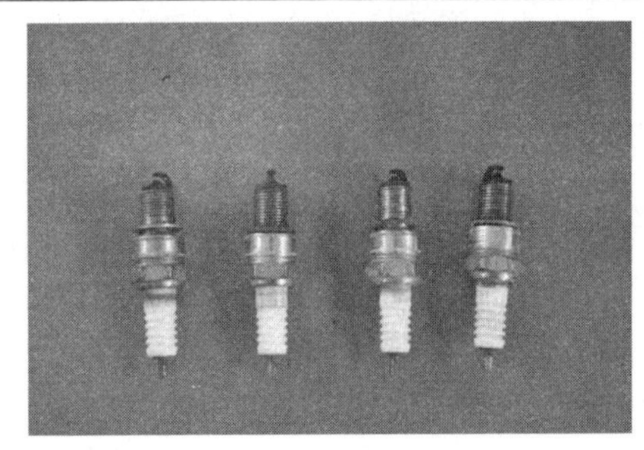

步骤5　安装火花塞	
(1)先将棉纱取掉，然后用手抓住火花塞的尾部，并在火花塞螺纹上涂少量机油，对准火花塞孔，慢慢用手拧紧火花塞；对于旧火花塞而言，需按缸序安装，新件则不需要。	
(2)使用用火花塞扳手，用30N·m的力矩拧紧火花塞。	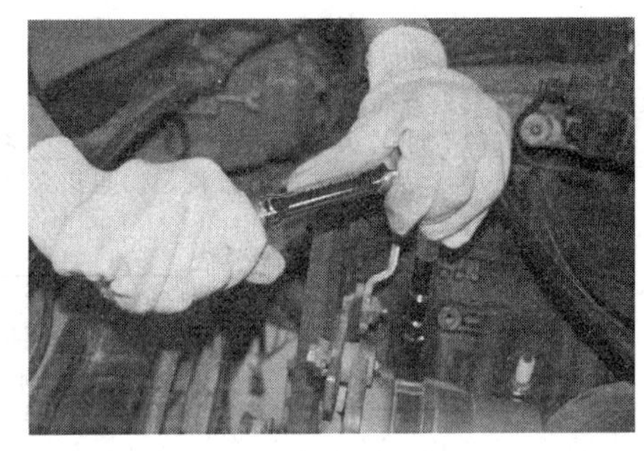

步骤6　安装高压线并连接蓄电池	
(1)安装高压线。 高压线的长短不等，连接时按照高压线上的标志，根据点火顺序将高压分别牢靠的安装到火花塞的接线端子上。	
(2)接插点火模块线束插头。 插头进入插座时，应听到响声，保证连接器可靠连接。	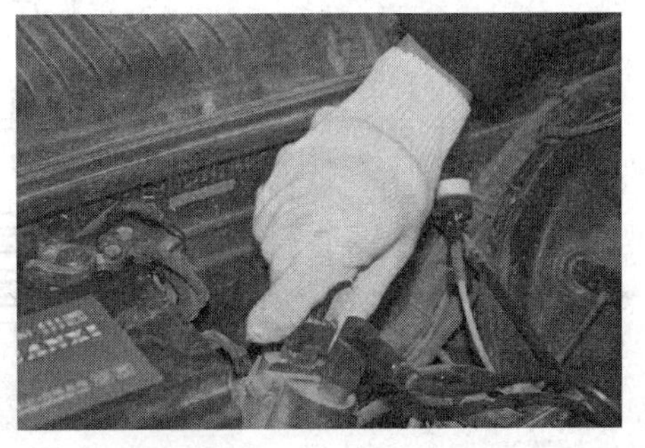

(3)连接蓄电池负极。

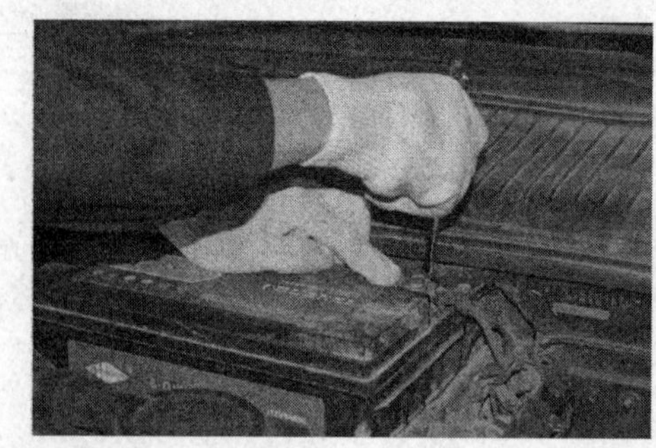

步骤 7　整理工具、收拾场地

学生作业单

姓名：	班级：	日期：

学习任务 1　火花塞的检查与更换

1. 点火系统的作用是将汽车电源提供的________电转变为________电，并按照发动1机各缸的点火顺序和点火时刻的要求，适时准确地将高压电送至各缸的________，使火花塞跳火，点燃气缸内的可燃混合气。

2. 按点火方式的不同，点火系统可分为________系统、________系统、________和________系统。

3. 现代汽车电喷发动机均已采用微机控制点火系统（ESA），其组成主要有________、________及________。

4. 在发动机控制系统中，点火控制包括________控制、________控制和________控制三个方面。

5. 实际点火提前角由三部分组成：________点火提前角、________点火提前角和________点火提前角。

6. 通电时间控制的目的是________的前提下，保证点火线圈有足够的时间蓄积能量而又不会造成________。爆燃控制的目的就是根据爆燃传感器的信号________使汽油发动机工作在临界爆燃状态。

7. 无分电器的电子点火控制系统按配电方式的不同可分为________点火的配电方式和________点火的配电方式。

8. 普通电子点火系的组成如下图所示，写出各部分的名称。

高压线

1________　2________　3________

4________　5________　6________

简述该电子点火系统的工作原理：________________

个人成绩评定：

教师成绩评定：

小组任务实施计划

<table>
<tr><td rowspan="2">小组
信息</td><td>班级</td><td></td><td>日期</td><td></td></tr>
<tr><td>组长</td><td></td><td>小组
成员</td><td></td></tr>
<tr><td>任务名称</td><td colspan="2"></td><td>学时</td><td></td></tr>
<tr><td>任务
描述</td><td colspan="2"></td><td>任务
分析</td><td></td></tr>
<tr><td>实施
方案</td><td colspan="3"></td><td>教师认可：</td></tr>
<tr><td>问题
记录</td><td colspan="4"></td></tr>
<tr><td>处理
方法</td><td colspan="4"></td></tr>
</table>

小组评定：

教师评定：

任务实施工作页

任务实施一

一、清点工具、在准备好的工具后面空格打“√”

序　号	设 备 工 具	结　果
1	扳手	
2	旋具	
3	万用表	
4	维修手册	
5	工具车	
6	零件车	
7	抹布	
8	兆欧表	
9	塞尺	

二、按步骤完成作业项目，完成打“√”

点火系统主要构件的检查

序　号	作 业 项 目	完 成 情 况
1	分火头的检查	
2	真空调节器的检查	
3	离心调节器的检查	
4	霍尔式信号发生器的检查	
5	点火线圈初级绕组的检查	
6	点火线圈次级绕组的检查	
7	火花塞的检查	
8	高压线的检查	
9	点火器的检查	

小组评定：

教师评定：

任务实施二

一、清点工具、在准备好的工具后面空格打“√”

序　号	设 备 工 具	结　果
1	扳手	
2	旋具	
3	火花塞高压线拆装钳	
4	维修手册	
5	工具车	
6	零件车	
7	抹布	
8	火花塞扳手	

二、按步骤完成作业项目，完成打“√”

火花塞的更换

序　号	作 业 项 目	完 成 情 况
1	拆卸蓄电池负极接线	
2	拆卸火花塞	
3	检查火花塞	
4	安装火花塞、高压线	
5	连接蓄电池负极接线	

小组评定：

教师评定：

评价与反馈

1. 填写学习任务评价表

学习任务评价表

评价项目	评价内容	分值	学生自评（20%）	小组评价（30%）	教师评价（50%）
信息收集	对任务或问题的理解程度	5			
	收集信息的完整性	5			
	对信息(知识)的领会性	5			
制定计划	计划制定参与程度	5			
	计划的合理性及实用性	10			
修改计划	和老师怎么讨论计划	8			
	和老师讨论后，是否知道如何改进计划	3			
	计划修改后的完整性	4			
实施	是否按计划进行工作	10			
	是否亲自实施计划	10			
	是否记录工作过程及结果	15			
检查	是否按计划的要求去完成任务	4			
	是否达到预期目标	3			
	整个工作流程是否与标准流程符合	3			
评价	是否按计划完成了任务或解决了问题	3			
	在哪个环节上可以改进	3			
	学习团队的合作情况	4			
小计		100			
合计					
教师评语	教师签字：				

2. 在实施的过程中，是否存在一些安全隐患，请找出容易忽视地方。

3. 能否向客户解释更换火花塞的原因？如不能，分析原因并提出改进措施。

学习拓展

1. 查阅资料，说明别克凯越、奥迪 A4、本田思域轿车的火花塞更换周期。

2. 查阅资料，说明哪些车型采用微机控制独立点火系统？

学习任务五 灯光系统和信号系统故障检修

知识目标

1. 能叙述照明装置的种类及用途；
2. 能叙述转向信号灯的种类；
3. 能叙述照明转向信号灯的用途；
4. 能叙述前照灯的结构与工作原理；
5. 能叙述转向信号灯的结构与工作原理。

能力目标

1. 能读懂给定的“检测工艺流程”，对测试结果进行分析；
2. 正确地使用工具和设备；
3. 规范地检查前照灯和转向信号灯的电路。

素质目标

培养学生形成规范的操作习惯、养成良好的职业行为习惯。

学习任务引入与分析

某轿车，据车主反应：该车照明灯不亮。经过维修人员检查分析，该车的照明装置及信号装置的控制电路出现问题。需要你按照“维护标准和要求”，确定故障部位并进行修理。

学习内容

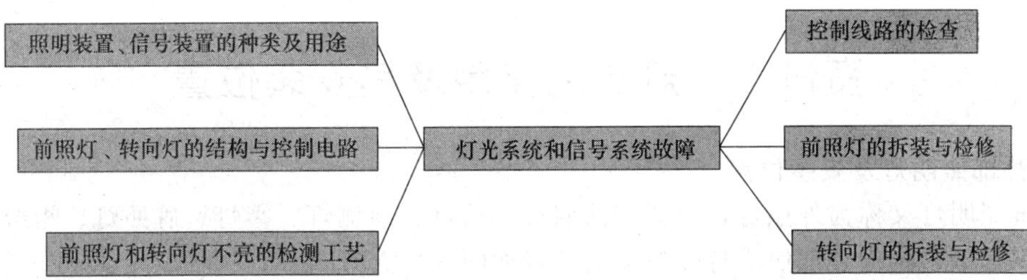

知识准备

资讯一　汽车灯具

1. **照明灯**

汽车照明灯按其安装位置和用途不同，可分为外部照明灯和内部照明灯。如图 5-1 所示为各种汽车灯具。

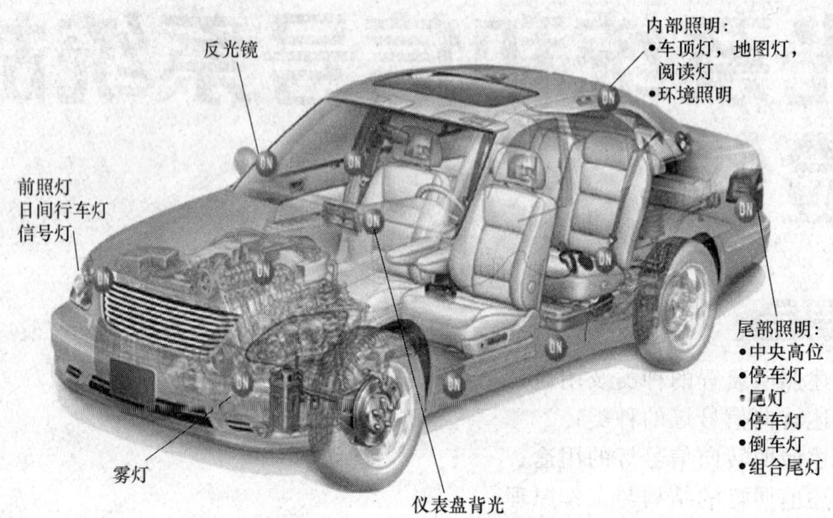

图 5-1　各种汽车灯具及其安装位置

2. **信号灯**

信号灯主要包括前、后转向灯、倒车灯、制动灯、后尾灯、组合式前信号灯、组合式后信号灯等。如图 5-1、图 5-2 所示。

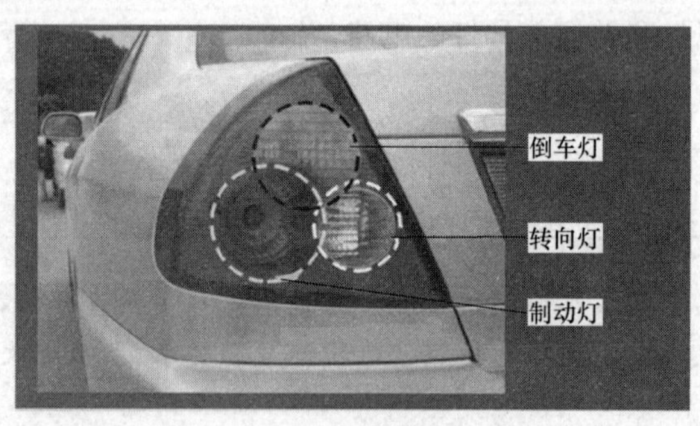

图 5-2　信号灯

资讯二　灯具的作用及其安装位置

1. **外部照明灯及安装位置**

外部照明灯又称为外照灯，主要有前照灯、后灯、前侧灯、雾灯、牌照灯、组合式前照灯、驻车灯等，各种外部照明灯在车上的位置如图 5-3 所示。

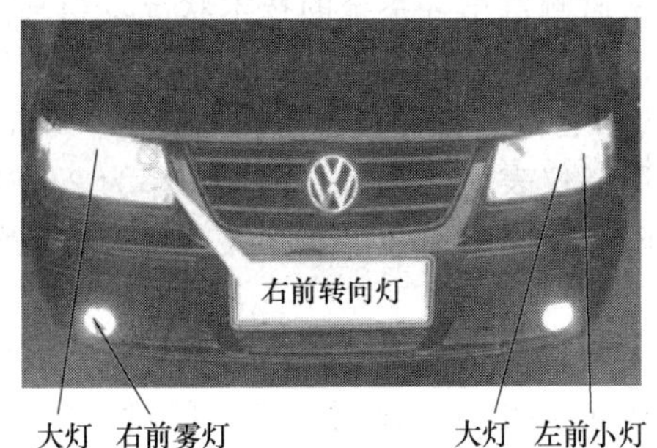

图 5-3 外部照明灯及安装位置

(1) 前照灯 又称前大灯，其作用是夜间运行时照明道路，功率为 40～60W。灯光为白色，且国家标准规定汽车前照灯必须具备远光和近光两种照明方式，并通过变光开关转换。

(2) 驻车灯 又称小灯、示廓灯，其作用是汽车夜间行车或停车时，标示其轮廓或存在，前小灯为白色，后小灯为红色，功率为 5～10W。

(3) 牌照灯 安装在汽车尾部的牌照上方，灯光为白色，其作用是夜间照亮汽车牌照，功率为 5～15W。

(4) 雾灯 位于车头和车尾，安装在车头的雾灯称为前雾灯，安装在车尾的雾灯称为后雾灯。雾灯用于雾天、暴雨、下雪或沙尘弥漫等情况下汽车行驶的照明。通常雾灯光色为黄色，黄色光波较长，穿透性好，功率为 35～55W。

(5) 转向灯 其作用是表示汽车的运行方向。左右转向灯同时闪亮时，表示有紧急情况，灯光为黄色，功率为 20W 以上。

(6) 制动灯 又称刹车灯，安装于汽车后面，其作用是在汽车制动停车或制动减速行驶时，向后车发出灯光信号，以警告尾随的车辆，防止追尾，灯光为红色，功率为 20W 以上。

(7) 倒车灯 其作用有两个，一个是向其他的车辆和行人发出倒车信号，另一个是夜间倒车照明，灯光为白色，功率为 20W。

2. 内部照明灯及安装位置

内部照明灯包括顶灯、仪表灯、工作灯、指示灯、车厢灯、门灯、阅读灯等。部分内部照明灯如图 5-4 所示。

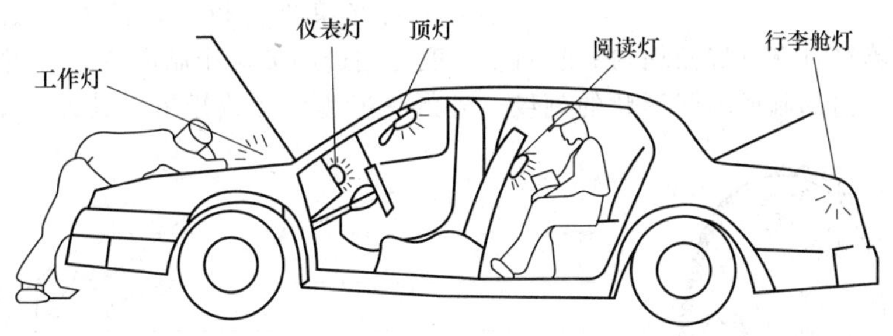

图 5-4 车内照明装置

(1) 顶灯 安装在驾驶室的顶部，其作用是驾驶室内部照明，灯光为白色，功率为 5～8W。

(2) 指示灯 指示某一系统是否处于工作状态，灯光为红色，功率为 2W。如远近光指示灯、转向指示灯、雾灯工作指示灯、空调工作指示灯、驻车制动指示灯、收放机工作指示灯、自动变速器挡位指示灯等。

（3）警告灯　安装在仪表板上，其作用是用来监测汽车各系统的技术状况，当某一系统出现异常情况时，对应的警告灯亮，提醒驾驶人该系统出现故障，灯光为红色、绿色或黄色，功率为2W，如发动机故障警告灯、机油压力警告灯、冷却液温度警告灯等。

（4）仪表灯　安装在汽车仪表上，用于夜间照亮仪表，灯光为白色，功率为2～8W。

（5）阅读灯　装于乘员席前部或顶部，聚光时乘员看书不会给驾驶人产生目眩现象，照明范围小，有的还有光轴方向调节机构。

（6）行李箱灯　装于轿车或客车行李箱内，当开启行李箱盖时，自动发亮。

（7）门灯　装于轿车外张式车门内侧底部，光色为红色。夜间开启车门时，门灯发亮，以告示后来行人、车辆注意避让。

（8）仪表照明灯　装在仪表板反面，用来照明仪表指针及刻度板。

资讯三　前照灯的结构与分类

1. 对前照灯的基本要求

（1）应能保证车前有明亮而又均匀的照明，使驾驶人能够看清车前方100～150m路面上的物体。

（2）前照灯应具有防眩目的功能，避免夜间会车时不使对方驾驶人眩目。

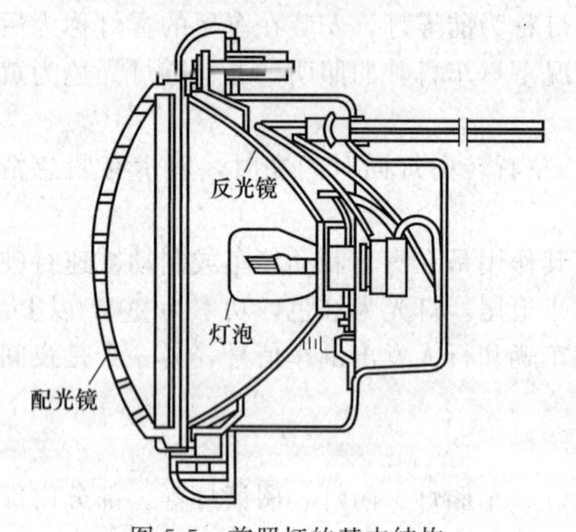

图5-5　前照灯的基本结构

2. 前照灯的基本结构

前照灯的光学组件由灯泡、反射镜和配光镜三部分组成，结构如图5-5所示。

（1）反射镜　又称反光镜，其作用是将灯泡发出的散光聚合成强光束，以增加照明距离。反射镜一般用薄钢板冲压而成，近年来已有用热固性塑料制成的反射镜。反射镜的表面形状呈旋转抛物面，如图5-6所示。其内表面镀银、镀铝或镀铬，然后抛光。由于镀铝的反射系数可以达到94%以上，机械强度较好，故现在一般采用真空镀铝。

（2）配光镜　配光镜的作用是将反射镜反射出的平行光束进行折射，扩大光线的照射范围，使车前路面和路缘具有良好而均匀的照明。一般是用透明玻璃压制而成的棱镜和透镜的组合体。根据需要，内部制成不同形状的刻纹。外形一般为圆形或矩形，其外观如图5-7所示。

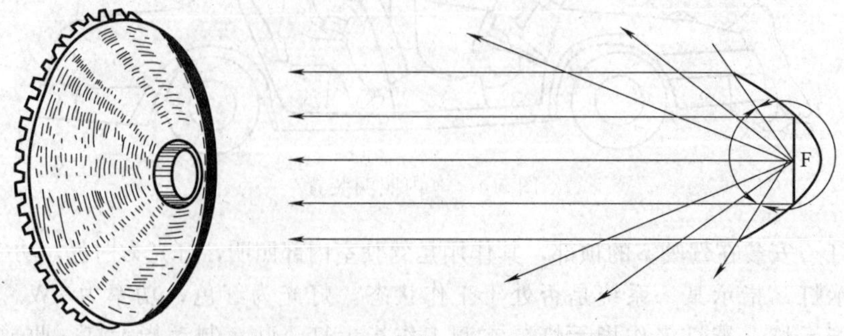

图5-6　反射镜示意图

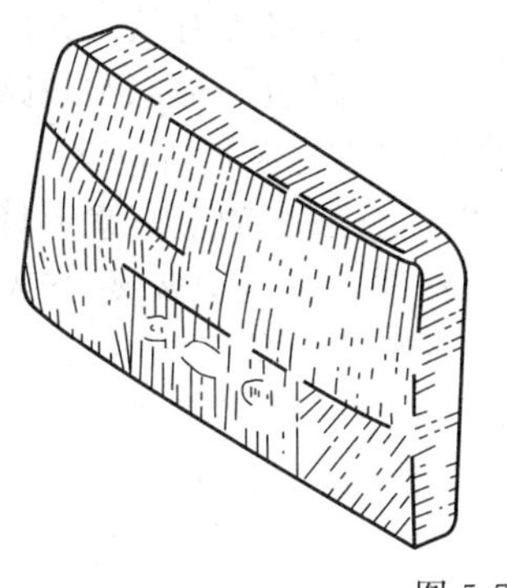
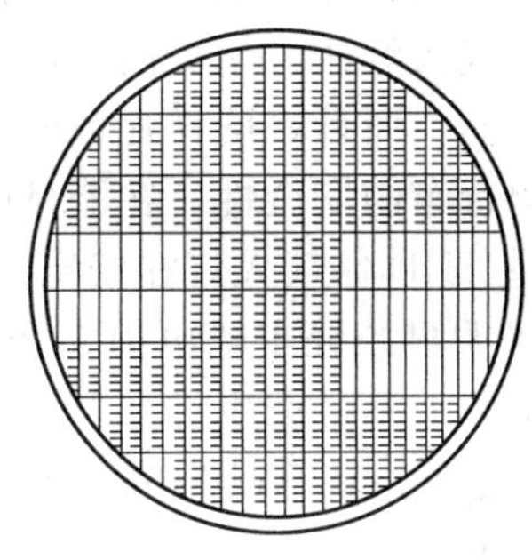

图 5-7　配光镜外形

近年来，汽车前照灯的配光镜多采用无色透明的 PC 材料（塑料），它不但质量轻，而且耐冲击性能好。

（3）前照灯灯泡　目前，汽车前照灯的灯泡主要使用两种，即普通白炽灯泡和卤素灯泡。由于钨丝在使用时蒸发损耗，使灯泡的使用寿命缩短，为延长其寿命，将玻璃灯泡中的空气抽出，然后充入其他惰性气体，即为白炽灯泡。如充入氩和氮的混合气体，在灯泡工作时，由于惰性气体受热后膨胀会产生较大的压力，这样可以减少钨的蒸发，能提高灯丝的温度，增强发光的效率，从而延长灯泡的使用寿命。普通白炽灯泡的结构如图 5-8 所示。

充气灯泡虽然已充入了惰性气体，但仍有少量钨丝蒸发而使灯泡发黑。为了防止钨丝的蒸发，又发明了卤素灯泡。如果充入卤族元素即为卤素灯。卤素灯泡内的惰性气体渗有某种卤族元素，如氟、氯、溴和碘等。卤素灯泡的结构如图 5-9 所示。

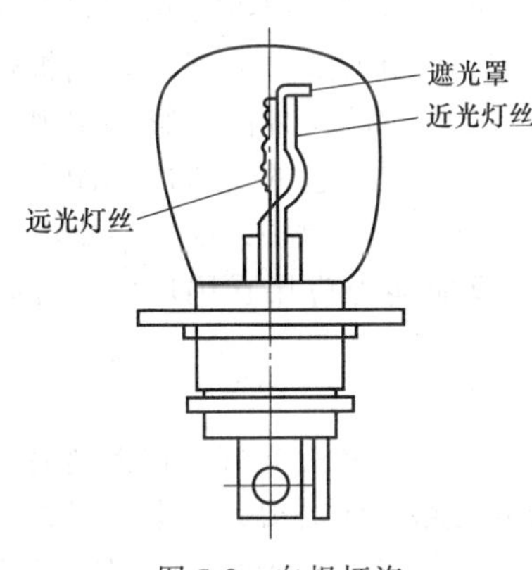

图 5-8　白炽灯泡

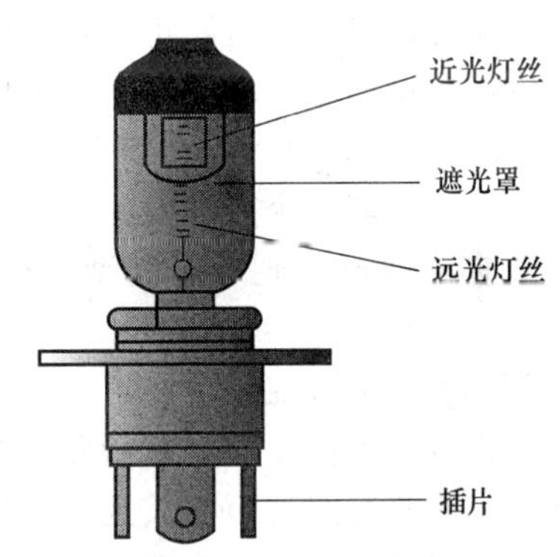

图 5-9　卤素灯泡的结构

卤素灯泡的玻璃由耐高温、强度高的玻璃制成，且灯泡内的充气压力较大，工作温度高，可有效地抑制钨的蒸发量，延长其使用寿命，提高发光效率。在相同功率情况下，卤钨灯的亮度是充气灯的 1.5 倍，寿命是充气灯的 2～3 倍。

另外随着科技成果不断转入汽车行业，传统的汽车车灯采用的卤钨光源，虽然能给汽车提供足够的照明亮度，提高了汽车的安全行驶，但是还有一个缺点就是传统的卤素汽车车灯寿命短，而且内部含有一定量的汞元素，既不节能也不环保。现今出现了很多新类型的汽车车灯来替代传统的卤素灯。

飞利浦照明在 2004 年 6 月推出了世界上第一只汽车用绿色无汞氙气前照灯，自此以氙气作为光源的氙气灯在汽车照明领域中不断发展并且到现在已经得到大量应用。氙气灯简称 HID（High Intensity Discharge）灯，它的最大魅力就是它的安全性。这主要是因为 HID

灯带来的多重光束会比卤素灯更远更宽、强度更大，近光设置更有效。在黑夜里，特别是车辆行驶在郊区，氙气大灯能大幅提高车前方的照明，照亮路边的标志和歧路，对行车安全的重要性是毋庸置疑的。而且，同样瓦数的HID的亮度大约是卤素灯的2～3倍，射程也更远更宽，提高了夜间行车的安全性。在能量的使用方面，一般车辆上卤素大灯每小时需要耗电60W左右，而一些HID氙气大灯在安定器的稳定运作下，平均只需要35W，大大低于通常的卤素灯。HID可明显减轻车辆电力系统的负担，达到了节能的要求。氙气灯是利用电流刺激气体发光，基本上不会产生过高温，所以只要其中氙气没用完就可以正常的发光，不易损坏。据一项研究显示，就算品质再高的卤素灯泡，寿命最多也就是400h，而一般的HID，寿命最少也有3000h，在正常用车情况下，HID可以用上5～6年。HID不易损坏而且寿命长，满足了对汽车照明节能的要求。

LED是一种利用电子发光原理制成的半导体器件，它可直接将电能转化为可变光，具有发光效率高、寿命长、耗电少、体积小等特点，被称为21世纪的“汽车绿色照明光源”。从制造工艺上讲，生产LED光源所使用的材料不含重金属，与其他光源相比发光效率可以提高20%以上。LED的寿命很长，平均无故障工作时间为10×10^4h，并且LED属于实心封装的固体光源，其抗振动性也是其他光源无法比拟的，从这些优势来看，LED无疑是节能环保的首选，正是由于这一点，LED灯在汽车内饰照明中也得到了广泛应用，奥迪A8可选装的带环境照明的照明套件就是这种应用的典型例子。由于LED灯的节能性非常好，其还应用于城轨车辆的照明系统中。LED作为汽车照明光源不仅兼具环保性，更重要的是保证安全可靠性。例如2008年在奥迪研发的一种远光灯便能让驾驶者在夜间行车时，不会因为灯光过亮而使迎面而来的车辆司机暂时爆盲。通过改变灯光的分布，使这种技术得以实现：一套电子系统不停地对任何正在接近的车辆的距离进行测试，以确保在不刺激到对面车辆驾驶者的同时，对前方道路进行最理想的照明，比如，当在城市中行驶时，内饰灯光会更亮一些；而在乡村道路上行驶时，灯光则会自动变暗，以免影响车外的视野。实现这种功用的车灯就是用LED灯制造的。LED的安全性更主要的是体现在它的快速反应能力方面，在真人实车试验中，同一个人在时速80km的情况下开始刹车，观看LED灯会比白炽灯反应速度快，提前4～5m实现全车制动。这种突出的快速反应能力应用在尾灯中，可以极大地提高驾驶者的安全。

3. 前照灯防眩目措施

为防止眩目，确保夜间汽车行驶安全，汽车上采用远光灯和近光灯。在无迎面来车时采用远光灯，使前照灯照射距离较远，以满足高速行驶的道路照明需要；在会车时则应切换到近光灯，使前照灯光线水平向下照射，虽照射距离较近，但可避免光线直射对面车辆驾驶员的眼睛。

(1) 采用双丝灯泡　前照灯通常采用双丝灯泡，一个灯丝为远光灯丝，位于反射镜的焦点，射出的光线远而亮；另一个灯丝为近光灯丝，位于反射镜焦点的上方或前方，射出的光线大部分向下倾斜，且光线较弱，可防炫目，如图5-10所示。我国交通法规规定，夜间会车时，须在对面来车150m以外互相关闭远光，使用近光。

(2) 设置遮光板　在双丝灯泡的近光灯丝下设置遮光罩（又称配光屏），当近光灯丝发光时，近光灯丝下方的光线被遮住，消除了向上的反射光线，而远光灯丝发光时，遮光罩不起作用，如图5-11所示。

(3) 采用合理的配光光形　前照灯近光配光光形如图5-12所示。近光灯丝位于反射镜焦点的上方或前方，并向右偏斜，近光光形分布基本对称（稍偏右），称为对称形配光，如图5-12 (a) 所示。遮光罩偏转一定角度，使近光光形分布不对称，形成一条明显的明暗截

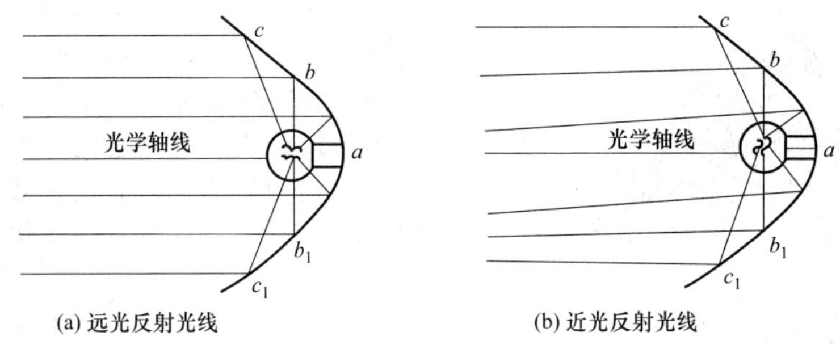

(a) 远光反射光线　(b) 近光反射光线

图 5-10　双丝灯泡反射光线示意图

止线，称为 E 形非对称形配光，防眩目效果较好，目前绝大部分前照灯采用这种配光光性，如图 5-12（b）所示。近光光形明暗截止线呈 Z 形，称为 Z 形非对称配光，可以使对面的驾驶人和行人不眩目，是一种优良的配光光形，如图 5-12（c）所示。

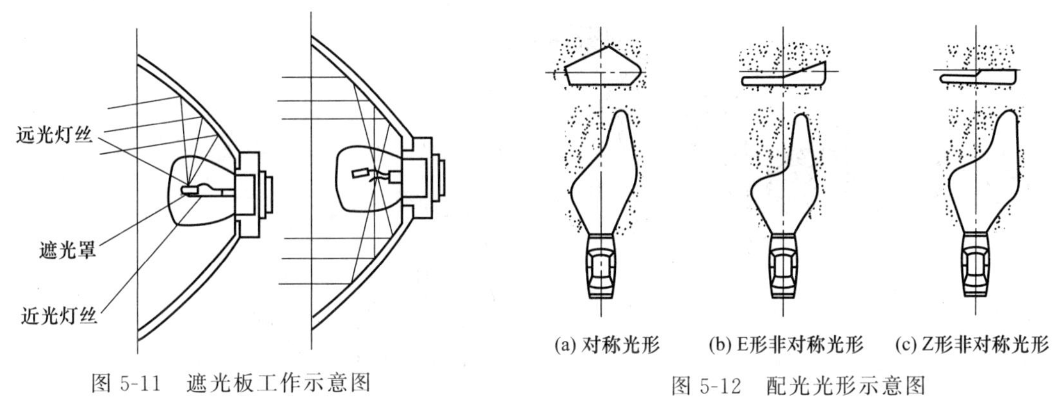

图 5-11　遮光板工作示意图

(a) 对称光形　(b) E形非对称光形　(c) Z形非对称光形

图 5-12　配光光形示意图

4. **前照灯的分类**

前照灯按结构又可分为可拆式前照明灯、半封闭式前照灯、封闭式前照灯、投射式前照灯和高亮度弧光灯。

（1）由于可拆式前照灯是由反射镜和配光镜等安装而成的组件，因此气密性差，反射镜易受湿气和尘埃污染而降低反射能力，目前已很少采用。

（2）半封闭式前照灯的配光镜靠卷曲反射镜边缘上的牙齿而紧固在反射镜上，二者之间垫有橡皮密封圈，灯泡只能从反射镜后端装入。当需要更换配光镜时，应撬开反射镜缘的牙齿，安上新的配光镜后，再将牙齿处复原，如图 5-13 所示。这种前照灯维护方便，目前得到广泛应用。

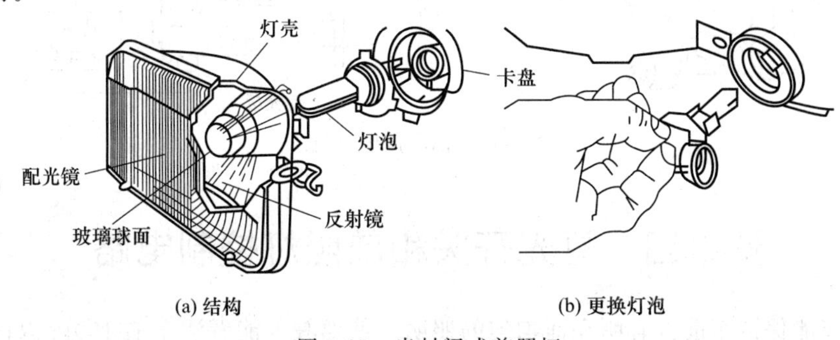

(a) 结构　(b) 更换灯泡

图 5-13　半封闭式前照灯

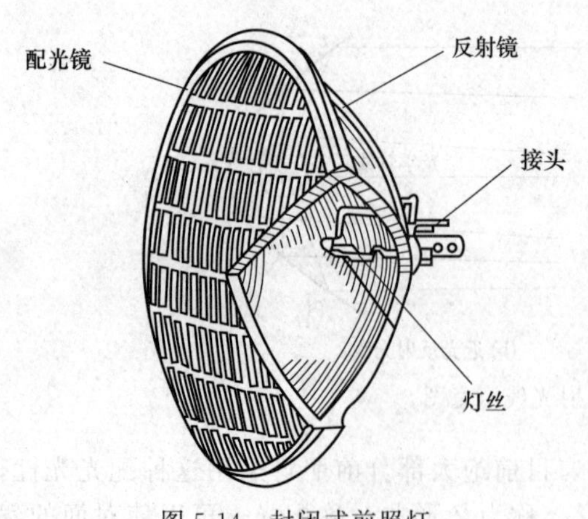

图 5-14　封闭式前照灯

(3) 封闭式前照灯又称真空灯，反射镜和配光镜玻璃制成一体，形成灯泡，里面充以惰性气体。灯丝焊在反射镜底座上，如图 5-14 所示。封闭式前照灯完全避免了反射镜被污染以及遭受大气的影响，因此反射效率高，照明效果好，使用寿命长，但当灯丝烧断后，需要更换整个总成，成本高。

(4) 投射式前照灯装用很厚的无刻纹的凸形散光镜，由于反射镜是近似圆形的，所以外径很小，结构如图 5-15 所示。

投射式前照灯采用卤素灯泡，它的反射镜有两个焦点。在第一焦点处放置灯泡，第二焦点在灯光中形成。凸形散光镜的焦点与第二焦点是一致的。来自灯泡的光利用反射镜聚成第二焦点，再通过散光镜将聚集的光投射到前方。在第二焦点附近设有遮光板，可遮挡向上的光线，形成明暗分明的配光。

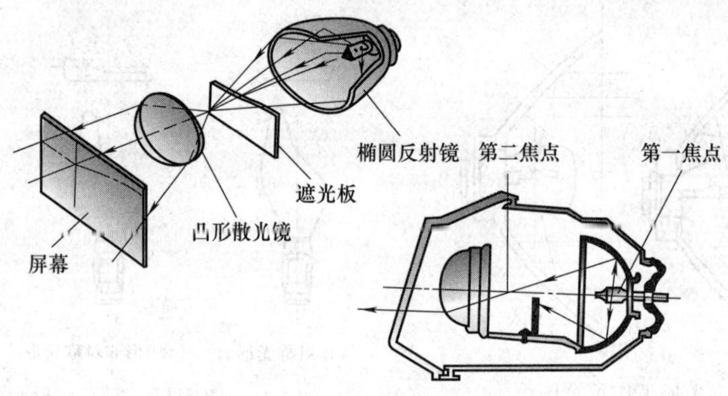

图 5-15　投射式前照灯

(5) 高亮度弧光灯由弧光灯组件、电子控制器和升压器组成，如图 5-16 所示。在石英管内有两个电极，管内充有氙气及微量金属（或金属卤化物）。其发出的光色成分和日光灯非常相似，发光强度是卤钨灯泡的 2.5 倍，寿命可达卤钨灯泡的 5 倍，可节约 40%的电能。

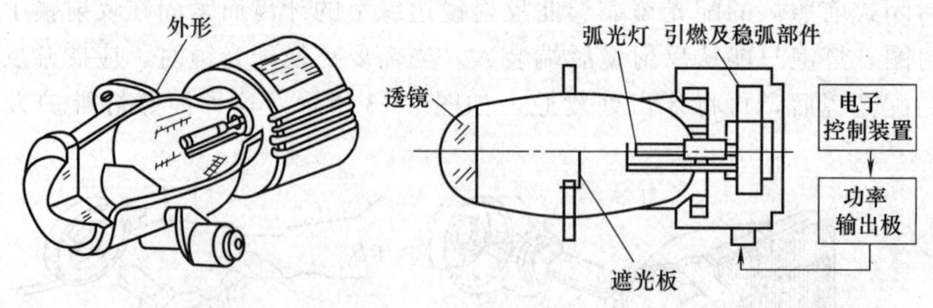

图 5-16　高亮度弧光灯

资讯四　灯光开关和前照灯控制电路

前照灯应能保证车前方有明亮而均匀的照明，使驾驶人能看清车前 150m 以内路面上的障碍物。同时，汽车的前照灯电路应能保证照明系统的正常使用，且方便变换远近光灯等操作，以利于安全驾驶。

1. **前照灯控制部件的组成**

前照灯控制电路系统主要由前照灯、继电器、蓄电池、熔断器、灯光开关、变光开关和前照灯继电器等组成。

（1）灯光开关　灯光开关的形式有拉钮式、旋转式和组合式等。通常采用组合开关，将前照灯、小灯（前位灯、尾灯、仪表灯、牌照灯）、转向信号灯及变光等开关制成一体，安装在转向盘左下方的转向柱上。组合开关操纵杆端部旋钮有三个位置，转动旋钮，可依次接通小灯和前照灯，如图 5-17 所示。

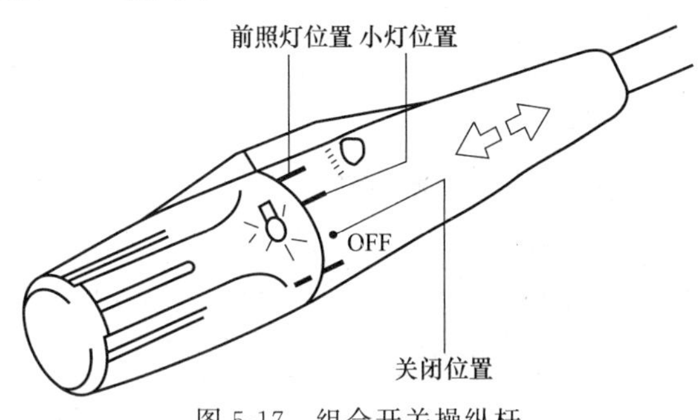

图 5-17　组合开关操纵杆

（2）变光开关　变光开关的作用是变换前照灯的近光和远光。变光开关串接在前照灯电路中。将组合开关操纵杆端部旋钮置于前照灯位置，拨动操纵杆可使前照灯变光（近光与远光变换）。

（3）前照灯继电器　前照灯工作电流较大，如用灯光开关直接控制前照灯，灯光开关易烧坏，因此，在前照灯电路中设有前照灯继电器。前照灯继电器 SW 端子接灯光开关，E 端子搭铁，B 端子接电源，L 端子接变光开关，如图 5-18 所示。当接通灯光开关（前照灯位置），继电器线圈通电，触点闭合，通过变光开关向前照灯供电。

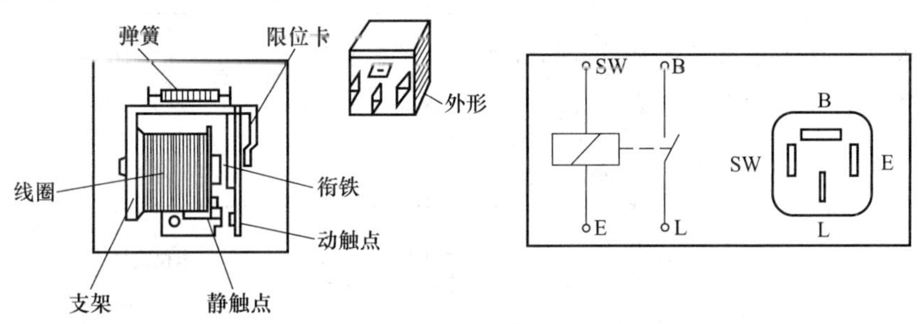

图 5-18　前照灯继电器

2. **前照灯控制电路**

（1）前照灯近光控制电路　前照灯近光工作情况如图 5-19 所示。将灯光开关置于 Head 挡（前照灯挡），变光开关置于 Lo 挡（近光挡），前照灯近光电路接通，其电路为：蓄电池正极→电路断电器→灯光开关 Head 档→变光开关 Lo 档→前照灯左、右近光灯丝→搭铁→蓄电池负极，前照灯近光亮。

（2）前照灯远光控制电路　前照灯远光工作情况如图 5-20 所示。将灯光开关置于 Head 挡（前照灯挡），变光开关置于 Hi 挡（远光挡），前照灯远光电路接通，其电路为：蓄电池正极→电路断电器→灯光开关 Head 挡→变光开关 Hi 挡→前照灯左、右远光灯丝→搭铁→蓄电池负极，前照灯远光亮。

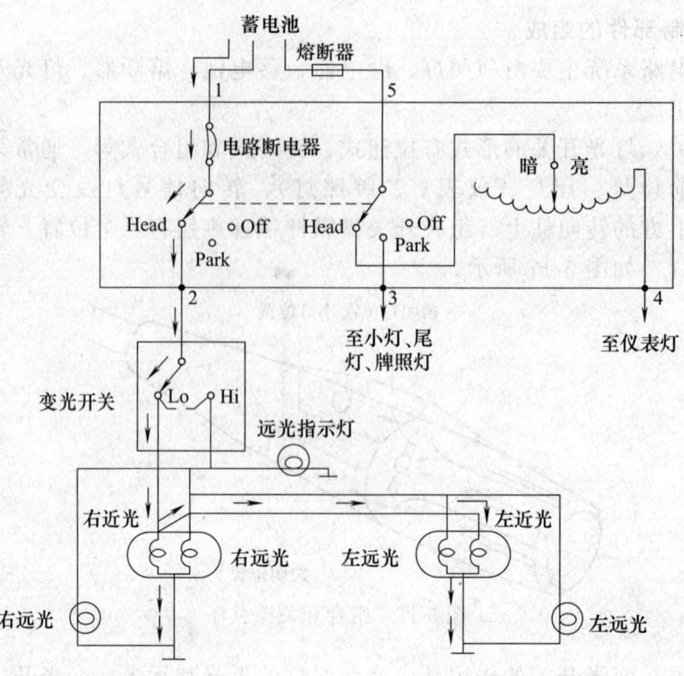

图 5-19　近光灯工作示意图

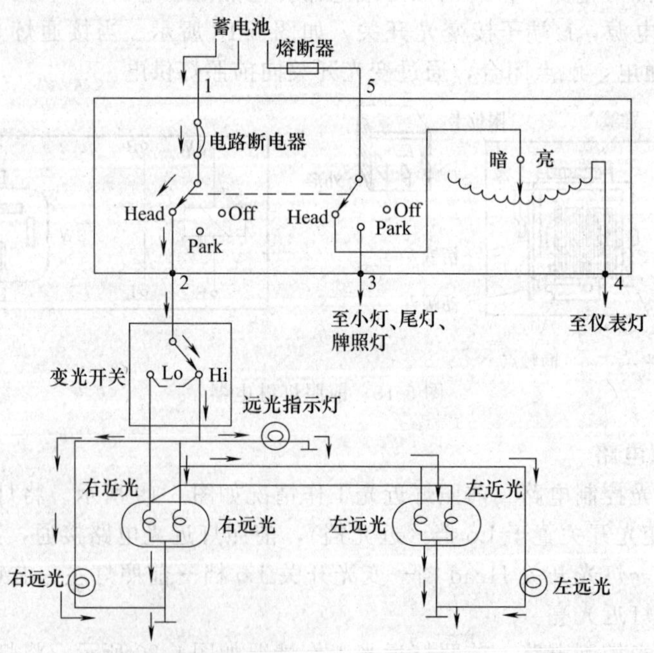

图 5-20　远光灯工作示意图

资讯五　信号装置及控制电路

1. 转向信号灯与控制电路

汽车转向信号灯主要用来指示车辆行驶方向，当遇到特殊情况时，所有转向信号灯会同时闪烁，作为危险警告信号。

转向信号灯电路主要由转向信号灯、闪光器、转向灯开关等组成，如图 5-21 所示。

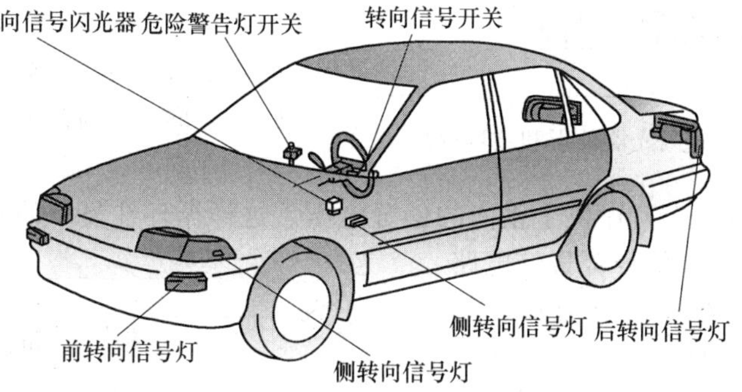

图 5-21　转向信号灯电路组成

（1）闪光器　闪光器用于控制转向信号灯的闪烁频率。闪光器的形式主要有电热式、电容式、电子式。电子闪光器具有性能稳定、可靠性高、寿命长的特点。

① 电热式闪光器　如图 5-22 所示。接通转向信号灯开关时，电流从蓄电池正极→附加电阻叶电热丝→触点臂叶转向信号灯开关→转向信号灯及转向指示灯→搭铁→蓄电池负极，由于附加电阻和电热丝串联在电路中，电流小，转向信号灯较暗；经短时间电热丝发热膨胀，使触点闭合，电流由蓄电池正极斗线圈→触点→转向信号灯开关→转向信号灯及转向指示灯→搭铁斗蓄电池负极，由于附加电阻和电热丝被短路，且线圈中产生的电磁吸力使触点闭合更紧，电流大，转向信号灯较亮；此时无电流流经电热丝，电热丝冷却收缩，将触点断开，附加电阻和电热丝又串入电路，灯光变暗。如此反复，转向信号灯闪烁（明暗交替）。其闪烁频率一般为 60～90 次/min，可通过电热丝拉力和触点间隙进行调整。

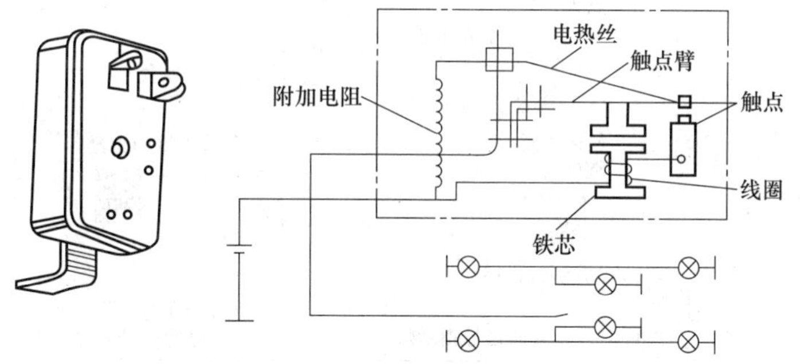

图 5-22　电热式闪光器

② 电子式闪光器　分为晶体管式和集成电路式两类，图 5-23 所示为带继电器触头式晶体管闪光器外形和结构原理图，其触头为常闭合触头。当车辆转弯时，接通电源开关 S_1 和转向开关，电流经蓄电池“＋”极→电源开关 S_1→接线柱 B→R_1→继电器 K 的触头→接线柱 S_2→转向开关→转向灯及转向指示指示灯（左或右）→搭铁→蓄电池“—”极，转向灯亮。由于 R_1 上的分压给晶体管 VT 提供了偏置电压而使其导通，集电极电流流经继电器 K 的线圈，其上产生的吸力使触头断开。晶体管 VT 导通后其基极电流向电容器充电，其回路

为：蓄电池“+”极→电源开关 S_1→接线柱 B→发射极、基极→电容器 C→R_3→转向灯开关→转向灯及转向指示灯（左或右）→搭铁→蓄电池“—”极。电容器 C 充电过程中，随着电容器两端端电压上升，基极电流变小，使集电极电流也相应变小。当流经继电器 K 的线圈的电流不足造成吸力减小而释放常闭合触头时，继电器 K 的触头又重新闭合，使转向灯点亮，同时电容器通过 R_2、触头、R_3 放电，由于此时 R_2 向 VT 提供了反向偏压，加速了 VT 的截止。随着电容器放电电流的减小，R_1 上的压降又为 VT 提供了正向的偏置电压。这样循环往复，使转向信号灯闪烁发光。

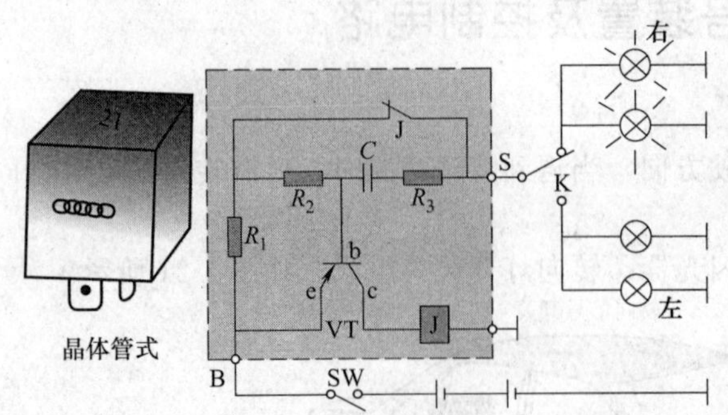

图 5-23　晶体管式闪光器外形和结构原理图

（2）转向灯及危险信号警告灯电路

转向灯闪烁由闪光器控制电流通、断得到，闪光频率为 1.5Hz±0.5Hz。转向信号闪光器与危险报警闪光器可以共用（图 5-24），也可以单独设置（图 5-25）。

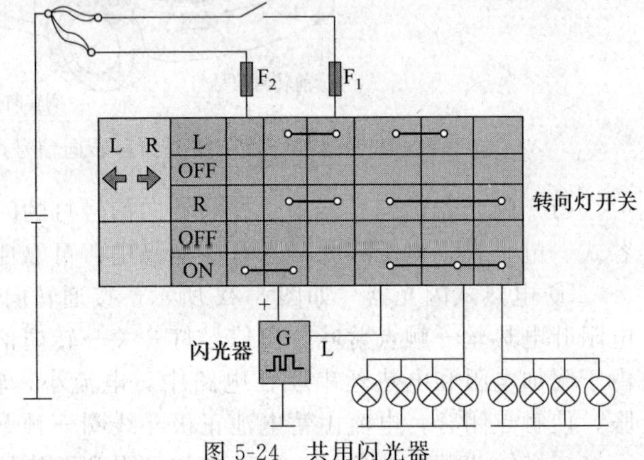

图 5-24　共用闪光器

2. 倒车信号灯及其电路

汽车倒车时，为了警告车后的行人和车辆注意避让，在汽车的后部装有倒车灯、倒车蜂鸣器或倒车语音报警器，由装在变速器上的倒车开关控制。

某货车汽车倒车信号电路如图 5-26 所示。将变速杆挂入倒挡时，倒挡开关接通了倒车报警器和倒车电路，从而发出声光倒车信号。

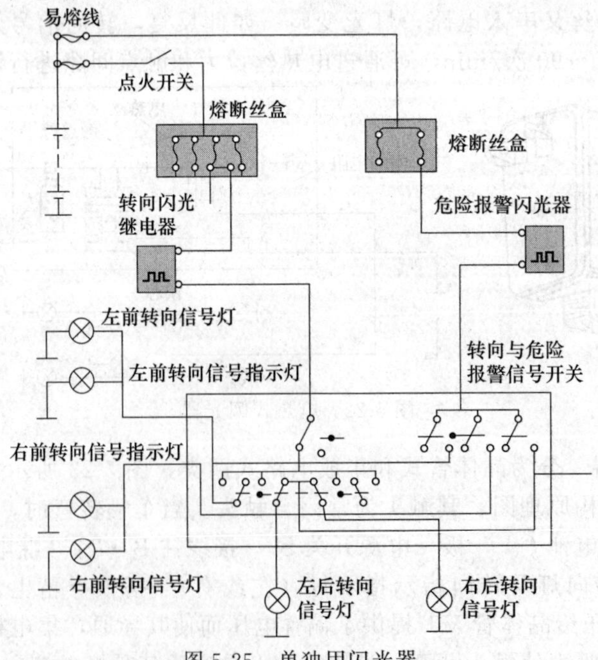

图 5-25　单独用闪光器

3. **制动灯及其电路**

制动灯俗称刹车灯，装于汽车后面，一般为红色。当踩下制动踏板时，制动灯亮，警告后面的车辆驾驶人及行人。小型车辆要求装备高位制动灯。制动灯由制动灯开关控制。制动灯开关一般装于制动踏板处，当踩下制动踏板时，制动灯开关接通制动灯电路，制动灯点亮；当松开制动踏板后，制动灯开关断开制动灯电路，制动灯熄灭，制动灯开关如图 5-27 所示。有些制动开关安装在制动主缸上，受液压作用。

4. **电喇叭**

电喇叭是一种声响信号装置。汽车在行驶时，按下喇叭按钮，喇叭发出声响，警告行人和其他车辆驾驶人，以确保行车安全。电喇叭具有结构简单、体积小、质量轻、声音悦耳、维修方便等特点。

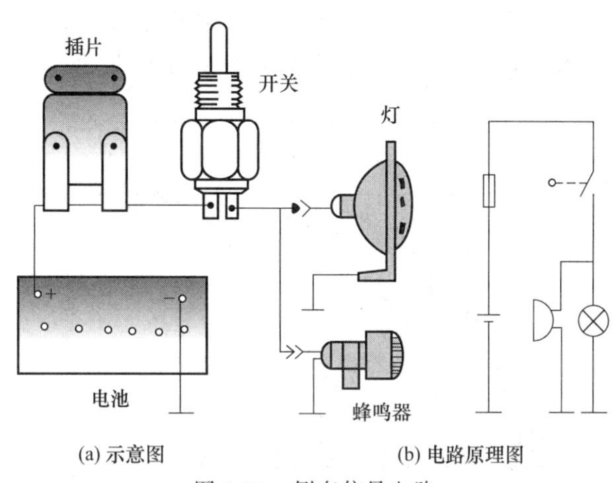

图 5-26　倒车信号电路

电喇叭有普通电喇叭和电子喇叭两种。其结构形式有筒形、螺旋形和盆形。

（1）盆形普通电喇叭　盆形普通电喇叭与工作电路如图 5-28 所示。它由线圈、铁芯、触点、膜片和共鸣盘等组成。按下喇叭按钮时，电流从蓄电池正极→线圈→触点→喇叭按钮→搭铁→蓄电池负极，电流流经线圈时产生电磁力，上铁芯被吸下，上铁芯与下铁芯（音调调整螺钉）碰撞；上铁芯下移，使触点断开，线圈断电，电磁力消失，膜片带动上铁芯复位；上铁芯复位后，触点闭合，线圈通电，线圈产生电磁力，上铁芯又被吸下，上铁芯反复上下动作。下铁芯与上铁芯碰撞产生较低的基本频率，激励与膜片一体的共鸣盘产生共鸣，从而发出比基本振频强且分布比较集中的谐音。通过调整螺钉来调整普通电喇叭的音调和音量。普通电喇叭有触点，触点易烧蚀。

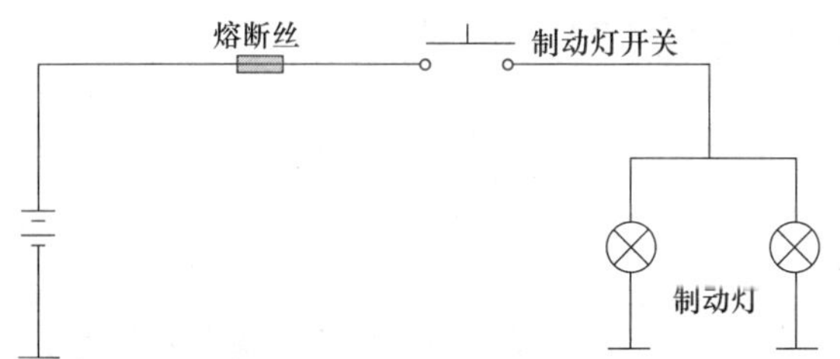

图 5-27　制动信号灯电路

（2）电子喇叭　电子喇叭由电子电路和电喇叭组成，如图 5-29 所示。电子电路包括多谐振荡器和功率放大器，晶体管 VT_1、VT_2、VT_3 构成一个多谐振荡器，VT_4、VT_5 直接耦合成放大器，电喇叭的线圈接在 VT_5 的集电极上。若 VT_2 截止，则 VT_3 截此，而 VT_4、VT_5 导通，电喇叭线圈中有电流通过，产生电磁力，吸动膜片；若 VT_2 导通，则 VT_3 导通，而 VT_4、VT_5 截止，电喇叭线圈中无电

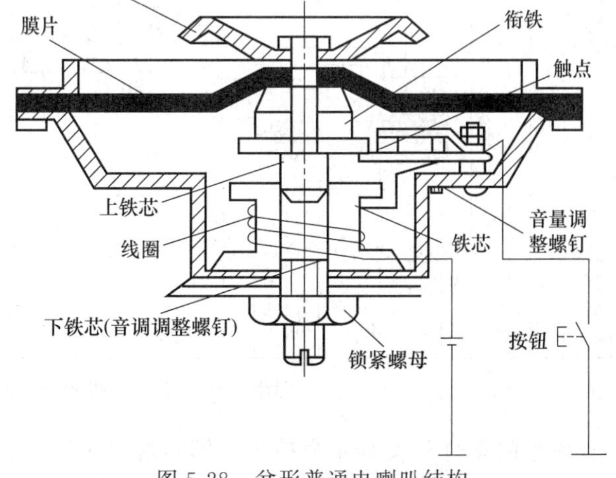

图 5-28　盆形普通电喇叭结构

流通过，电磁力消失，膜片复位。如此反复，电喇叭发出声响。调整电阻 R_6 的大小可调整电子喇叭的音调。为使电喇叭发音正常，电喇叭应固定在缓冲支架上，缓冲支架与固定支架之间装有橡胶垫。

(3) 电喇叭控制电路 如图 5-30 所示。因电喇叭工作电流较大，如果直接由按钮来控制，易被烧蚀，通常在电喇叭电路中设有喇叭继电器。按下喇叭按钮时，蓄电池便给喇叭继电器线圈提供小电流，使继电器铁芯产生电磁吸力，将继电器触头闭合，接通了双音电喇叭，喇叭发音。松开喇叭按钮时，继电器线圈断电，铁芯电磁吸力消失，触头在自身弹力作用下张开，切断了喇叭电路，电喇叭停止发音。

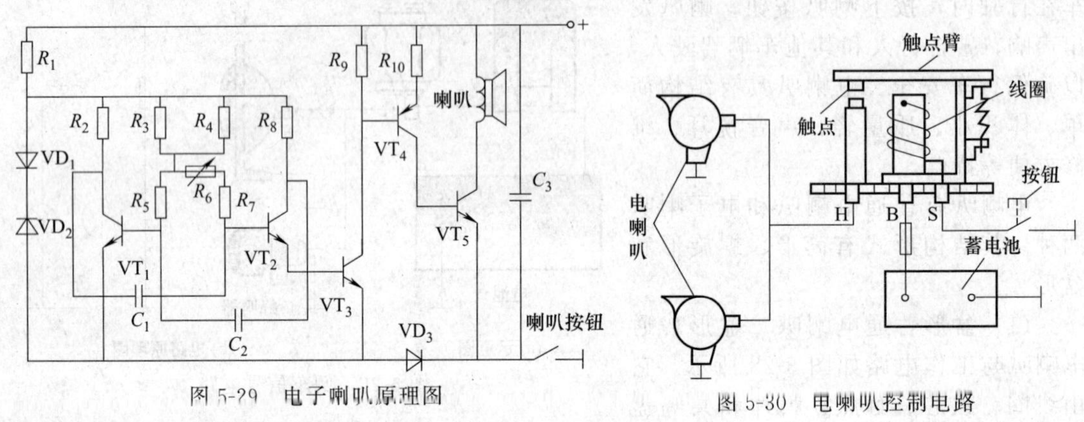

图 5-29 电子喇叭原理图

图 5-30 电喇叭控制电路

资讯六 照明及信号电路简析

图 5-31 所示为某汽车照明及信号系统电路原理图。该车前照灯采用四灯制，接通远光时，4 只前照灯远光灯丝全部点亮，同时仪表板上的远光指示灯点亮；接通近光时，两侧两只近光灯丝点亮。

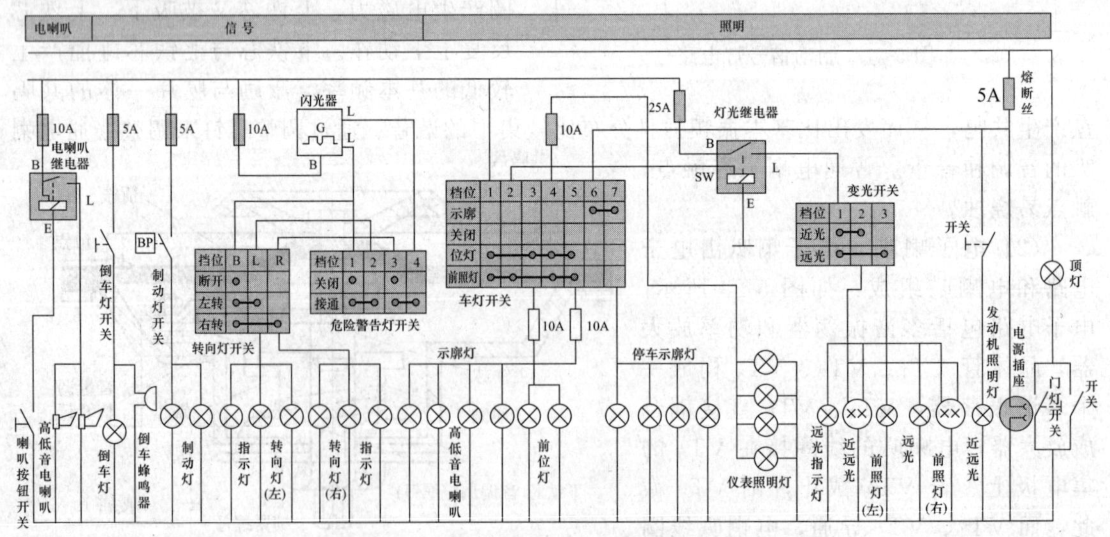

图 5-31 某汽车照明及信号系统电路图

该车的车灯开关有 4 个挡位，即示廓、关闭、位灯和前照灯，7 个接线端：1 接电源，2 接灯光继电器线圈 S，3 接前位灯，4 接仪表照明灯，5 接示廓灯，6 接电源，7 接停车示廓灯。变光开关有近光和远光两个挡位，3 个接线端：1 接灯光继电器触头 L 端，2 接近光灯，3 接远光灯。

当接通点火开关，车灯开关 1 号线通电，开关在关闭挡时，1 号线与其他线不通，无灯被点亮；当开关置于位灯挡时，1 号线与 3、4、5 号线接通，则前位灯、仪表照明灯、示廓灯点亮；当灯光开关置于前照灯挡位时，1 号线与 2、4、5 号线接通，切断了前位灯电路，仪表灯、示廓灯仍继续接通，同时灯光继电器线圈通电，使灯光继电器触头闭合，前照灯点亮，此时可通过变光开关变换远、近光照明；6 号电源线不受点火开关控制，当车灯开关位于示廓挡时（夜间熄火停车时使用），6 号线与 7 号线接通，可使功率很小的停车示廓灯点亮。

资讯七　照明信号系统的常见故障与检修

1. 照明系统常见故障诊断及检修

照明系统常见故障及原因如表 5-1 所示。

表 5-1　照明系统常见故障及原因

故障现象	故障原因
所有灯都不亮	蓄电池至总开关之间火线断路；灯总开关损坏；电源总熔丝断
远光灯或近光灯不亮	变光开关损坏；导线断路；远光灯或近光灯熔丝断；灯光继电器损坏，前照灯失效，传感器损坏；灯总开关损坏
前照灯灯光暗淡	熔丝松动；导线接头松动；前照灯开关或继电器触点接触不良；发电机输出电压低，用电设备漏电，负荷增大；接触不良
一侧前照灯亮另侧前照灯暗	前照灯暗的一处搭铁不良或变光开关处接触不良
前照灯后灯亮，仅小灯不亮	前照灯总开关损坏；熔丝断；小灯灯泡坏；小灯线路断路；继电器损坏
接通过小灯一侧小灯亮，另一侧小灯亮度变弱且左转向指示灯也亮，但不闪光	亮度暗淡的小灯搭铁不良（指灯壳接地的灯）
灯泡经常烧坏	发电机输出电压过高

诊断时，应根据不同的故障现象采取不同的诊断方法：

（1）前照灯光都不亮。如果远光灯和近光灯都不亮，应首先检查仪表灯是否正常，如果仪表灯工作正常，说明车灯开关的电源线正常，将点火开接通、车灯开关置于 2 挡（前照灯接通）位置，检查变光开关上的火线接线柱电压是否正常，若电压为零，说明车灯开关至变光开关之间的电路断路或车灯开关有故障；若电压正常，可以短接变光开关试验，灯亮，说明变光开关损坏，应更换。否则检查变光开关后的电路和灯丝，必要时给予修理和更换。

（2）前照灯都比较暗淡。如果前照灯都比较暗淡，应首先检查电源电压是否正常，如果偏低，检查充电系统。否则检查前照灯及其电路接触情况，并进行修理。

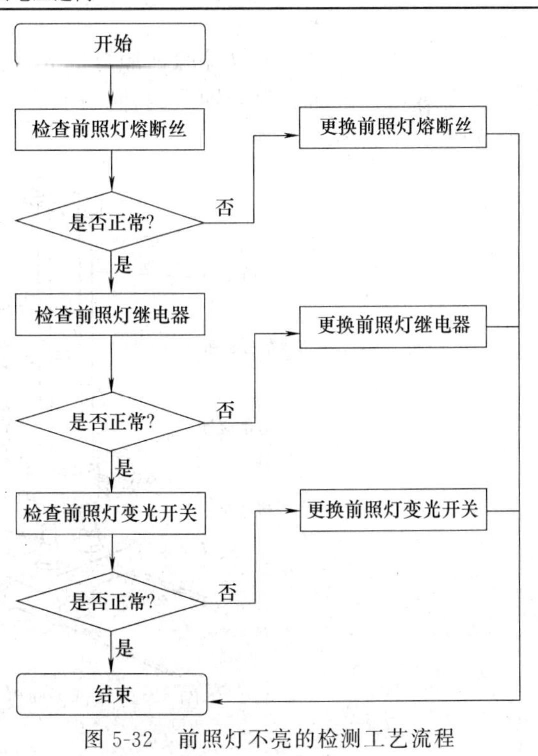

图 5-32　前照灯不亮的检测工艺流程

2. 前照灯不亮故障的检测工艺

汽车前照灯远光不亮，说明前照灯电路有故障，应按照规定的检测工艺流程进行故障分析，如图 5-32 所示。

3. 前照灯光束的检测

检查前照灯的近光束照射位置可使用屏幕检查法或检验仪检查法。检查时，场地应平整，轮胎气压正常，汽车空载（允许乘坐一名驾驶员），蓄电池电量充足，前照灯安装牢固。

(1) 屏幕检查法如图 5-33 所示。屏幕上有两条水平线，一条是前照灯的水平中心线 A'—A'，另一条是光束明暗截止线转角或中点的高度为 0.60～0.80H 的水平线 A—A；有 3 条垂线，一条为中垂线，与汽车中心线对正，另外两条垂线 B—B、B'—B'位于中垂线两边，且与中垂线的距离均为两前照灯中心距 W 的一半，水平线与这两条垂线分别交于 a、b 两点，并画出明暗截止线。汽车停在前照灯距屏幕 L（一般为 10m）正前方。两前照灯应分别进行检查，盖住一侧前照灯，检查另一侧前照灯的光束明暗截止线转角或中点是否落在屏幕 a 或 b 点上，左、右差不得大于 100mm，且明暗截止线应重合。如果不符合要求，则予以调整。

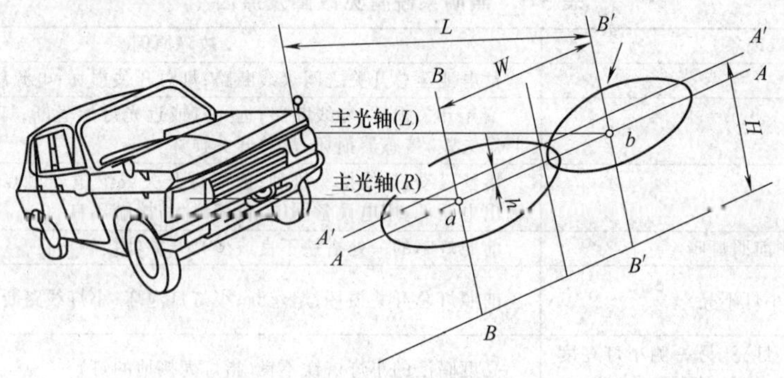

图 5-33　屏幕检查法

H—前照灯中心高度；W—两前照灯中心距；L—汽车与屏幕距离

(2) 检验仪检查法可以检验前照灯的光束照射位置与发光强度或照度。它有聚光式、屏幕式、投影式、自动追踪光轴式四种。FD-2 型投影式前照灯检验仪可以测得光轴的偏移量和发光强度，如图 5-34 所示。

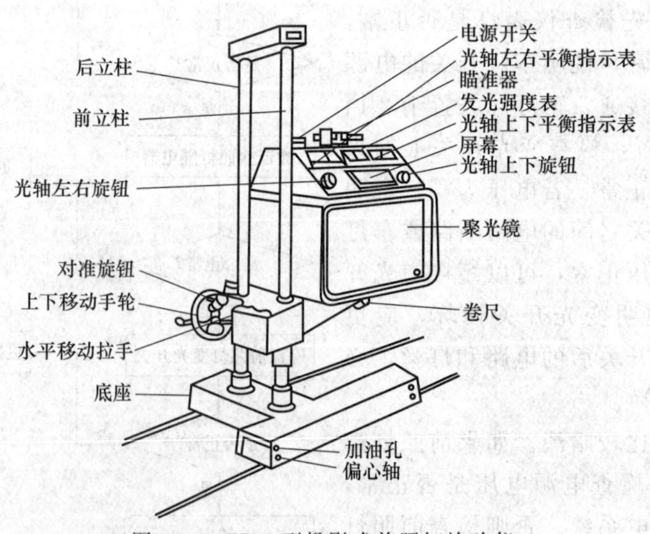

图 5-34　FD-2 型投影式前照灯检验仪

4. **信号系统常见故障诊断及检修**

(1) 灯光信号

① 转向灯电路的检修

转向灯电路常见故障有单边不亮、频率不当等。

a. 单边不亮：说明电源电路到转向灯开关均正常，故障出在转向灯支路上（有断路），应检查灯丝有无烧断，灯泡是否接触不良，插接器是否接触不良。

b. 转向灯不闪烁：故障原因为电源—闪光继电器—转向开关的电源线路中断路；闪光继电器损坏和转向开关损坏，排除方法可将其重新接好、修理或更换。

c. 左转向时闪光正常而右转向时闪光变快：原因为右转向灯瓦数小或右转向灯有一只灯泡坏或线路有接触不良处，可更换右转向灯泡或使其搭铁良好即可排除。

d. 右转向时，转向灯闪烁正常，但左转向时灯微弱发光：原因为左前位灯搭铁不良（采用双丝灯泡时），可使其搭铁良好即可排除。

e. 接通转向开关，闪光继电器立即烧坏：发现转向开关至某一转向灯之间的线路中有短路搭铁处，找出搭铁处重新绝缘，故障排除。

② 制动灯电路故障的检修　汽车制动灯受行车制动器控制，常见控制开关分踏板控制式、液压控制式、气压控制式三种，如图 5-35 所示。

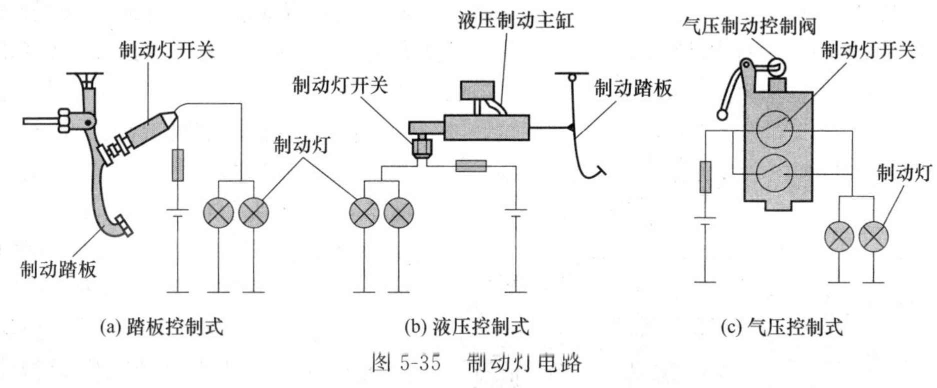

图 5-35　制动灯电路

a. 全部制动灯不亮。可先查制动灯熔丝，再查灯丝是否烧断，灯座是否接触不良。若上述情况正常，可短接制动灯开关，若灯变亮，说明制动灯开关坏；若仍不亮，应用试灯查电路是否断路。

b. 单边制动灯不亮。应查该制动灯是否烧断，灯座是否接触不良，该侧灯线是否折断。

c. 开示宽灯时尾灯亮，但踩下制动踏板时，尾灯反而灭。该现象的原因为该尾灯双线灯泡搭铁不良。

d. 制动灯常亮。松开制动踏板，制动灯常亮，这种故障一般出在踏板控制式制动灯开关上。应检查踏板能否回位，开关中心顶柱是否磨损或开关内部是否短路。

③ 倒车灯电路故障的检修

a. 倒车灯不亮。先查看倒车灯熔丝是否烧断；若完好，可将倒车灯开关短接，短接后灯变亮，说明倒车灯开关失效；短接后灯仍不亮，可查倒车灯灯丝是否烧断，灯座是否接触不良；最后用试灯查电路是否断路。

b. 倒挡挂不进。遇此故障，可旋出倒车灯开关再重挂，挂进了说明倒车灯开关钢球卡死、漏装垫圈或垫圈太薄；重挂挂不进，说明变速器有故障。

c. 仅倒挡倒车灯不亮，其余挡位倒车灯全亮。常开式与常闭式倒车灯开关装反了。

(2) 声音信号

① 电喇叭不响　造成电喇叭不响的原因有按钮触头烧蚀、接触不良、继电器触头接触不良或线圈烧断、引线脱落、电喇叭内部不良等，按上述原因逐一检查。

② 电喇叭常响　电喇叭常响的常见原因有：按钮卡死、继电器触头烧结、继电器按钮线搭铁。遇常响故障时，应及时拔下喇叭熔丝制止长鸣现象，然后按上述原因所在部位逐点检查。

③ 喇叭变音　电喇叭变音常见现象是双音电喇叭变为单音，这种故障只要查出单只不响的原因，加以调整或更换即可消除。若变音是电喇叭发音沙哑，应检查：

a. 膜片厚度不均匀、破裂、高低音膜片混用（高音电喇叭膜片较厚）。

b. 扬声筒或共鸣板破裂。

c. 铁芯空气间隙不当。

d. 触头压力不当。

e. 灭弧电阻或电容器失效。

f. 振动部件连接松旷。

g. 电喇叭固定方法不当。电喇叭与车架等支座不得刚性连接，应用缓冲钢片或橡胶垫，螺旋形电喇叭传声筒及盆形电喇叭振动片不得与其他物体相碰。

（3）电喇叭的调整

① 音调的调整　改变铁芯空气间隙，可以改变电喇叭发音频率（即音调）。螺旋形电喇叭铁芯空气间隙可掀开半球形盖后用塞尺测量，低音电喇叭为 1.0 ～1.3mm，高音电喇叭为 0.9～1.1mm。需调整时，结构不同，其方法也有差异。

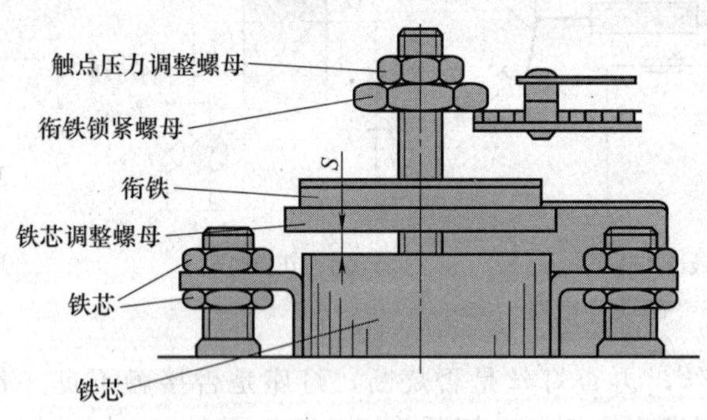

图 5-36　调整螺旋形电喇叭（一）

图 5-36 所示的电喇叭，拧动上下调整螺母，铁芯即上升或下降，从而改变铁芯与振动块的间隙。如图 5-37 所示，先转动振心，调整与铁芯之间的间隙，接着用螺母紧固，然后拧松调整螺母，使弹簧片与振心平行。调后应使振心四周间隙均匀，以免两者工作时相碰产生杂声。调整盆形电喇叭铁芯气隙时应先松开锁紧螺母，然后旋转音调调整螺栓（铁芯），如图 5-38 所示。

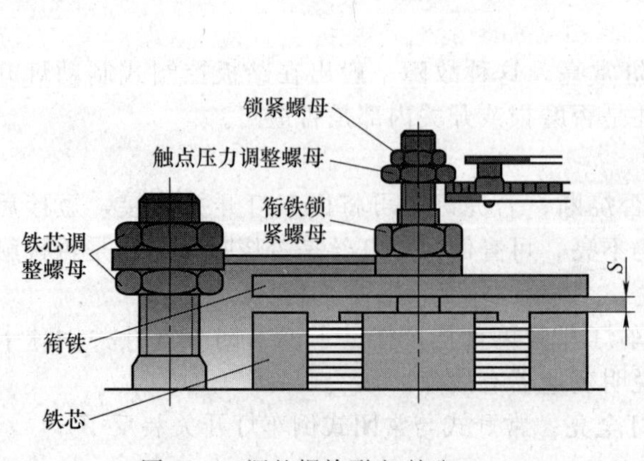

图 5-37　调整螺旋形电喇叭（二）

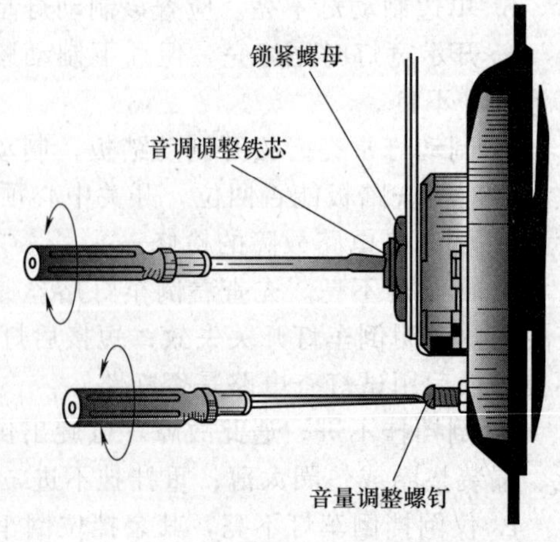

图 5-38　盆形电喇叭的调整方法

② 音量的调整　改变触头压力可以改变音量，检验时触头预压力是通过校验工作电流是否与额定电流相符来判定的。

若工作电流大于额定电流，说明触头压力过大，应调小；若工作电流小于额定电流，说明触头压力小，应调大。螺旋形电喇叭触头预压力调整时，应先拧松中心螺杆上的锁紧螺母，然后转动调整螺母。往里拧，触头压力减小，反之则触头压力增大。

可旋转音量调节螺钉（逆时针方向转动时，音量增大）进行调整。调整时不可过急，每次只需对调节螺母转动 1/10 圈。

电喇叭音量和音质调整并不是完全独立的，它们两者实际上是相互关联的，因此两者需反复调试才会获得最佳效果。

(4) 转向信号灯故障的检测工艺流程　汽车转向信号灯不亮，说明转向信号灯电路有故障，应按照规定的检测工艺流程进行故障分析，如图 5-39 所示。

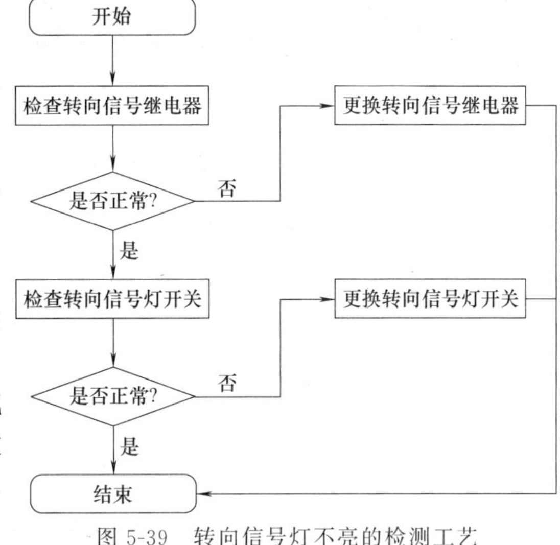

图 5-39　转向信号灯不亮的检测工艺

任务实施

任务实施一　前照灯的拆装与检修

步骤 1　工具、设备和材料的准备	
(1)常用工具 1 套、万用表、抹布、维修手册等； (2)桑塔纳 2000 轿车车灯、零件车、工具车； (3)将工具在工具车上摆放整齐。	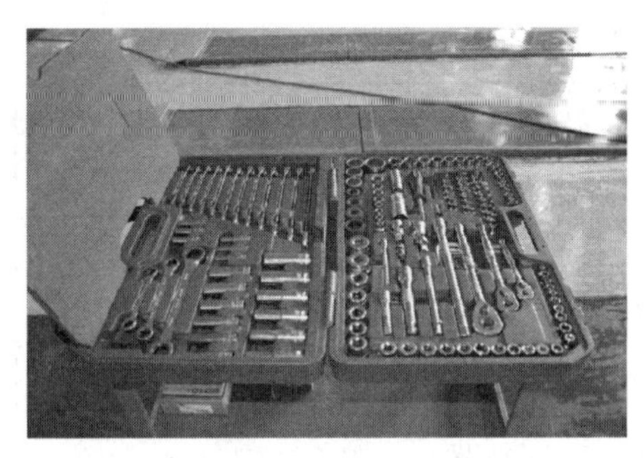
步骤 2　分解前照灯总成	
(1)拨开前照灯后护罩固定卡簧。	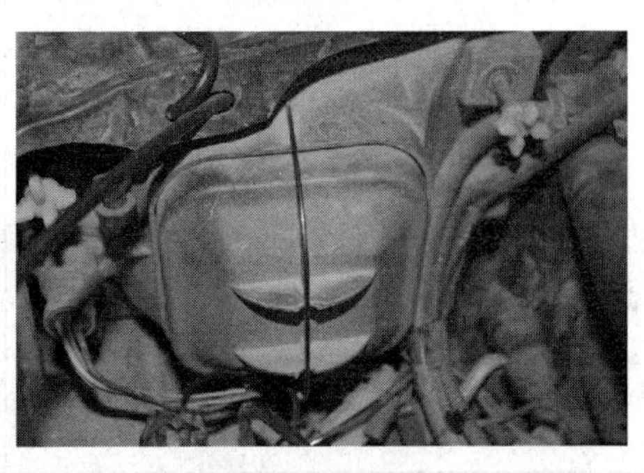

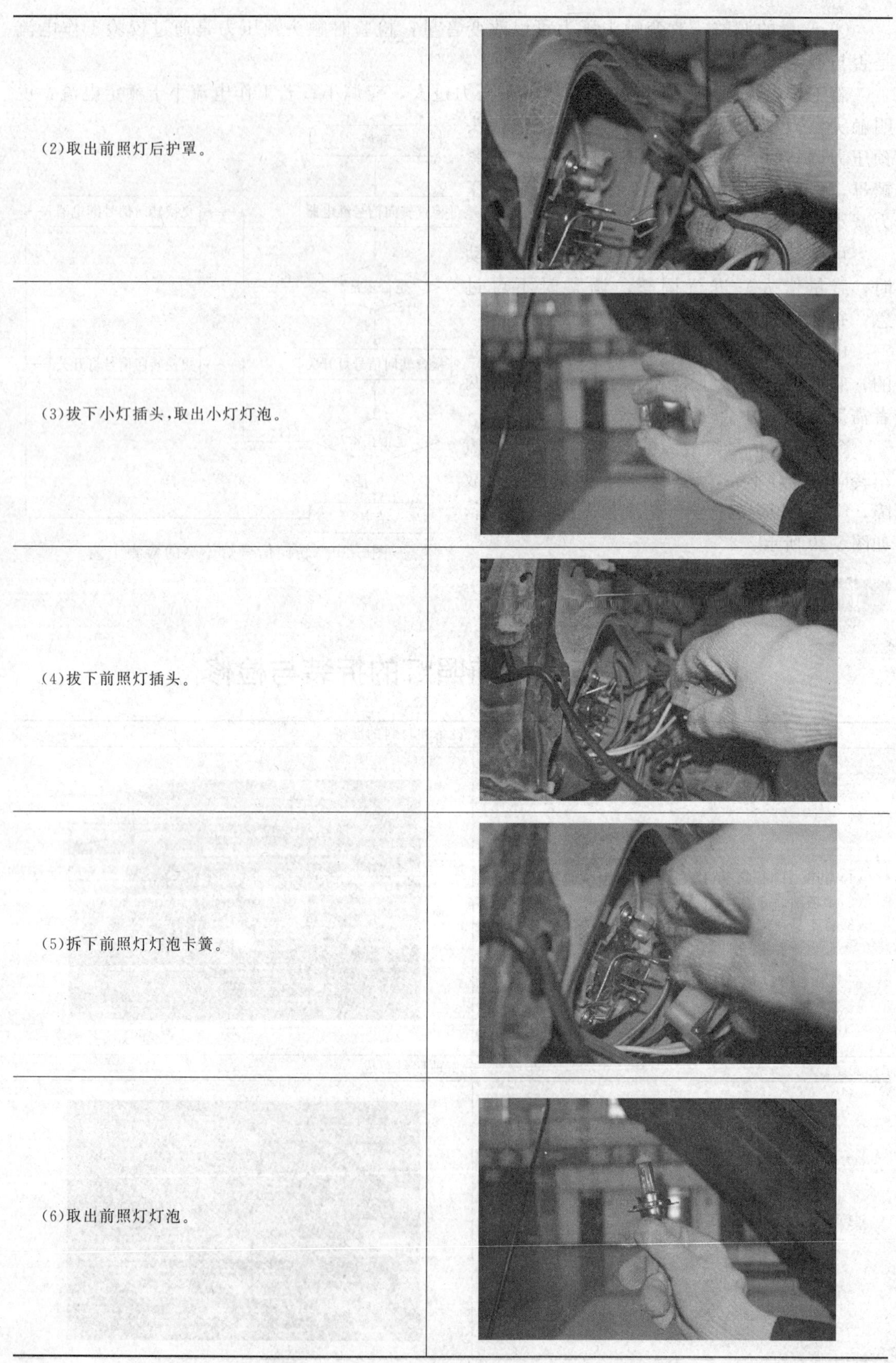

(2)取出前照灯后护罩。

(3)拔下小灯插头，取出小灯灯泡。

(4)拔下前照灯插头。

(5)拆下前照灯灯泡卡簧。

(6)取出前照灯灯泡。

步骤 3　前照灯的检修与组装	
(1)检查前照灯灯泡。 桑塔纳 2000 型轿车前照灯为远、近双丝卤素灯泡，用万用表 R×1 测量，近光灯丝电阻值为 1.1Ω，远光灯丝的电阻值为 0.4Ω。	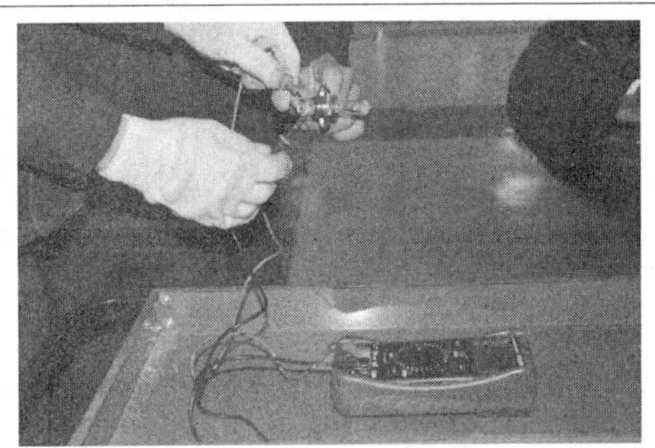
(2)安装前照灯灯泡。 安装前，用酒精清洁灯泡表面；对齐灯泡座卡槽位置后放入灯泡。	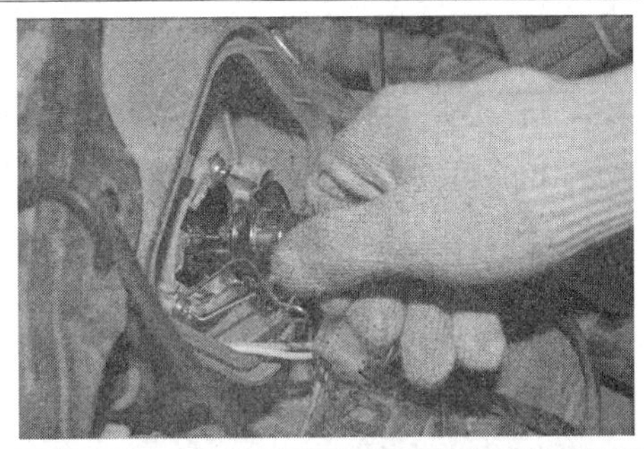
(3)安装前照灯灯泡卡簧。	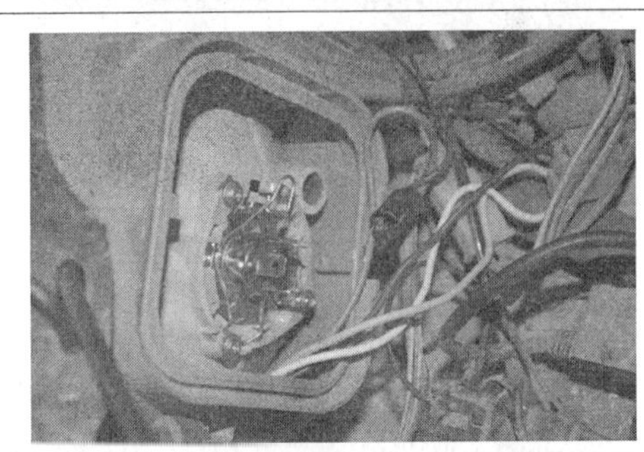
(4)插接前照灯插头。	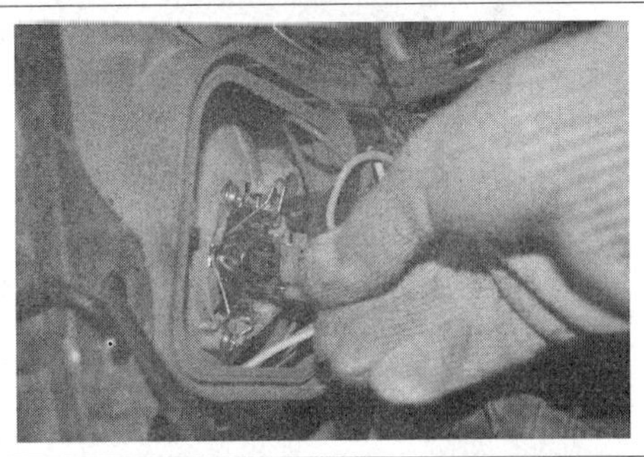
(5)检查小灯灯泡。 用万用表 R×1 测量，小灯灯丝的电阻值为 3～5Ω。	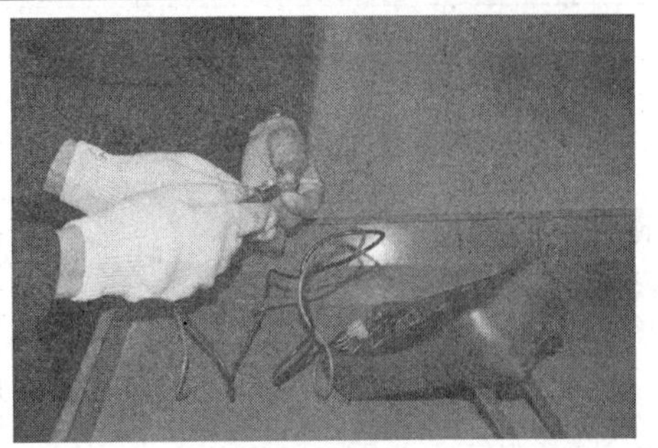

(6)安装小灯灯泡。	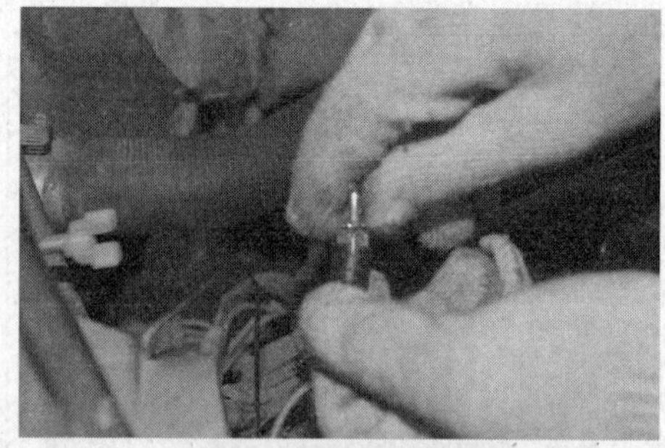
(7)插接小灯插头。	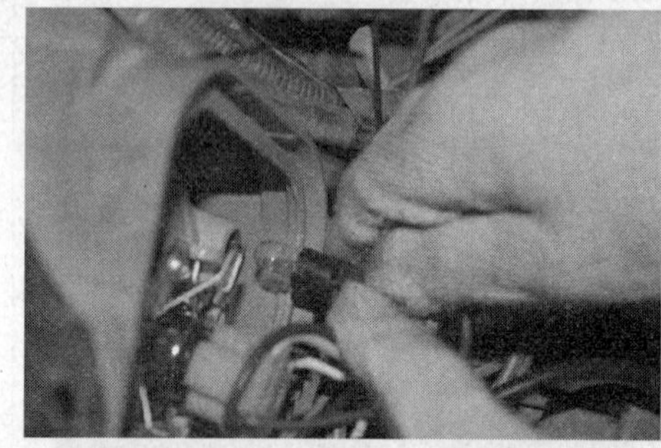
(8)装复前照灯后护罩。	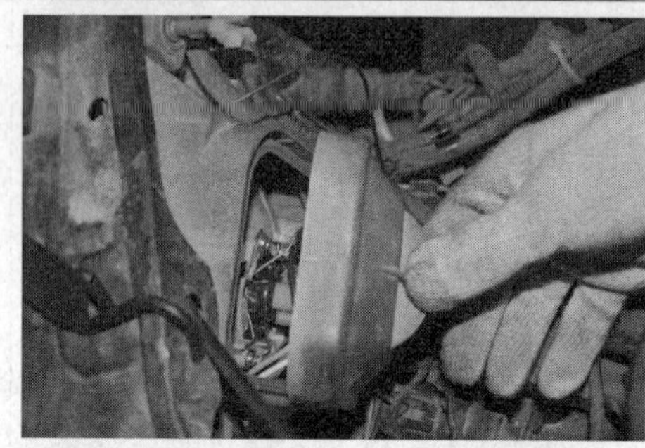
(9)装复前照灯后护罩固定卡簧。	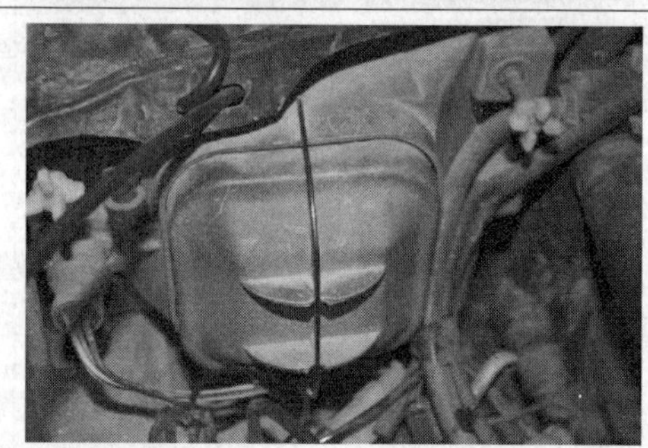
步骤 4　整理工具、清洁场地	
整理工具、清洁场地。	

任务实施二　电喇叭不响的检修

步骤1　工具、设备和材料的准备	
(1)常用工具1套、万用表、抹布、维修手册等； (2)桑塔纳2000轿车、零件车、工具车。	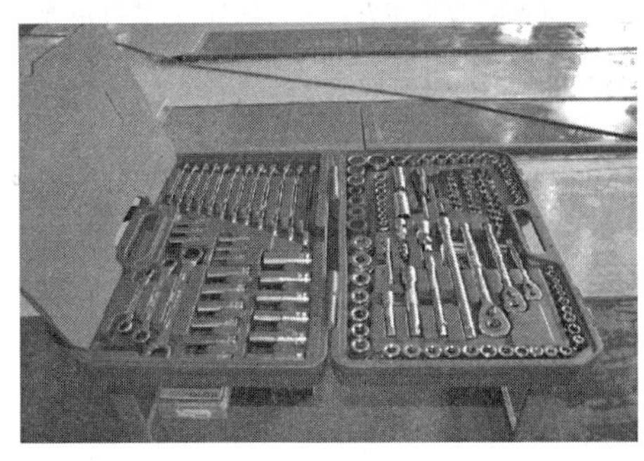
步骤2　检查步骤	
(1)检查S16(15A)熔丝。 用万用表或试灯检查熔丝S16的工作情况；若该熔丝已烧断，应更换相同规格(15A)的熔丝。	
(2)检查喇叭继电器。 取下喇叭继电器(6＃位置)，用万用表检查“1”号脚与“4”号脚之间的电阻；若发生短路或断路现象，应给与更换；或就车检查该继电器工作情况打开点火开关，按下喇叭按钮，仔细观察该继电器是否有动作。	
(3)检查喇叭按钮(开关)。 拆下转向盘盖板，检查与转向盘相接触的钢片及相接处是否有烧蚀，导线是否脱落等。	

(4)检查电喇叭。 目视检查电喇叭的插接头处是否松旷、烧蚀等情况，若发现上述情况应给予修复；用万用表检查喇叭两触脚之间的电阻，若损坏应给与更换。	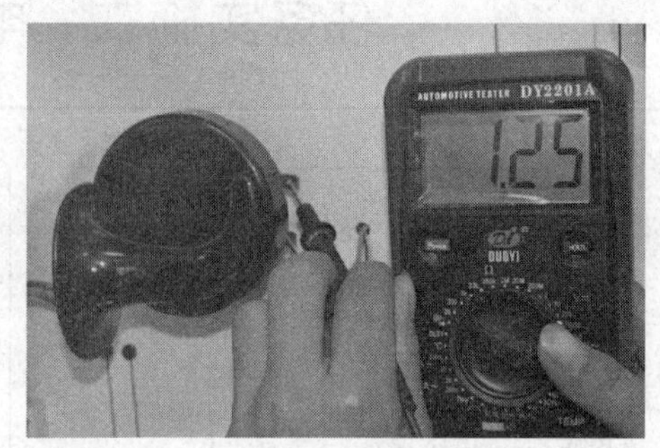
步骤3　整理工具、清洁场地	
整理工具、清洁场地。	

学生作业单

姓名：	班级：	日期：

学习任务1　辅助电气设备的检修

1. 汽车照明灯按其安装位置和用途不同，可分为__________和内部照明灯。
2. 信号灯主要包括__________、倒车灯、__________、后尾灯、组合式前信号灯、__________等。
3. 前照灯的光学组件由__________、反射镜和__________三部分组成。
4. 写出各标号所代表的名称

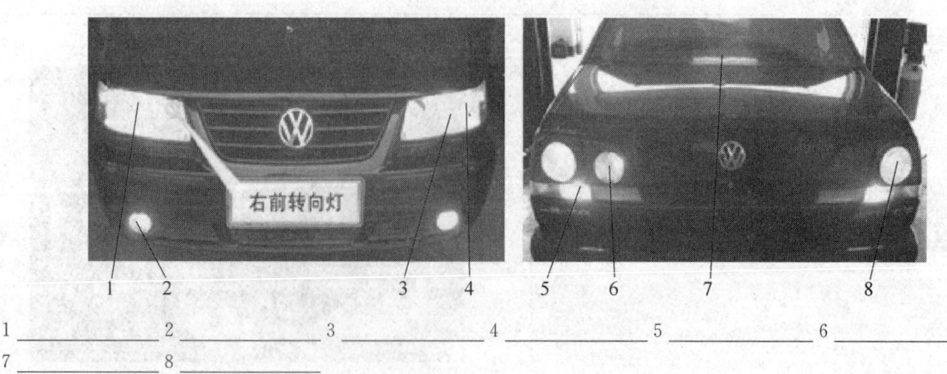

1 __________ 2 __________ 3 __________ 4 __________ 5 __________ 6 __________
7 __________ 8 __________

小组任务实施计划

<table>
<tr><td rowspan="2">小组
信息</td><td>班级</td><td></td><td>日期</td><td></td></tr>
<tr><td>组长</td><td></td><td>小组
成员</td><td></td></tr>
<tr><td>任务名称</td><td colspan="2"></td><td>学时</td><td></td></tr>
<tr><td>任务
描述</td><td colspan="2"></td><td>任务
分析</td><td></td></tr>
<tr><td>实施方案</td><td colspan="3"></td><td>教师认可：</td></tr>
<tr><td>问题
记录</td><td colspan="4"></td></tr>
<tr><td>处理
方法</td><td colspan="4"></td></tr>
</table>

小组评定：

教师评定：

任务实施工作页

任务实施一

一、清点工具、在准备好的工具后面空格打“√”

序号	设备工具	结果
1	常用工具 1 套	
2	万用表	
3	桑塔纳 2000 型轿车	
4	桑塔纳 2000 轿车车灯总成	
5	工具车	
6	零件车	
7	抹布	

二、按步骤完成作业项目，完成打“√”

前照灯的拆装与检修

序号	作业项目	完成情况
1	拨开前照灯后护罩固定卡簧	
2	取出前照灯后护罩	
3	拔下小灯插头，取出小灯灯泡	
4	拔下前照灯插头	
5	拆下前照灯灯泡卡簧	
6	取出前照灯灯泡	
7	检查前照灯灯泡	
8	安装前照灯灯泡	
9	安装前照灯灯泡卡簧	
10	插接前照灯插头	
11	检查小灯灯泡	
12	安装小灯灯泡	
13	插接小灯插头	
14	装复前照灯后护罩	
15	装复前照灯后护罩固定卡簧	
16	整理工具、清洁场地	

小组评定：

教师评定：

任务实施二

一、清点工具、在准备好的工具后面空格打“√”

序号	设备工具	结果
1	常用工具	
2	万用表	
3	维修手册	
4	工具车	
5	零件车	
6	抹布	

二、按步骤完成作业项目，完成打“√”

电喇叭不响的检修

序号	作业项目	完成情况
1	检查S16(15A)熔丝	
2	检查喇叭继电器	
3	检查喇叭按钮(开关)	
4	检查电喇叭	
5	收拾工具、整理场地	

小组评定：

教师评定：

评价与反馈

1. 填写学习任务评价表

学习任务评价表

评价项目	评价内容	分值	学生自评（20%）	小组评价（30%）	教师评价（50%）
信息收集	对任务或问题的理解程度	5			
	收集信息的完整性	5			
	对信息(知识)的领会性	5			
制定计划	计划制定参与程度	5			
	计划的合理性及实用性	10			
修改计划	和老师怎么讨论计划	8			
	和老师讨论后，是否知道如何改进计划	3			
	计划修改后的完整性	4			
实施	是否按计划进行工作	10			
	是否亲自实施计划	10			
	是否记录工作过程及结果	15			
检查	是否按计划的要求去完成任务	4			
	是否达到预期目标	3			
	整个工作流程是否与标准流程符合	3			
评价	是否按计划完成了任务或解决了问题	3			
	在哪个环节上可以改进	3			
	学习团队的合作情况	4			
小计		100			
合计					
教师评语	教师签字：				

2. 在实施的过程中，是否存在一些安全隐患，请找出容易忽视地方。

3. 能否向客户解释故障诊断及排除过程？如不能，分析原因并提出改进措施。

学习拓展

查阅资料，说明自动调节车灯的工作原理和过程。

学习任务六

仪表、警告灯信号系统故障检修

知识目标

1. 叙述仪表的种类及用途；
2. 能叙述警告灯系统的种类和用途；
3. 知道常见仪表、警告灯系统的工作原理。

能力目标

1. 正确地使用工具和设备；
2. 能按照给定的工艺流程检查仪表、警告灯系统。

素质目标

培养学生形成规范的操作习惯、养成良好的职业行为习惯。

学习任务引入与分析

某轿车，据车主反应燃油表显示不准。经检查发现该车的故障原因是燃油表传感器出现问题。需要你按照“维护标准和要求”，确定故障部位并进行修理。

学习内容

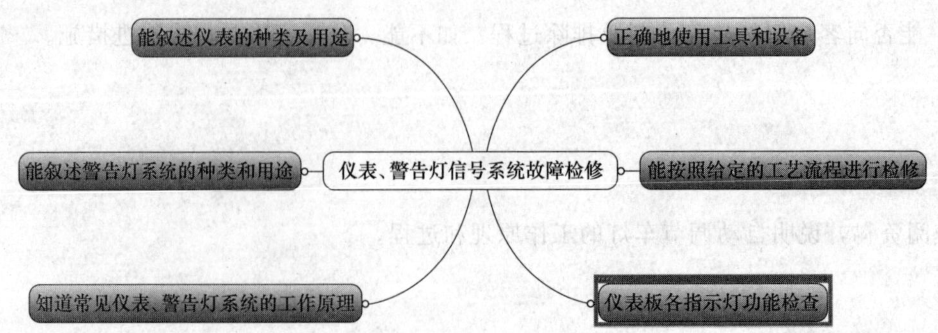

知识准备

为了使驾驶人随时了解汽车的工作状况，汽车上设有仪表、指示灯、报警灯等，一般将这些装置装在一起，构成组合式仪表板，如图 6-1 所示。仪表用于显示汽车的运行状况，指示灯用于指示某系统的工作状态。报警灯用于监测某系统的工作是否正常。此外，还有汽车电子控制系统故障警告灯，如发动机故障警告灯、安全气囊故障警告灯等。

图 6-1　仪表板总成

资讯一　普通仪表的种类和工作原理

普通仪表一般为机电模拟指针式仪表。仪表安装在仪表板上，通过指针和刻度盘显示数值，主要有机油压力表、燃油表、冷却液温度表、发动机转速表、车速里程表等，如图 6-2 所示。

1. 冷却液温度表

冷却液温度表指针按照来自传感器的信号移动，表示发动机冷却液温度，如图 6-3 所示。

图 6-2　普通仪表板

图 6-3　冷却液温度表

根据冷却液温度表类型及其配套传感器类型的工作原理，冷却液温度表可分为：双金属式冷却液温度表和双金属式传感器；双金属式冷却液温度表与热敏电阻式传感器；电磁式冷却液温度表与热敏电阻式传感器；动磁式冷却液温度表与热敏式传感器 4 种形式。其中双金属式冷却液温度表与双金属式传感器已趋于淘汰。

（1）双金属式冷却液温度表与热敏电阻式传感器　双金属式冷却液温度表、热敏电阻式传感器与电源稳压器配套的工作原理如图 6-4 所示。

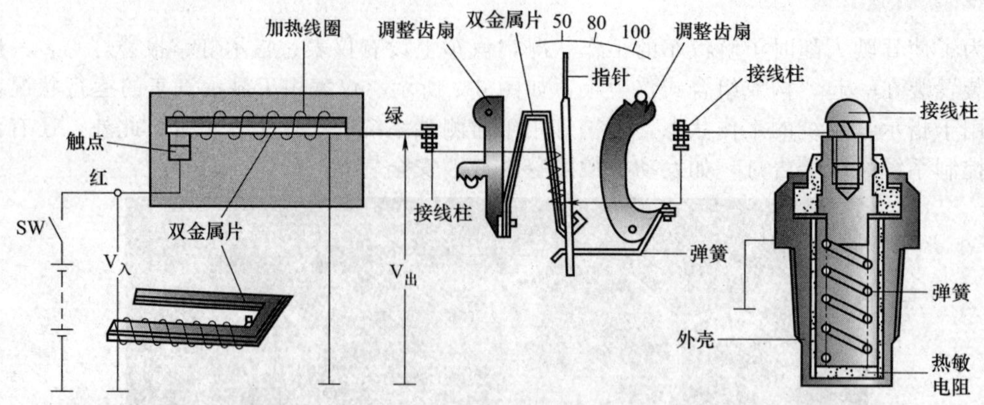

图 6-4　双金属式冷却液温度表、热敏电阻式传感器与电源稳压器配套的工作原理

接通点火开关，电流由蓄电池正极经点火开关到达稳压器触头后分为两路：一路经稳压器加热线圈搭铁构成回路；另一路经指示表的加热线圈、热敏电阻等构成回路。当发动机冷却液温度较低时，传感器的热敏电阻阻值大，所以电路中电流的有效值小，则温度表中双金属片弯曲变形小，使指针指向低温。当冷却液温度升高时，热敏电阻阻值变小，电路中电流的有效值变大，温度表的双金属片弯曲变形增大，使指针指向高温。

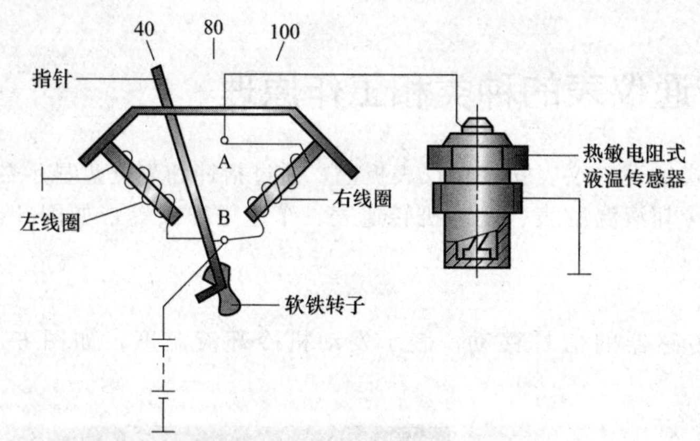

图 6-5　电磁式冷却液温度表与热敏电阻式传感器配套工作的冷却液温度表工作原理

(2) 电磁式冷却液温度表与热敏电阻式传感器　电磁式温度表与热敏电阻式传感器配套工作的冷却液温度表工作原理如图 6-5 所示。

当接通点火开关时，电流一路经左线圈搭铁构成回路；另一路经右线圈、传感器热敏电阻搭铁构成回路。这时左、右线圈各形成一个磁场同时作用于转子，转子便在合成磁场的作用下转动，使指针指在某一刻度上。当电源电压不变时，通过左线圈的电流不变，因而它所形成的磁场强度是一个定值。而通过右线圈的电流则取决于与它串联的传感器热敏电阻值的变化。当液温较低时，热敏电阻阻值大，右线圈中电流小，磁场弱，合成磁场主要取决于左线圈，使指针指在低温处。当液温升高时，传感器的电阻减小，右线圈中的电流增大，磁场增强，合成磁场偏移，转子带动指针转动指向高温区。

2. 燃油表

燃油表用来指示油箱内储蓄油量的多少。它由装在仪表板上的燃油指示表和装在燃油箱内的传感器配合工作，如图 6-6 所示。

当油箱油量少时，浮筒降到下面位置，传感器的电阻变大，电流由蓄电池→点火开关→电压调节器→燃油表接收器电热线→传感器电阻→搭铁。因电阻值大，通过热偶片电热线的电流小，产生热量少，热偶片弯曲量少，指针指在“无油”附近。当油箱油满时，浮筒升到上面位置，传感器的电阻减到最小，流过热偶片的电流增大，产生热量多，热偶片弯曲最

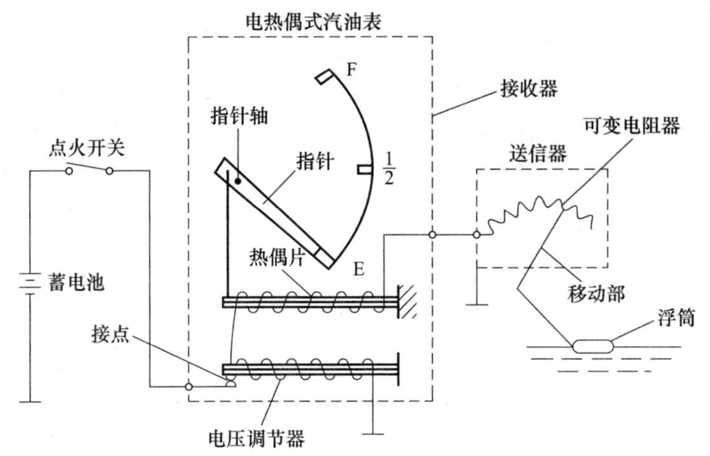

图 6-6 电热式配合可变电阻传感器的构造

大，指针指在“油满”附近。

3. 机油压力表

机油压力表用来指示发动机机油压力的大小。由装在仪表板上的油压表和装在发动机主油道中或粗滤器上的机油压力传感器两部分组成，如图 6-7 所示。

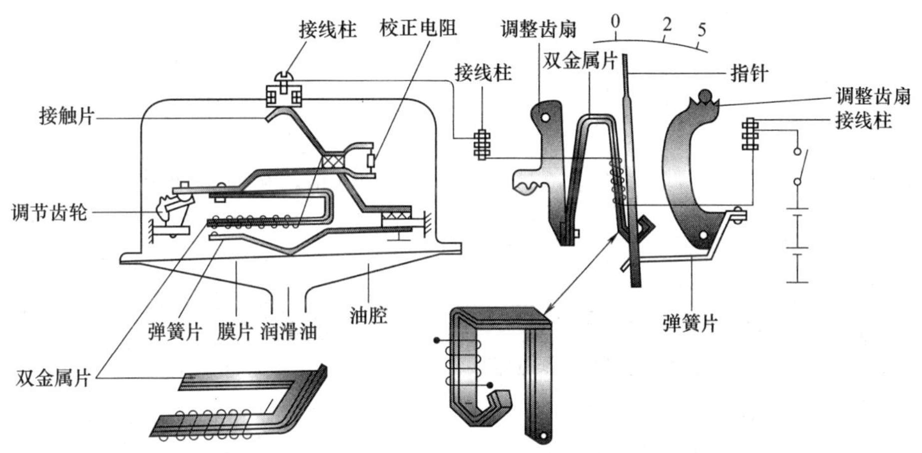

图 6-7 机油压力表工作电路

当打开点火开关，电流从蓄电池正极→点火开关→机油压力表接线柱→机油压力表双金属片上线圈→机油压力传感器接线柱→接触片→机油压力传感器双金属片上线圈→触点→弹簧片→搭铁→蓄电池负极。电流通过双金属片上线圈时，线圈会发热，双金属片受热变形。电流通过机油压力表的线圈，双金属片由于受热发生弯曲，带动指针摆动一定角度，摆动角度的大小取决于通过电热丝上的平均电流，而平均电流的大小取决于机油压力传感器触点闭合时间的长短。

当机油压力低时，机油压力传感器的膜片在机油压力作用下变形很小，作用在触点上的压力小，电流通过电热丝，温度略有上升，双金属片弯曲使触点断开，经过一段时间双金属片冷却伸直，使触点闭合，如此循环往复，且触点打开的时间长，闭合的时间短，平均电流小，机油压力表的双金属片因温度低使表针偏转角度小。当机油压力高时，机油压力传感器的膜片在机油压力作用下变形大，作用在触点上的压力增大，只有线圈通过较大电流，触点才能断开，当触点断开不久，双金属片稍一冷却，触点又闭合，这样使得触点闭合的时间变长，流经电流表的平均电流增大，指针的摆动角度大。

4. **发动机转速表**

发动机转速表用来测量发动机的曲轴转速。转速表按结构可以分为机械式和电子式。现代汽车应用最广泛的是电子式转速表。常见的电子式转速表都是从点火系统获取转速信号，如图6-8所示。

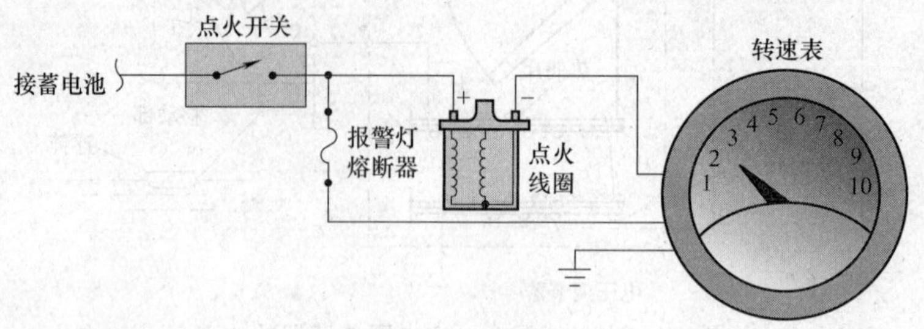

图6-8　电子式转速表

该电子式发动机转速表利用电容充放电的脉冲式电子转速表的电路如图6-9所示，由断电器触点产生信号。当发动机工作时，分电器触点不断开闭，其开闭的次数与发动机的转数成正比。当触头闭合时，晶体管VT无偏压而处于截止状态。电容C_2被充电，电流流向为蓄电池正极→电阻R→电容C_2→二极管VD_2→蓄电池负极。

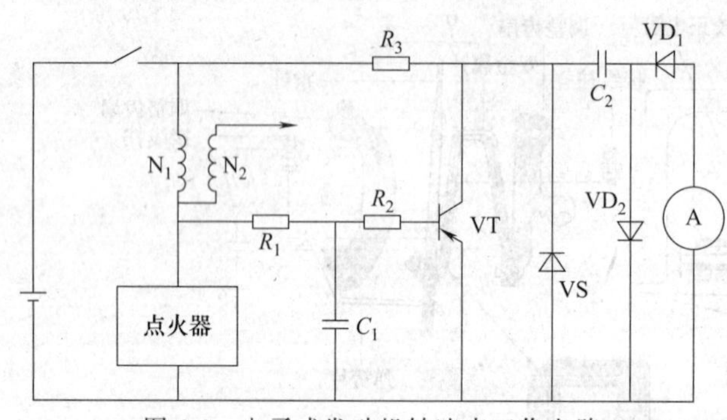

图6-9　电子式发动机转速表工作电路

当触头分开时，晶体管VT的基极电位接近蓄电池正极而导通，此时电容C_2便通过晶体管VT，转速表测量机构M和二极管VD_3构成放电电路，从而驱动转速表测量机构。

当触头不断开闭时，对电容C_2不断充放电，放电电流平均值与发动机转速成正比，通过转速表测量机构（毫安表）指示发动机的转速。

5. **车速里程表**

车速里程表用来显示汽车行驶速度和累计行驶里程。车速里程表由车速表和里程表两部分组成。车速里程表有电磁式和电子式两种形式。

（1）电磁式车速里程表　电磁式车速里程表包括电磁式车速表和机械式里程表。如图6-10所示，电磁式车速表，罩壳固定，杯形铝碗位于罩壳与永久磁铁之间，且有一定间隙；铝碗与指针连接，受卷簧作用，铝碗静止时，指针指在“0”处；永久磁铁由软轴驱动，而软轴通过安装在变速器输出轴上的蜗轮蜗杆机构带动。汽车行驶时，变速器输出轴上的蜗轮蜗杆机构通过软轴带动永久磁铁旋转，铝碗感应出涡流，产生电磁转矩，使铝碗克服卷簧的弹力沿永久磁铁旋转方向转动一定角度，从而带动指针偏转。涡流的强度与车速成正比，车速越高，铝碗产生的电磁转矩越大，指针偏转的幅度也越大，即指示的车速越高。

里程表由蜗轮蜗杆机构和数字轮组成。里程表也由软轴驱动，汽车行驶时，软轴带动蜗轮蜗杆机构驱动数字轮，累计汽车行驶里程。

（2）电子式车速里程表　电子式车速里程表电路由车速传感器、电子电路、车速表和步进电动机驱动式里程表组成，如图6-11所示。

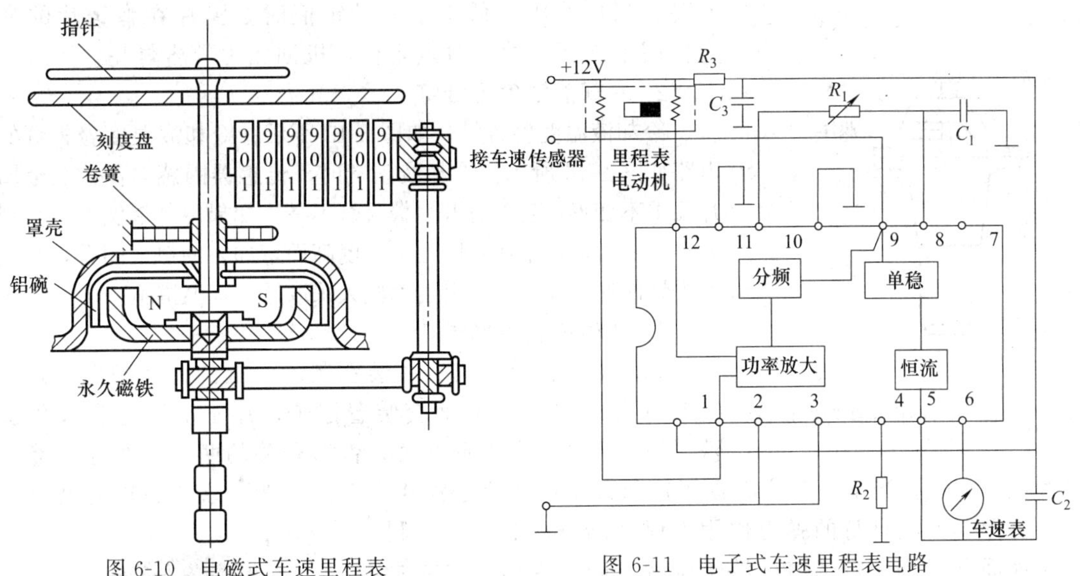

图 6-10　电磁式车速里程表　　　　图 6-11　电子式车速里程表电路

车速传感器由一个舌簧开关和一个有八对磁极的转子组成，如图 6-12 所示。车速传感器的转子由变速器输出轴带动，汽车行驶时，转子每转一周，舌簧开关的触点闭合八次，产生八个脉冲信号，车速越高，信号频率越高，其信号频率正比于车速。

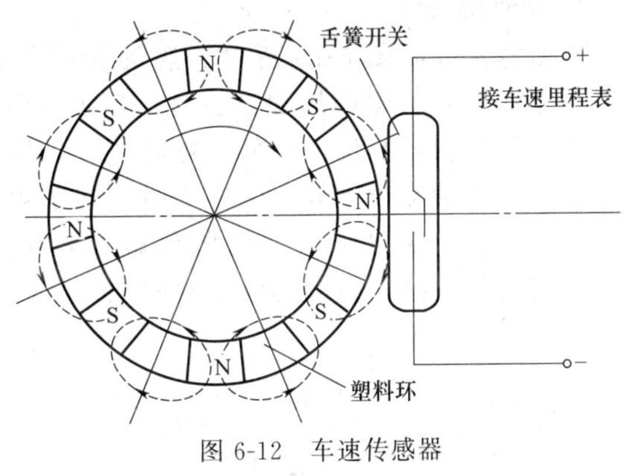

图 6-12　车速传感器

车速传感器的信号经电子电路处理后，输出恒流电流，驱动车速表指针偏转，指示相应车速。

里程表由一个步进电动机和六位数字的十进制齿轮计数器组成。车速传感器的信号经电子电路处理后，再经功率放大器放大后，驱动步进电动机，由步进电动机带动计数器记录累计里程。

资讯二　警告灯信号装置种类和工作原理

报警灯安装在仪表板上，报警灯亮时，显示相应图形符号。常见报警灯有机油压力过低报警灯、冷却液温度过高报警灯、制动液不足报警灯、制动摩擦片磨损报警灯、燃油警告灯、充电警告灯等。

1. 机油压力警告灯

当发动机润滑系统的机油压力低于 6～10kPa 时，机油压力过低警告灯亮，以提醒驾驶人注意机油压力不足。当发动机润滑系统的机油压力高于 6～10kPa 时，警告灯熄灭，说明润滑系统工作正常。如图 6-13 所示。

图 6-13　机油压力警告灯

机油压力警告灯电路包括机油压力警告灯和警告灯开关，如图 6-14 所示。膜片式警告灯开关一般安装在润滑系统的主油路上或机油滤清器上。当机油压力正常时，在机油压力作用下，膜片克服弹簧片的弹力向上弯曲，推杆将触点断开，机油压力警告灯

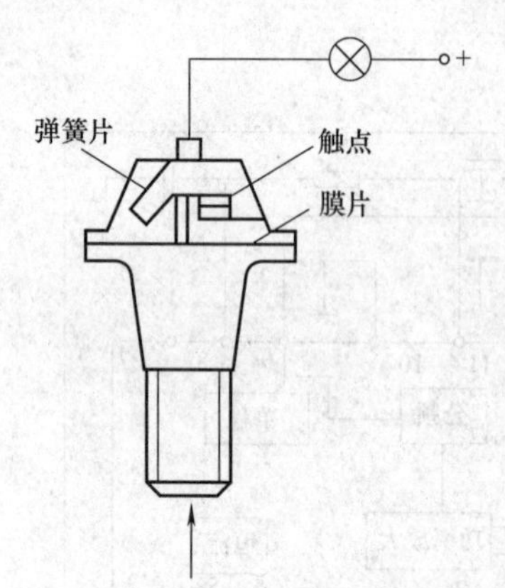

图 6-14　机油压力警告灯电路

不亮；当机油压力低于某一设定值时，膜片在弹簧片的弹力作用下向下弯曲，触点闭合，机油压力警告灯亮。

2. 冷却液温度警告灯

冷却液温度警告灯，如图 6-15 所示。冷却液温度警告灯的电路如图 6-16 所示，冷却液正常时，传感器因感温低，双金属片几乎不变形，触头分开，警告灯不亮。如果冷却液温度升高到95℃以上时，双金属片则由于温度高而弯曲，使触头闭合，红色警告灯便通电发亮，以警告驾驶人采取适当降温措施。

3. 制动液液面警告灯

制动液液面警告灯开关装在制动主缸的储液罐内，如图 6 -17 所示。外壳的外面套装着浮子，浮子上固定有永久磁铁，外壳内部装有舌形开关，舌形开关的两个接线柱与警告灯和电源相连。当制动液液面在规定值以上时，浮子浮在靠上的位置，永久磁铁的吸力不足，舌形开关在自身的弹力作用下保持断开的状态；当制动液液面下降到一定值时，浮子位置下降，舌形开关在永久磁铁吸力作用下闭合，警告灯点亮。

图 6-15　冷却液温度警告灯

4. 燃油警告灯

燃油警告灯如图 6-18 所示。燃油警告灯的电路如图 6-19 所示，当燃油箱内燃油量多时，热敏电阻元件浸没在燃油中，散热快，其温度较低，电阻值大，警告灯处于熄灭状态。当燃油减少到规定值以下时，热敏电阻元件露出油面，散热慢，温度升高，电阻值减小，电路中电流增大，则警告灯发亮，提醒驾驶人及时加油。

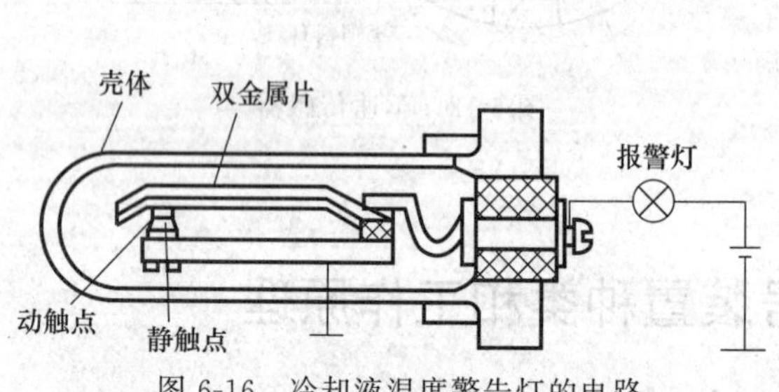

图 6-16　冷却液温度警告灯的电路

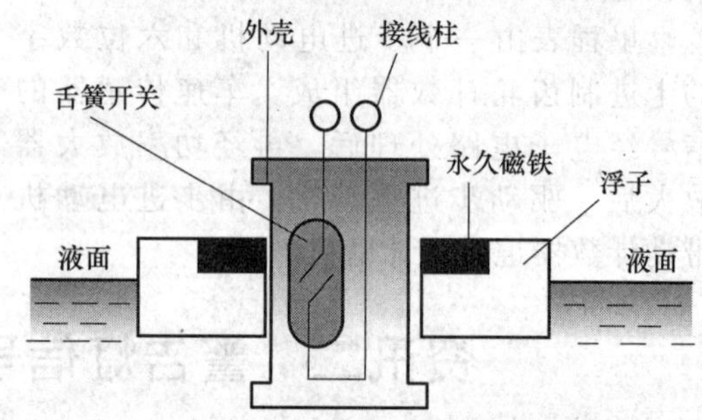

图 6-17　制动液液面警告灯电路

图 6-18　燃油警告灯

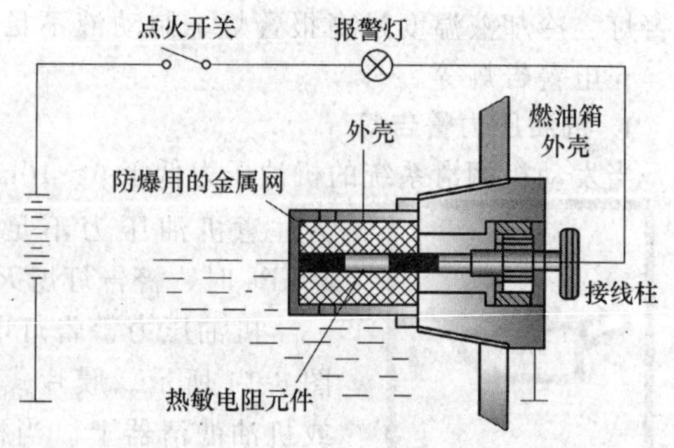

图 6-19　热敏电阻式燃油警告灯电路

5. 充电警告灯

图 6-20　充电警告灯

充电警告灯，如图 6-20 所示。此灯点亮，说明充电系统出现故障，应及时检查电气电路，查明并消除故障。如果在发动机运行时突然闪亮，应立即停车并关闭发动机，检查发电机的传动带是否松脱或断裂。如果传动带已有破损就要小心驾驶，并立即开到修理厂更换传动带。

资讯三　汽车电子仪表

普通仪表精度不高，可靠性较差，显示的信息量少。现代汽车在行驶过程中各系统工作状态的信息需求量显著增加，对仪表的功能要求越来越高。电子仪表能准确、迅速地处理各种复杂的信息，并以数字、文字和图形的形式显示出来。

1. 信息显示装置

(1) 发光二极管　发光二极管如图 6-21 所示。二极管通电时能产生一定波长的光。它有红、绿、黄、橙等颜色。在实际应用中，常把它焊接到印制电路板上，以形成数字显示发或带色光杆显示。发光二极管组成的数字显示器，可显示数字 0～9，如图 6-22 所示。

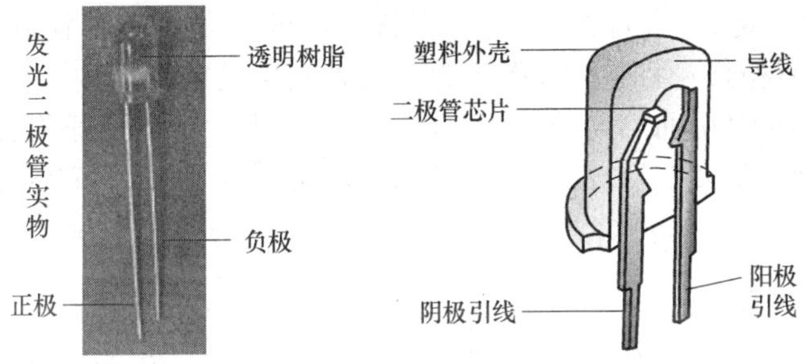

图 6-21　发光二极管实物图

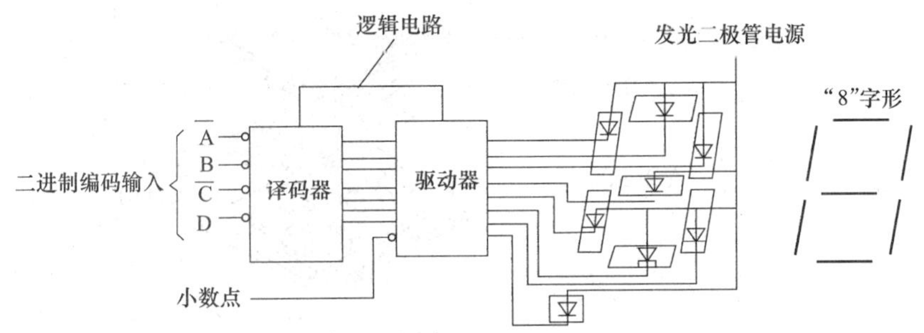

图 6-22　发光二极管组成的数字显示器

发光二极管具有体积小、结构简单、耐用的优点，在环境暗的情况下，显示效果好。但其缺点是在阳光直射下，辨别困难，若要增大亮度，相应的功率消耗也会增大。发光二极管也可单独使用，作为报警灯。

(2) 液晶显示器（LCD）　液晶显示器（LCD）是一种新型的非发光型平板显示器件，其结构如图 6-23 所示。它有两块厚约 1mm 的玻璃基板，基板上涂有透明的导电材料，以形成电极图形，两基板间注入主层 5～20μm 厚的液晶，再在两玻璃基板的外表面分别贴上前偏振片和后偏振片，并将整个显示板完全密封，以防湿气和氧侵入，这便构成透射式 LCD。若在后玻璃基板的后面再加上反射镜，便组成反射—透射式 LCD。图 6-24 所示即为反射—透射式 LCD 结构原理示意图。

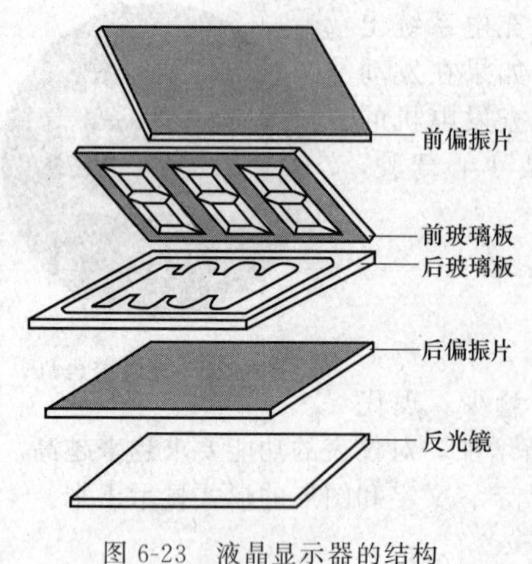

图 6-23　液晶显示器的结构

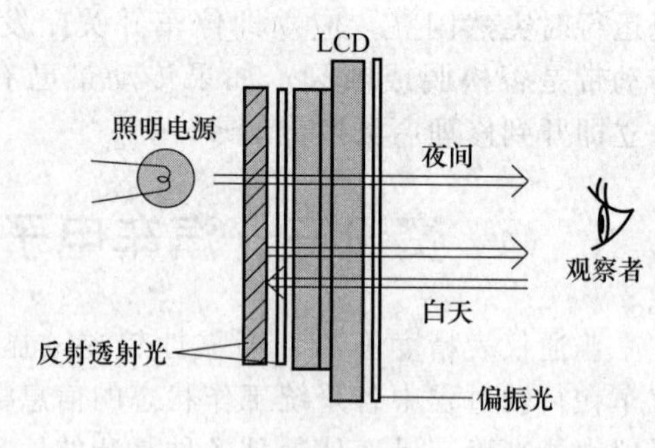

图 6-24　反射—透射式 LCD 结构原理示意图

（3）真空荧光管（VFD）　由阴极（灯丝）、栅格、阳极和玻璃罩等组成，如图 6-25 所示。阴极（灯丝）与电源负极连接；阳极为涂有荧光物质的屏幕，与电源正极连接，采用 7 字符段（也有采用 14 或 20 字符段），每个字符段由电子开关单独控制通电状态；在阴极（灯丝）和阳极之间有栅格；将整个装置密封在被抽真空的玻璃罩内。阴极（灯丝）通电时产生电子，电子被阳极吸引而均匀地打在阳极的字符段上，由电子开关通电的字符段，受电子轰击后发亮，否则，发暗。通过控制字符段的通电状态，便可在真空荧光管上看到字符。

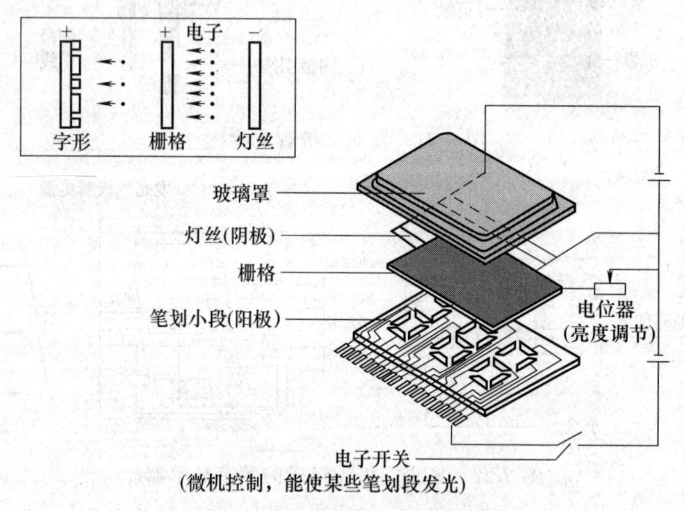

图 6-25　VFD 的结构和工作原理

真空荧光管色谱宽，易与控制电路连接，环境温度适应性强，显示亮度可以改变，能显示数字、单词和柱状图表，使用寿命长，但体积和质量较大。

（4）阴极射线管（CRT）　亦称显像管或电子束管。其结构原理与电视显像管、微机显示系统相同。它有一个发射电子的阴极和一个吸收电子的阳极，电子轰击到屏幕上哪个点，哪个点便发亮，偏转板控制电子束的方向。阴极射线管显示器首次在汽车上应用是在 1986 年生产的别克汽车上，阴极射线管显示器屏幕是触摸式的，通过触摸屏幕上的按钮（菜单）便能变更显示的内容。阴极射线管显示效果最佳，但体积过大，不便于布置。

2. 电子仪表的基本组成

电子仪表的基本组成如图 6-26 所示。各种传感器产生的信号（模拟信号和数字信号）经接口电路预处理，再送至中央处理器分析和计算，然后控制信号从输出驱动电路输出，控制电子仪表显示器显示信息。

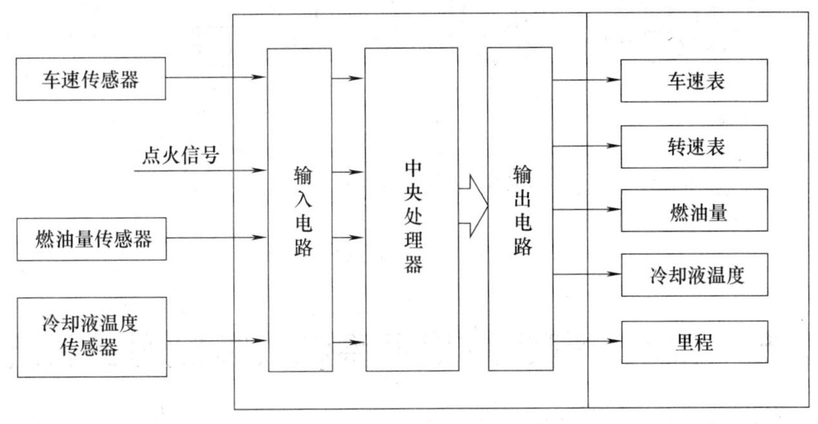

图 6-26　电子仪表的基本组成

资讯四　普通仪表的常见故障与检修

对于汽车仪表、警告灯系统的常见故障有：单个仪表不工作或仪表显示不准、多个仪表不工作等。

1. 单个仪表不工作或仪表显示不准

单个仪表不工作或仪表显示不准故障的诊断，如图 6-27 所示。以燃油表为例，检查故障原因。

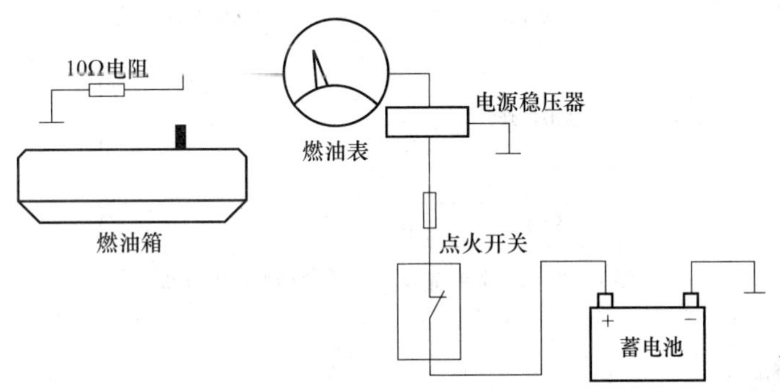

图 6-27　燃油表检查示意图

（1）检查传感器导线连接是否松脱。如果正常，则检查仪表线路。

（2）在仪表线路正常情况下，用 10Ω 的电阻代替传感器，一端接传感器导线，另一端直接搭铁，接通点火开关（ON），观察仪表。如果指针摆动，则说明传感器有故障，应更换传感器。如果指针不动，则说明仪表有故障，应更换仪表。

（3）检查仪表显示是否准确，应参照相关车型维修手册。如果检查结果不符合要求，则更换传感器或仪表。

2. 多个仪表不工作

在电磁式和电热式仪表电路中，一般设有熔断丝，并配有电源稳压器。多个仪表同时不工作，应检查仪表熔断丝和电源稳压器是否有故障，如图 6-28 所示。

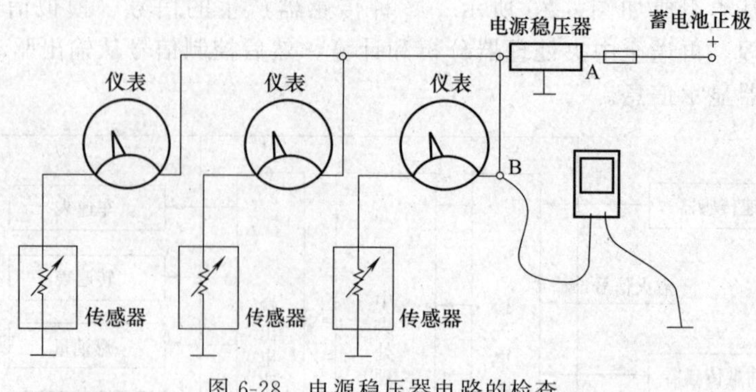

图 6-28　电源稳压器电路的检查

资讯五　仪表、警告灯信号系统故障检测工艺流程

汽车仪表、警告灯信号系统发生故障，应按照规定的检测工艺流程进行故障分析，如图 6-29 所示，以燃油表显示不准为例。

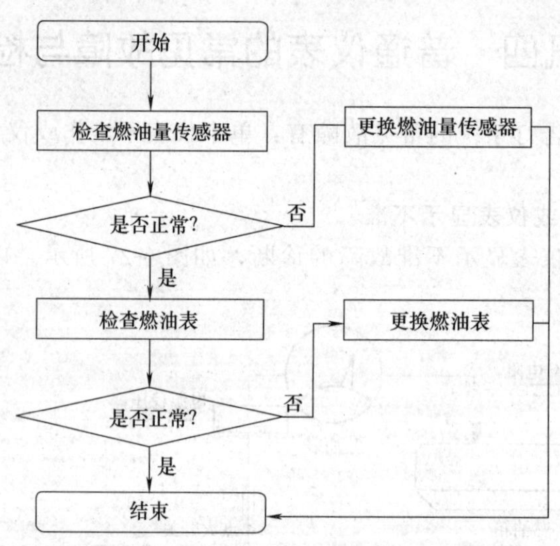

图 6-29　燃油表显示不准的检测工艺流程

任务实施

任务实施一　桑塔纳 2000 组合仪表显示异常的检修

故障现象：

一辆事故车经修复后出现了以下现象：打开点火开关，组合仪表各种指示灯、指针都显示正常，启动发动机后仪表显示也正常，可当点火开关关闭后，仪表上的各种指示灯便开始以间隔大约 1s 的时间不停地快速闪烁，各种表的指针也开始上下不停跳动，而且指针的跳动频率是和各种指示灯的闪烁是同步的。拆掉蓄电池负极接线柱再装上，仪表恢复正常，当点火开关打开一下又关闭后上述现象又会重现。

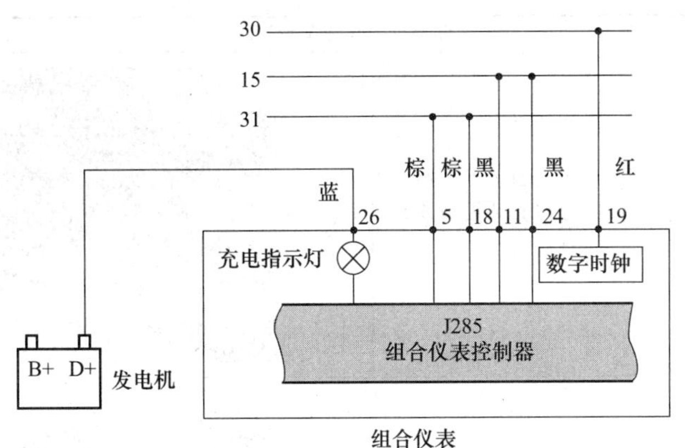

图 6-30　组合仪表电路图

故障诊断：

如图 6-30 所示，首先拆下组合仪表，拔下仪表后方的 26 针插接器，诊断仪表的两根电源线 11 脚、24 脚和两根搭铁线 5 脚、18 脚，结果都正常。再看指示灯的闪烁情况，这种闪烁的时间间隔大约为 1s，很像是数字时钟的内部正在运行计时的样子，那会不会是仪表内的数字时钟坏掉了产生这种现象呢？于是先替换了另一辆车上的仪表总成，可故障依旧，证明此车的组合仪表没有损坏。仔细分析电路图，发现仪表上只有第 19 脚接的是常火线，是给数字时钟和组合仪表控制器提供电源的接脚，因为故障只在关闭点火开关时才出现，因此 19 脚的嫌疑最大。于是拔掉 S3 号熔丝片，再测量 19 脚，已经没有电源电压了，插好插接器再试，结果故障依旧。分析电路图，由于组合仪表上只有三根电源线：11 脚、24 脚和常火 19 脚。现在点火开关也关闭了，S3 号熔丝也拔掉了，组合仪表上可以提供各指示灯闪烁、各种表指针跳动的电源又是从什么地方来的呢？于是拔掉仪表后方的 26 针插接器，用试灯一个脚一个脚地查找。当测试到第 26 脚时试灯点亮了，对照电路图发现，26 脚是给发电机提供励磁电流的输出脚，但是这一脚在点火开关关闭后还存在有电源这是不对的。仔细查找电路，结果发现在发电机后端的蓝色励磁线有一部分已经被夹到了发电机的电枢接线柱里，而且线的外皮已经破损，造成了和电枢线始终相通的现象，分析可能是维修人员在装发电机的时候不小心所致。

故障排除：

整理好此线后再试，仪表完全恢复正常。由此可见，在点火开关关闭后，虽然组合仪表控制器已经没有在工作状态，但是由于激磁电路不正常，仪表的 26 脚电源却经 K_2 指示灯避入了组合仪表控制器并导致其内部程序混乱，于是出现上述的故障现象。

任务实施二　仪表板各指示灯功能检查

步骤 1　工具准备	
(1)准备翼子板护垫三件套、方向盘套、换挡手柄套、椅背套、脚垫、维修手册、工作单、抹布等； (2)将工具在工具车上叠放整齐。	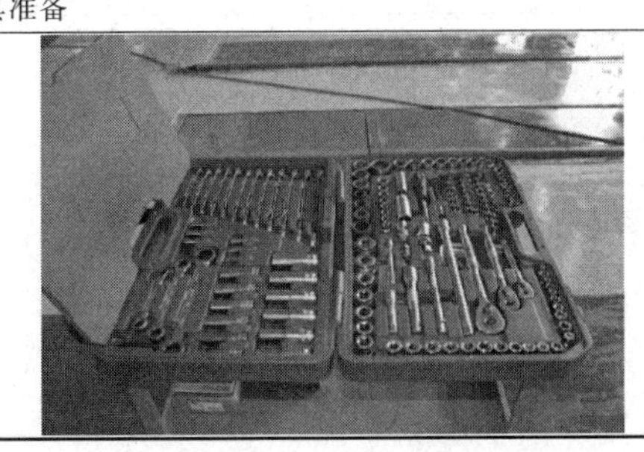

步骤2　安装车轮挡块	
(1)正确安放车轮挡块能防止车辆意外移动； (2)左右前轮前端和左右后轮后端都必须安放车轮挡块。	
步骤3　打开车门安装三件套	
(1)打开车门； (2)依次安装地板垫、方向盘套、座椅套等。	
步骤4　确认变速器挡位杆置于空挡位置	
步骤5　拉紧驻车制动器	
拉紧驻车制动器。	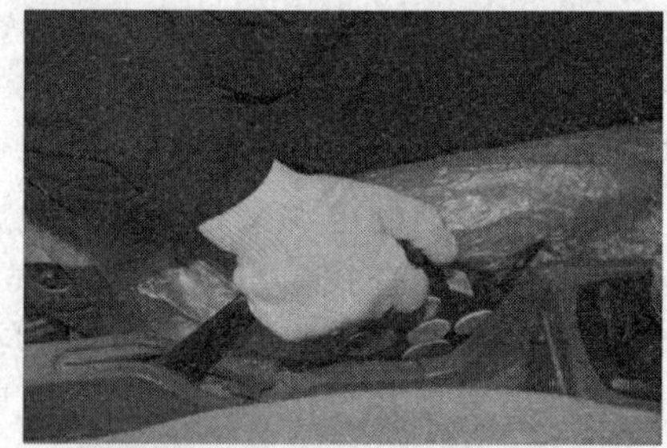
步骤6　打开发动机舱盖释放杆	
打开打开发动机舱盖释放杆开关(不同的车型位置和形状有所不同)。	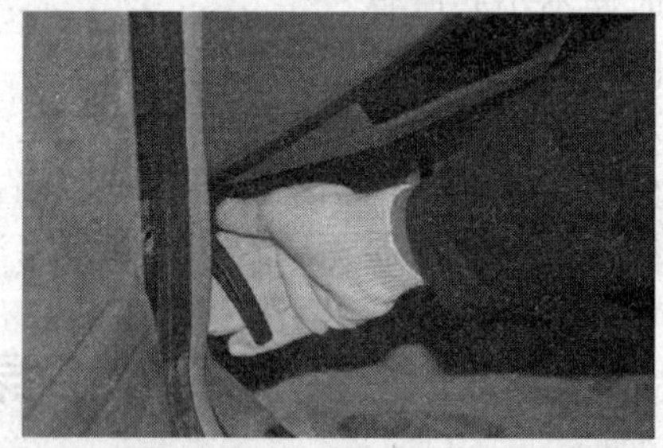
步骤7　打开发动机舱盖挂钩	
打开发动机舱盖挂钩。	

步骤 8　打开发动机舱盖	
(1)打开发动机舱盖； (2)安装发动机舱盖支撑杆。	

步骤 9　安装翼子板护垫和前格栅防护垫	
安装翼子板护垫和前格栅防护垫。	

步骤 10　检查各指示灯工作情况	
(1)打开点火开关。	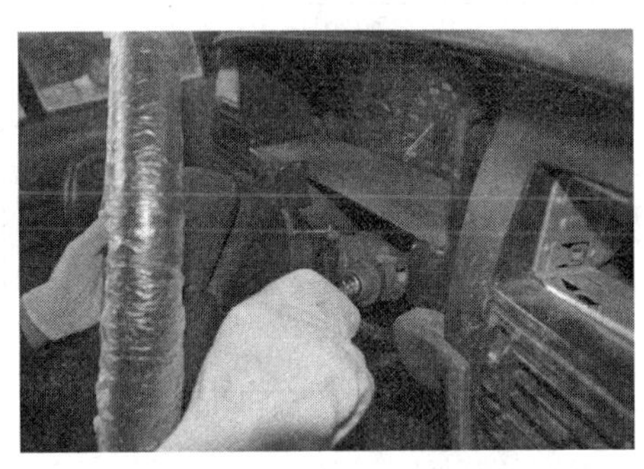
(2)检查 ABS 报警灯。 打开点火开关时，ABS 报警灯应亮 2s 后自动熄灭；否则证明 ABS 有故障，应检修。	

(3)检查 SRS 报警指示灯。 打开点火开关时,SRS 报警灯应亮 2s 后自动熄灭;否则证明 SRS 有故障,应给与检修。	
(4)检查机油压力报警灯。 打开点火开关时,机油压力报警灯应常亮。	
(5)检查驻车制动器指示灯。 打开点火开关,驻车制动器处于锁止位置,指示灯应点亮。	
(6)检查充电指示灯。 打开点火开关时,充电时指示灯应常亮。	
(7)检查照明灯指示灯。 打开照明灯开关,照明指示灯点亮。	
(8)检查远光灯指示灯。 打开远光灯开关,远光指示灯应点亮。	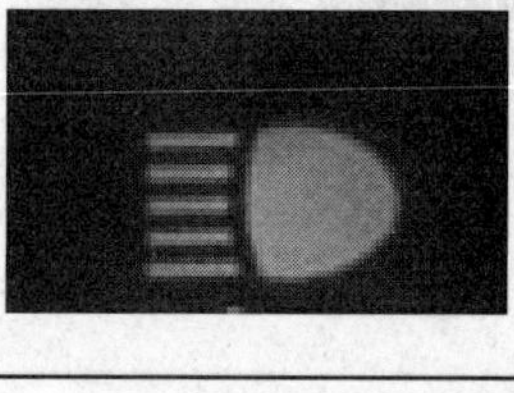

(9)检查雾灯指示灯。 打开雾灯开关,雾灯指示灯应点亮。	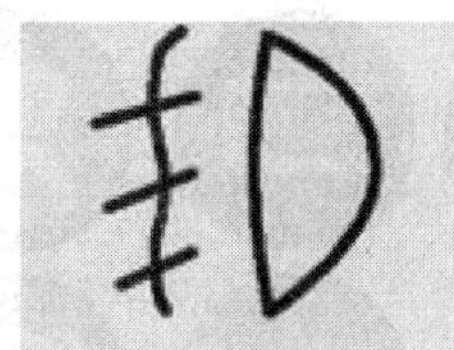
(10)启动发动机,检查仪表板仪表及各指示灯。 启动发动机后,机油压力报警灯指示灯应熄灭,燃油表、水温表、发动机转速表、车速表应按实际工况指示。	
步骤11　整理工具、清洁场地	

学生作业单

姓名:	班级:	日期:

学习任务1　仪表、警告灯信号系统故障检修

1. 电热式燃油表的组成如下图所示,简述其工作原理

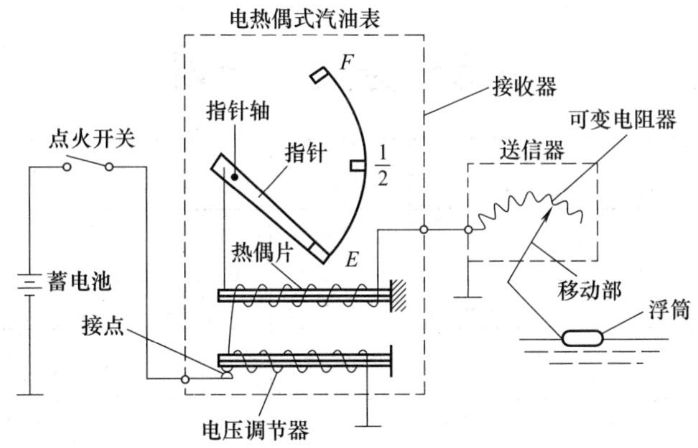

其工作原理为:____

____

____

____

____。

2. 分别写出下图所示图标的名称和作用

名称：________ 作用：________

名称：________ 作用：________

名称：________ 作用：________

名称：________ 作用：________

名称：________ 作用：________

名称：________ 作用：________

名称：________ 作用：________

名称：________ 作用：________

名称：________ 作用：________

名称：________ 作用：________

名称：________ 作用：________

名称：________ 作用：________

小组任务实施计划

小组信息	班级		日期	
	组长		小组成员	
任务名称			学时	
任务描述			任务分析	
实施方案			教师认可：	
问题记录				
处理方法				

小组评定：

教师评定：

任务实施工作页

任务实施　仪表板各指示灯功能检查

一、清点工具、在准备好的工具后面空格打“√”

序号	设备工具	结果
1	翼子板护垫三件套	
2	方向盘套	
3	换挡手柄套	
4	椅背套	
5	脚垫	
6	零件车	
7	抹布	
8	维修手册	

二、按步骤完成作业项目，完成打“√”

仪表板各指示灯功能检查

序号	作业项目	完成情况
1	安装翼子板三件套、方向盘套、脚垫等准备工作	
2	检查 ABS 报警灯	
3	检查 SRS 报警指示灯	
4	检查机油压力报警灯	
5	驻车制动器指示灯	
6	充电指示灯	
7	照明灯指示灯	
8	远光灯指示灯	
9	雾灯指示灯	
10	其他指示灯的检查	

小组评定：

教师评定：

评价与反馈

1. 填写学习任务评价表

学习任务评价表

评价项目	评价内容	分值	学生自评（20%）	小组评价（30%）	教师评价（50%）
信息收集	对任务或问题的理解程度	5			
	收集信息的完整性	5			
	对信息（知识）的领会性	5			
制定计划	计划制定参与程度	5			
	计划的合理性及实用性	10			
修改计划	和老师怎么讨论计划	8			
	和老师讨论后，是否知道如何改进计划	3			
	计划修改后的完整性	4			

续表

评价项目	评价内容	分值	学生自评（20%）	小组评价（30%）	教师评价（50%）
实施	是否按计划进行工作	10			
	是否亲自实施计划	10			
	是否记录工作过程及结果	15			
检查	是否按计划的要求去完成任务	4			
	是否达到预期目标	3			
	整个工作流程是否与标准流程符合	3			
评价	是否按计划完成了任务或解决了问题	3			
	在哪个环节上可以改进	3			
	学习团队的合作情况	4			
小计		100			
合计					
教师评语	教师签字：				

2. 在实施的过程中，是否存在一些安全隐患，请找出容易忽视地方。

3. 能否向客户解释仪表显示不正确的原因？如不能，分析原因并提出改进措施。

学习拓展

1. 查阅资料，说明怎样检修桑塔纳 2000 型轿车的转速表显示不准的故障。

2. 查阅资料，说明哪些车型采用电子仪表？

学习任务七

辅助电气设备的检修

知识目标

1. 理解刮水器与洗涤器的构造；
2. 知道电动车窗的构造；
3. 能知道电动后视镜的构造；
4. 理解安全气囊系统的组成和原理。

能力目标

1. 能正确分析辅助电器的电路图；
2. 掌握检查或更换刮水器电动机和刮水片的操作技能；
3. 掌握电动车窗的检修方法；
4. 掌握安全气囊的检修方法；
5. 能熟练使用各种常见维修工具和检测仪器。

素质目标

培养学生形成规范的操作习惯、养成良好的职业行为习惯。

学习任务引入和分析

某轿车，据车主反映该车在打开雨刮器开关时，雨刮器无动作。需要你按照“维护标准和要求”，确定故障部位并进行修理。

学习内容

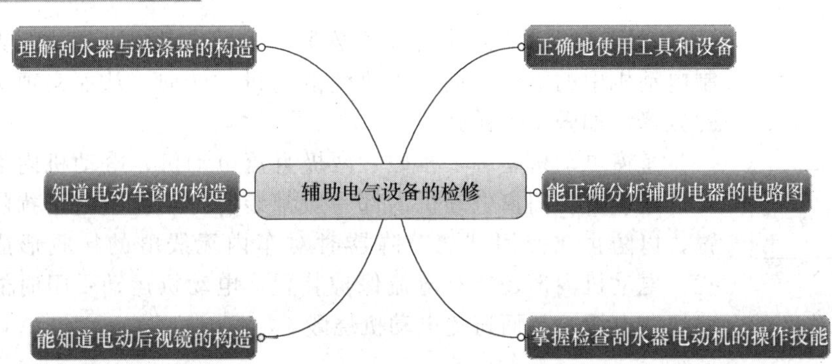

知识准备

资讯一　汽车辅助电气设备的组成

汽车辅助电气设备主要由刮水器与洗涤设备、电动车窗、电动座椅、电动后视镜和安全气囊等组成。

刮水器主要采用电动刮水器，根据需要有不同的刮水速度，为下雨天气行车提供良好的视野；电动车窗、电动后视镜和中控门锁等由驾驶员或乘客操纵开关通过电机电路使电机产生动力通过机械传动按要求升降或开关，有利于行车安全。

资讯二　电动车窗的原理与检修

1. 电动车窗的组成与工作原理

(1) 电动车窗的组成　电动门窗可以使驾驶员在驾车时更加集中注意力，方便驾驶人及乘客的操作。驾驶人操作时，可以使 4 个车窗中的任意一个上升或下降，乘客只能使所在侧的车窗上升或下降。

如图 7-1 所示，电动门窗主要由车窗玻璃、车窗玻璃升降器、电动机、继电器、控制开关（主开关、乘客侧开关）等组成。

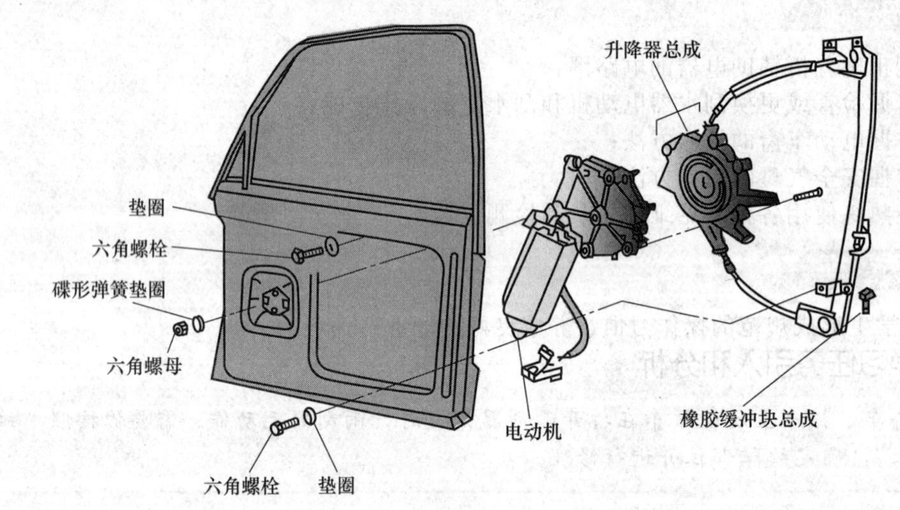

图 7-1　电动车窗的组成

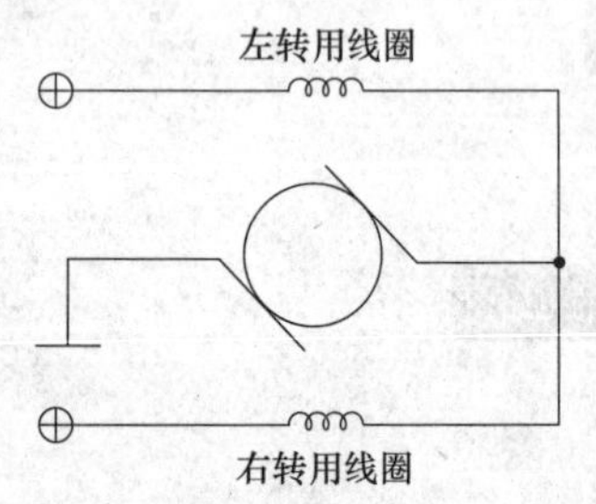

图 7-2　车窗电动机工作原理图

① 车窗电动机　每个车窗安装有一只电动机，通过开光控制电动机中的电流方向，以改变电动机的转向，从而实现车窗的升降，如图 7-2 所示。

车窗电动机是一个永磁、两极直流电动机，电动机内部装有减速装置。门窗电动机内部一般都装有抑制无线电干扰的装置，以防止在使用玻璃升降器时对车内无线电的接收形成干扰。电动机内部还装有电流保护装置，电动机运动受阻时能自动切断电源，从而避免电动机烧毁。

② 玻璃升降器　电动车窗玻璃升降器的结构形式有绳轮式、交臂式和软轴式，其结构分别如图 7-3～图 7-5 所示。

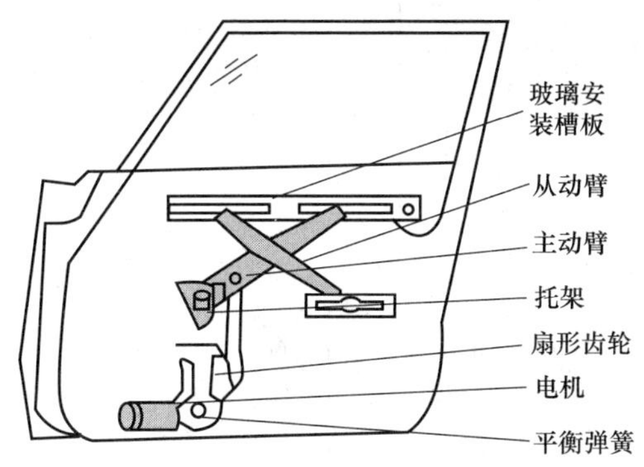

图 7-3　交臂式车窗玻璃升降器

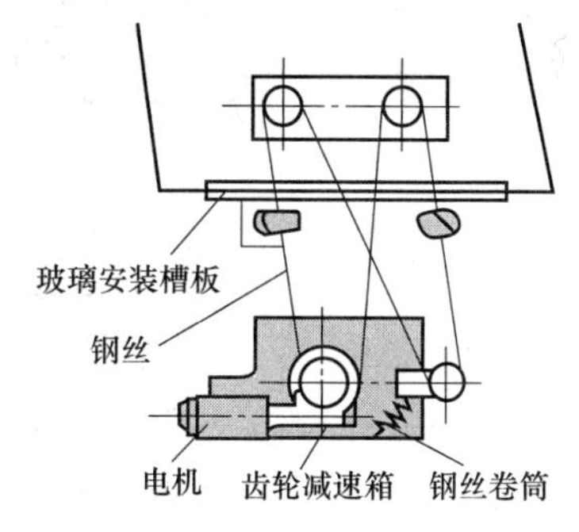

图 7-4　绳轮式车窗玻璃升降器

a. 绳轮式门窗玻璃升降器。绳轮式门窗玻璃升降器由滑轮、钢丝绳、张力器、张力滑轮等组成，通过驱动电动机拉钢丝绳来控制车窗玻璃的升降。电动机的输出部分是一个塑料绳轮，绳轮上绕上钢丝绳，钢丝绳上装有滑块，电动机驱动绳轮，带动钢丝绳卷绕，钢丝绳上的滑块带动玻璃，使之沿导轨进行上下运动。

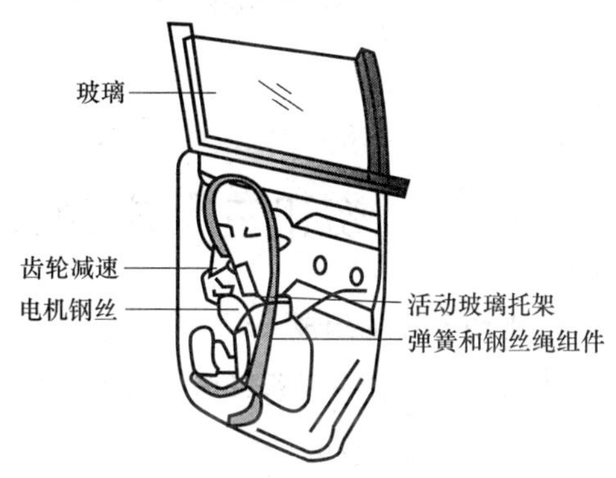

图 7-5　软轴式车窗玻璃升降器

b. 交臂式门窗玻璃升降器。交臂式门窗玻璃升降器主要由扇形齿板、玻璃导轨及调节器等组成。它的工作原理是：扇形齿板利用驱动电动机的棘轮进行转动，从而带动交叉臂运动，使车窗玻璃进行上下移动。

c. 软轴式门窗玻璃升降器。软轴式门窗玻璃升降器由软轴、小齿轮等组成。电动机的输出部分是一个小齿轮，通过与软轴上的齿（近似于齿条）相啮合，驱动软轴卷轴卷绕，带动玻璃沿导轨上下运动。

③ 控制开关　控制开关一般有两套：一套为总开关，装在仪表板或驾驶员的车门侧，驾驶员可以控制每个车窗玻璃的升降；另一套为分开关，分别装在每个车门上，乘客也可以对每个车窗进行升降控制。

控制开关通过电路可以实现手动控制和自动控制。所谓手动控制是指按着相应的手动按钮，车窗可以上升或下降，若中途松开按钮，则上升或下降的动作即停止；而自动控制是指按下自动按钮，松开手后车窗会一直上升至最高点或下降至最低点。

（2）电动车窗的控制电路　每个门窗的电动机均要通过主控开关搭铁，所以电流不仅通过每个门窗上的分控开关，还要通过主控开关。有的汽车在主控开关上安装断路开关（锁定开关）。如将断路开关断开，各分控开关则不起作用，电路如图 7-6 所示。

为了防止电动机过载，在电路或电动机内装有一个或多个断电器，用来控制电流。当门窗玻璃上升到极限位置，或由于结冰而使门窗玻璃不能自由移动时，即使操纵控制开关，断电器也会自动断路，避免电动机通电时间过长而烧坏。

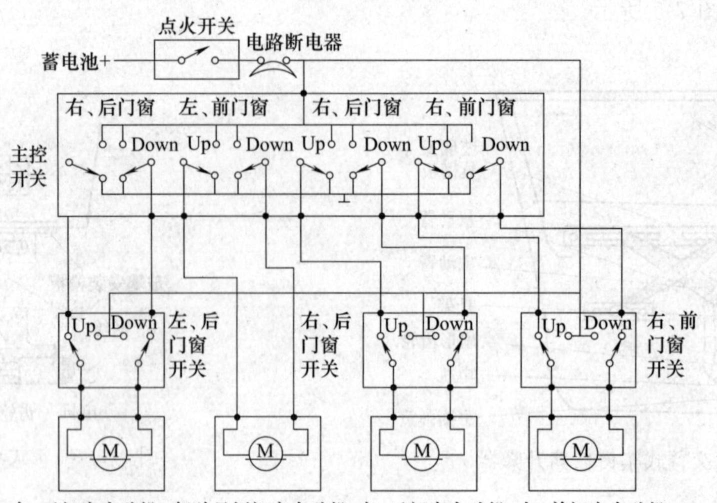

图 7-6 电动车窗控制电路

资讯三 电动天窗的组成及工作原理

1. 电动天窗的组成

电动天窗的组成主要包括天窗玻璃、电动机及传动机构、天窗开关、遮阳板等。电动天窗由天窗开关控制开启、关闭、倾斜等，如图 7-7 所示。

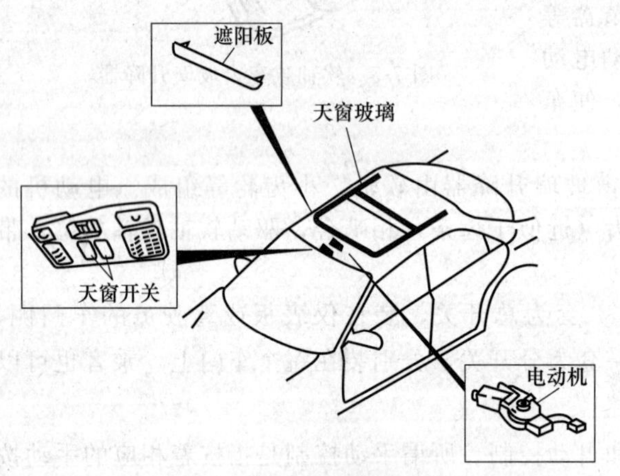

图 7-7 电动天窗的组成

2. 电动天窗的控制电路

电动天窗的控制电路如图 7-8 所示。

3. 电动天窗的工作原理

(1) 天窗打开 接通点火开关且天窗开关按至“OPEN”位置时，信号从天窗开关送到天窗继电器，此时天窗限位开关 No. 2 接通，继电器工作，电动机转动，打开天窗。

(2) 天窗关闭 接通点火开关，天窗完全打开且限位开关 No. 1 和限位开关 No. 2 均接通时，当天窗开关被按至“CLOSE”位置，信号从天窗开关送到天窗继电器，继电器工作，电动机转动，关闭天窗。

天窗限位开关 No. 1 断开，限位开关 No. 2 接通，且天窗在全闭位置前 100mm 位置时，信号从限位开关 No. 1 输送给天窗继电器，该信号使继电器工作，控制天窗停在该位置。

为了彻底关闭天窗，重新把天窗开关按在“CLOSE”位置，使继电器工作，只要按着天窗开关，天窗则完全关闭。

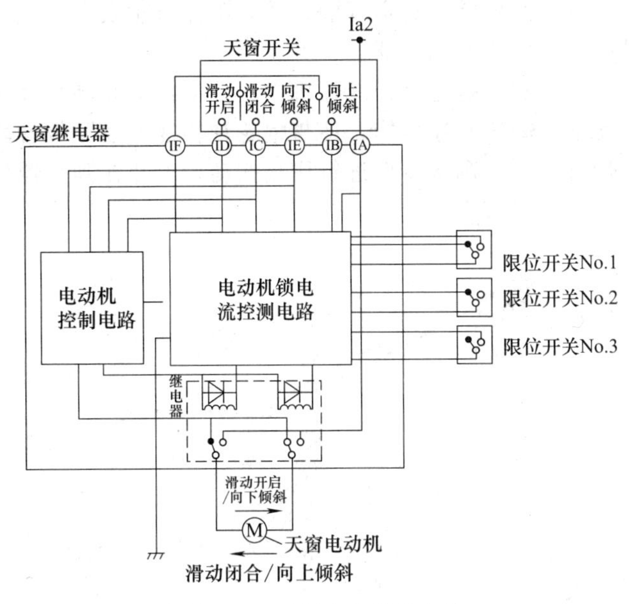

图 7-8 电动天窗的控制电路

资讯四 电动车窗常见故障的检修

电动车窗常见故障的检修如表 7-1 所示。

表 7-1 电动车窗常见故障的检修

故障现象	故障原因	检修方法
电动车窗不工作	(1)控制开关损坏 (2)熔丝断开 (3)保护器损坏 (4)电路断路，接触不良 (5)直流电动机损坏 (6)传动装置脱开	(1)检修控制开关 (2)检查、更换同标准的熔丝 (3)用短接法检查双金属片的工作情况 (4)用仪表检查、连接电路 (5)检查直流电动机 (6)检查、更新连接传动装置部件
电动车窗有异响	(1)传动机构调整不当 (2)卷丝筒内铜丝脱槽 (3)电动机盖板或固定架与车窗玻璃碰擦	(1)检查调整各部件连接情况 (2)检查调整钢丝绳的位置 (3)检查安装支架弧度是否正确
电动车窗发卡、阻滞	(1)导轨凹部有异物 (2)导轨变形 (3)直流电动机故障 (4)钢丝绳生锈磨损	(1)排除异物 (2)恢复原有形状 (3)检修直流电动机 (4)更换钢丝绳

资讯五 电动刮水器的原理与检修

一、电动刮水器的构造与原理

汽车在雨、雪天行驶时，风窗玻璃上的雨水或积雪会影响驾驶人视线。刮水器的作用是刮除风窗玻璃上的雨、雪，使驾驶人有良好的视线，确保行车安全。汽车前风窗玻璃装有刮水器，有些汽车后风窗玻璃也装有刮水器。

电动刮水器由直流电动机、蜗轮蜗杆减速机构、传动机构和刮水片等组成，如图 7-9 所示。电动机旋转，带动蜗杆蜗轮减速机构，使与蜗轮轴相连的摇臂带着两侧拉杆进行往复运动，拉杆则通过摆杆带着左、右刮水器架进行往复摆动，安装在刮水器架上的橡皮刮水器便刷去风窗玻璃上的雨水、雪和灰尘。

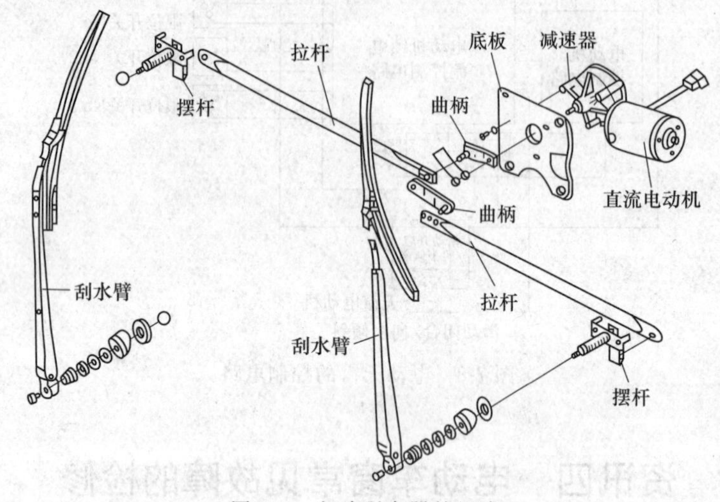

图 7-9　电动刮水器的组成

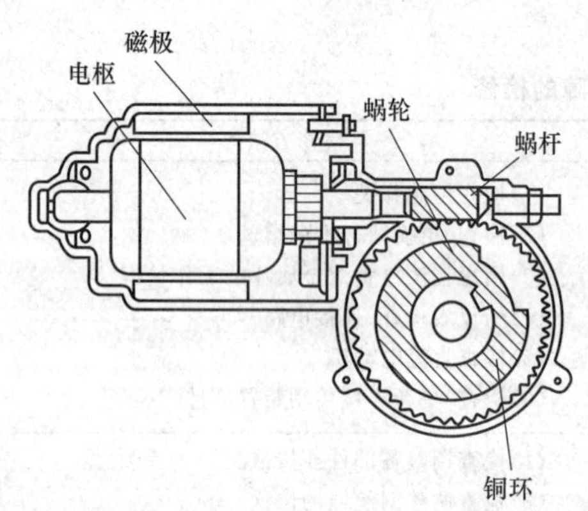

图 7-10　永磁式刮水电动机的结构

① 刮水电动机　作用是为刮水片提供动力。刮水电动机有绕线式和永磁式两种。永磁式刮水电动机的结构如图 7-10 所示。它具有体积小、质量轻、噪声小、结构简单等优点。

② 传动机构　作用是将刮水电动机的旋转运动转变为刮水片的摆动。传动机构一般为平面四杆机构，杆件的连接均采用球形铰接，如图 7-11 所示。

③ 刮水片　用来刮去风窗玻璃上的雨或雪。刮水片由主桥、副桥和橡胶刮片组成，如图 7-12 所示。

刮水片与刮水臂的连接形式有凸台插入式、槽孔插入式和弯钩式，如图 7-13 所示。

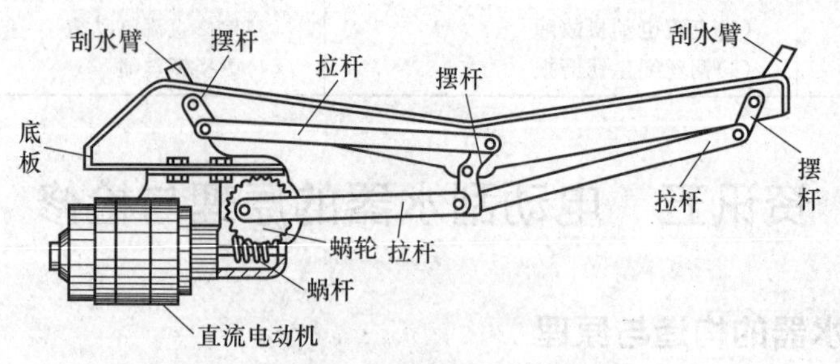

图 7-11　电动雨刮器的传动机构

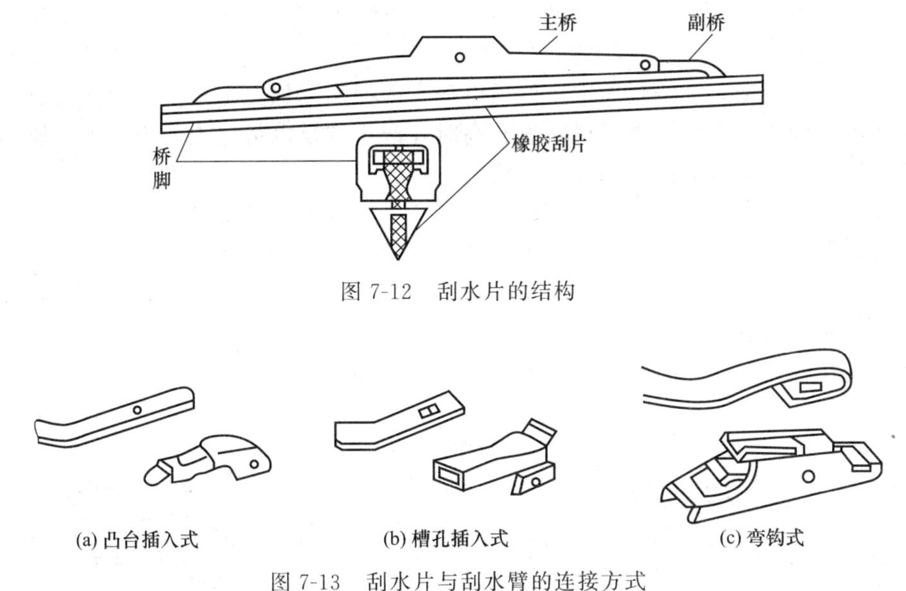

图 7-12　刮水片的结构

图 7-13　刮水片与刮水臂的连接方式

2. 电动刮水器的控制方式

刮水器在使用中应具有变速（低速、高速）、间歇和自动复位等功能，以满足不同条件的要求，可通过对刮水电动机的控制来实现。

（1）变速控制　刮水器应能根据雨、雪的大小来调整刮水片的刮水速度，在雨、雪小时使用低速刮水，而雨、雪大时使用高速刮水。刮水电动机应能够改变转速，以调整刮水片的刮水速度。

永磁式刮水电动机的变速是利用三个电刷来改变正、负电刷之间串联线圈的个数实现变速的，如图 7-14 所示。

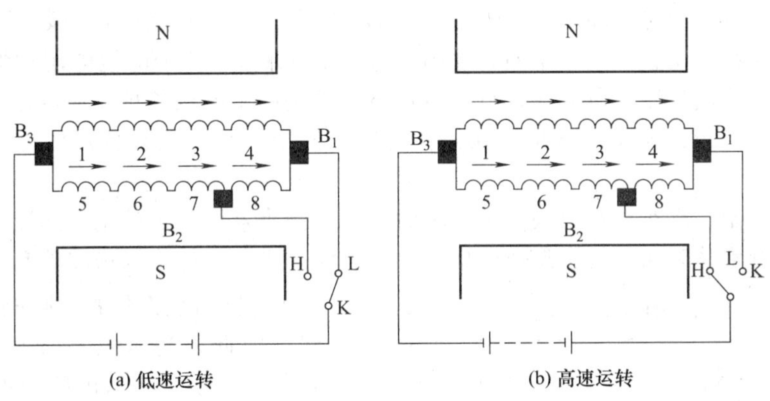

图 7-14　电动刮水电动机变速控制原理

当将刮水器开关 K 拨向 L（低速）时，如图 7-14（a）所示，电源电压加在电刷 B_1 和 B_3 之间，在电刷 B_1 和 B_3 之间有两条电枢绕组并联支路，一条是由绕组 1、2、3、4 串联的支路，另一条是由绕组 5、6、7、8 串联的支路，即在电刷 B_1 和 B_3 之间的两条并联支路中，每条支路中各有 4 个串联绕组，反电势的大小与支路中反电势的大小相等。由于外加电压需要平衡 4 个绕组所产生的反电势，故电动机转速较低。

当将刮水器开关 K 拨向 H（高速）时，如图 7-14（b）所示，电源电压加在电刷 B_2 和 B_3 之间，在电刷 B_2 和 B_3 之间同样有两条电枢绕组并联支路，一条是由绕组 1、2、3、4、

8 串联的支路，另一条是由 5、6、7 串联的支路，绕组 1、2、3、4、8 同在一条支路中，其中绕组 8 与绕组 1、2、3、4 的反电势方向相反，相互抵消后，使每条支路变为 3 个串联绕组。外加电压只需平衡 3 个绕组所产生的反电势，因而实际加在电枢绕组两端的有效电压值增高，电动机的转速升高。在电动机转速升高时，产生的反电势增大，当外加电压与反电势达到新的平衡后，电动机便以某一高转速稳定运转。

(2) 自动复位控制　在任何时刻关闭刮水器开关，刮水片都要自动停止在风窗玻璃的下部，以免影响驾驶人的视线，因而在刮水电动机内设有自动复位装置。

自动复位装置及电动刮水器工作电路如图 7-15 所示。铜环式自动复位装置由两个圆弧形铜环和两个触点及触点臂组成，两个铜环嵌在减速蜗轮（塑料或尼龙）上，其中长铜环搭铁，两个触点在触点臂的弹力作用下与蜗轮端面和铜环保持接触。

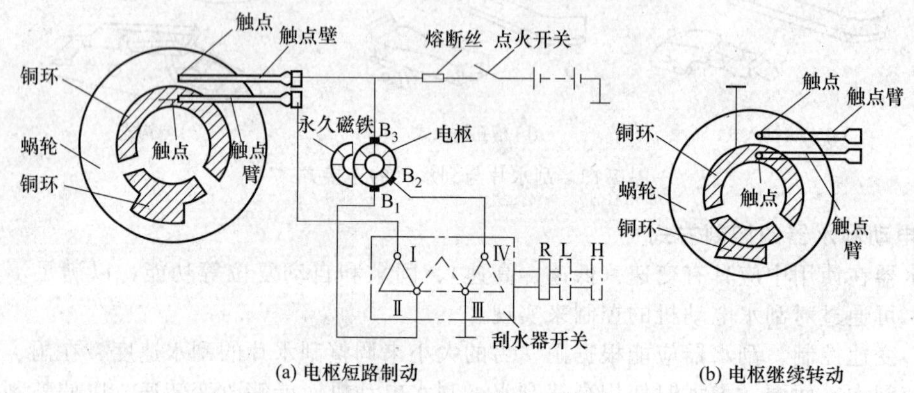

图 7-15　自动复位装置及电动刮水器工作电路

接通点火开关，将刮水器开关置于“Ⅰ”（低速挡）或“Ⅱ”（高速挡）时，刮水电动机以低速或高速运转，然后将刮水器开关置于“0”（停止），如果刮水片没有停在规定的位置，与刮水器开关连接的触点和长铜环相接触，刮水电动机仍以低速运转，如图 7-15（b）所示。蜗轮旋转到特定位置，电路中断，如图 7-15（a）所示。由于电枢的运动惯性，电枢不能立即停止转动，此时以发电方式运行，电枢绕组通过两个触点与短铜环接触而短路，电枢绕组将产生电磁力矩被制动，电枢迅速停止运转，使刮水片停止在特定位置（风窗玻璃的下部）。

(3) 间歇控制　汽车在小雨或雾天行驶时，如果刮水器以一定的刮水速度连续刮水，风窗玻璃上的微量水分和灰尘就会形成一层发黏的表面，不仅不能将风窗玻璃刮拭干净，相反会使玻璃模糊不清，影响驾驶人的视线，因此，刮水器要能够进行间歇刮水。在电动刮水器电路中设置刮水器间歇继电器，与自动复位装置配合，使刮水电动机每隔几秒运转一下。刮水电动机间歇控制电路如图 7-16 所示。

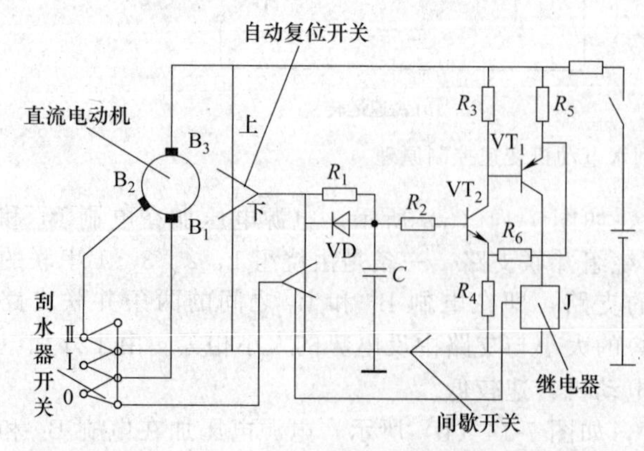

图 7-16　电动刮水器间歇控制工作电路

刮水器开关置于间歇挡（刮水器开关处于 0，且间歇开关闭合）时，电源将通过自动复位开关向电容器 C 充电，其电路为：蓄电池正极→点火开关→熔断丝→自动复位开关常闭触点（上）→

电阻 R_1→电容器 C→搭铁→蓄电池负极，电容器 C 两端的电压逐渐升高。当电容器 C 两端的电压升高到一定值时，晶体管 VT_1 和 VT_2 先后相继由截止转为导通，从而接通继电器磁化线圈电路，其电路为：蓄电池正极→电源开关→熔断丝→电阻 R_5→晶体管 VT_1→继电器磁化线圈→间歇开关→搭铁→蓄电池负极。在电磁吸力的作用下，继电器常闭触点打开，常开触点闭合，从而接通刮水电动机电路，其电路为：蓄电池正极→电源开关→熔断丝→电刷 B_3→电刷 B_1→刮水器间歇继电器常开触点→搭铁→蓄电池负极，刮水电动机低速旋转。

当自动复位开关的常开触点（下）接通时，电容器 C 通过二极管 VT、自动复位开关常开触点（下）迅速放电，刮水电动机继续转动。随着电容器 C 放电，晶体管 VT_1 和 VT_2 由导通转为截止，从而切断继电器磁化线圈电路，继电器常开触点打开，常闭触点闭合，刮水电动机仍继续转动，其电路为：蓄电池正极→电源开关→熔断丝→电刷 B_3→电刷 B_1→刮水器间歇继电器常闭触点→自动复位常开触点（下）→搭铁→蓄电池负极，刮水电动机停止转动。

3. 风窗玻璃洗涤器的作用与构造

风窗玻璃洗涤器的作用是向风窗玻璃上喷射洗涤液，与刮水器配合，以除去风窗玻璃上的灰尘和脏物等，保持风窗玻璃表面的清洁。洗涤液一般由水与适量的添加剂组成，添加剂有利于清洁和降低冰点。

风窗玻璃洗涤器主要由储液罐、洗涤泵、输液管、喷嘴、洗涤开关等组成，如图 7-17 所示。

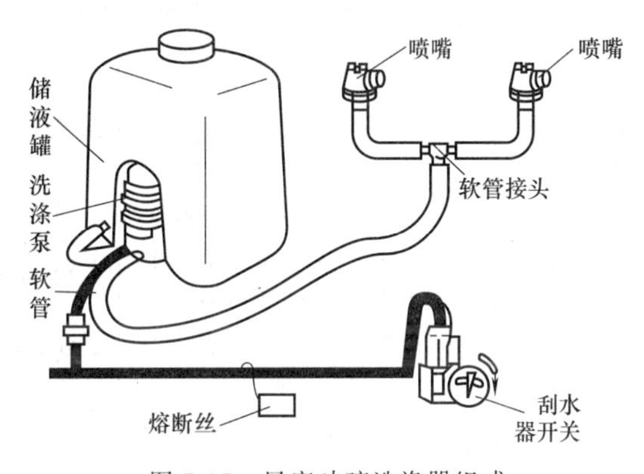

图 7-17　风窗玻璃洗涤器组成

洗涤泵一般由永磁直流电动机和离心式叶片泵组成。洗涤泵一般直接安装在储液罐上，也有的安装在管路中。其输出压力一般为 70～88kPa，消耗电流不大于 3.6A。

洗涤喷嘴通常安装在风窗玻璃下面的前围板上或发动机罩上。分圆形、方形和扁形 3 种，单孔喷嘴布置在左右刮水器驱动轴附近，双孔喷嘴布置于车身中心架上。喷嘴的嘴头是一个球体，用大头针插入孔内，稍微用力即可调整洗涤喷头的喷射方向。

4. 电动刮水器常见故障的检修

电动刮水器常见故障的检修如表 7-2 所示。

表 7-2　电动刮水器常见故障的检修

故障	故障现象	故障原因	诊断与排除
刮水器电动机不转	当点火开关置于点火位置时，将刮水器开关设在慢、快及间歇挡时，刮水器电动机均不转	(1)刮水器电动机电源电路断路 (2)卸荷继电器、点火开关及刮水器开关接触不好 (3)刮水器电动机失效	(1)查刮水器电动机电源电路是否断路 (2)检查电动机绕组是否内部断路 (3)检查刮水器开关及卸荷继电器是否工作正常

故障	故障现象	故障原因	诊断与排除
刮水器无慢速工作挡	接通点火开关，将刮水器开关置于慢速挡位置，刮水器不转	(1)刮水器开关损坏 (2)卸荷继电器损坏 (3)刮水器电动机慢速挡工作电路故障 (4)熔丝断或电路中有短路处	(1)检查刮水器继电器及熔丝是否正常 (2)检查刮水器电动机插接器中绿线是否有电 (3)检查刮水器开关工作是否正常 (4)检查刮水器电动机
刮水器快速挡不工作	接通点火开关及刮水器快速挡，刮水片不动	(1)刮水器开关失效 (2)刮水器电动机故障 (3)刮水器快速挡电路故障 (4)卸荷继电器失效	(1)检查中央继电盘的卸荷继电器及熔丝是否工作正常 (2)检查刮水器开关 (3)检查刮水器快速挡工作电路是否有断路或接触不良
刮水器无间歇挡	接通点火开关及刮水器间歇挡，刮水器不工作	(1)刮水器开关失效 (2)刮水器继电器或卸荷继电器失效 (3)刮水器电动机失效 (4)刮水器间歇挡电路故障	(1)检查熔丝、刮水器继电器及卸荷继电器是否工作正常 (2)检查刮水器间歇挡线是否有断路，或接触不良处 (3)检查刮水器电动机 (4)检查刮水器开关
刮水器无自动停位功能	在刮水器电动机慢速、快速、间歇、短时工作时，将刮水器开关扳到停位，刮水器刮水片不能自动停在原来位置	(1)刮水器开关的停位触头损坏 (2)减速器蜗轮输出轴背面的自动停位导电片和减速器盖板上的导电触头损坏	(1)检查刮水器开关的停位触头，若损坏则更换 (2)检查蜗轮输出轴背面的自动停位导电片和减速器盖板上的导电触头。若损坏，则更换

资讯六　电动后视镜的原理与检修

1. 电动后视镜的作用与组成

后视镜又称倒车镜，安装在汽车前部左右两侧车门上。后视镜的作用是供驾驶人观察汽车两侧及后方的车辆、行人及其他情况。

后视镜应能根据不同驾驶人的要求进行调节，使后视镜处于适当位置。后视镜可采用手动调节和电动调节。采用电动调节的后视镜称为电动后视镜，操作十分方便。电动后视镜开关包括选择开关和调节开关，如图 7-18 所示。选择开关用于选择左或右电动后视镜。调节开关控制电动后视镜的调节方向。

电动后视镜的结构如图 7-19 所示，主要由直流电机、车镜支架、连接机构、镜面玻璃等构成。后视镜上装有两个可逆的电动机及其传动机构，一个电动机驱动后视镜上下转动，另一个电动机驱动后视镜左右转动，调节角度一般为 20°～30°。

2. 电动后视镜的控制原理

后视镜的运动方向由开关控制，当开关在不同位置时，由于流经电动机的电流方向不同，电动机的转向就不同，从而使后视镜向不同的方向运动。如图 7-20 所示为电动后视镜控制系统的基本原理。将开关向下扳时，触点 B 与触点 D、C 及 E 分别相接，电流经电源→触点 E→触点 C→电动机→触点 B→触点 D→搭铁，电动机即转动使后视镜作垂直方向运动；

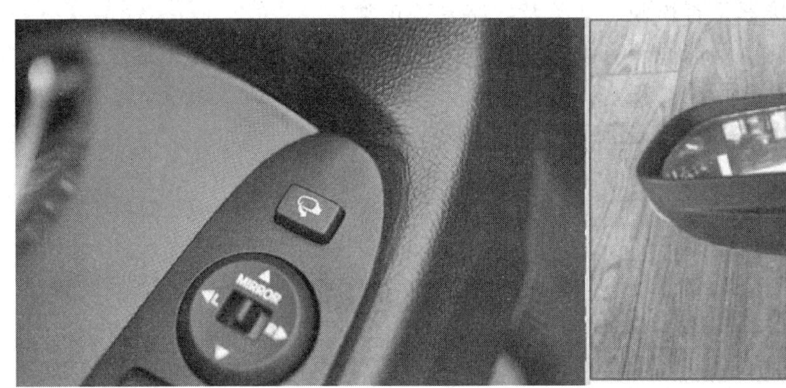

图 7-18　电动后视镜和后视镜开关

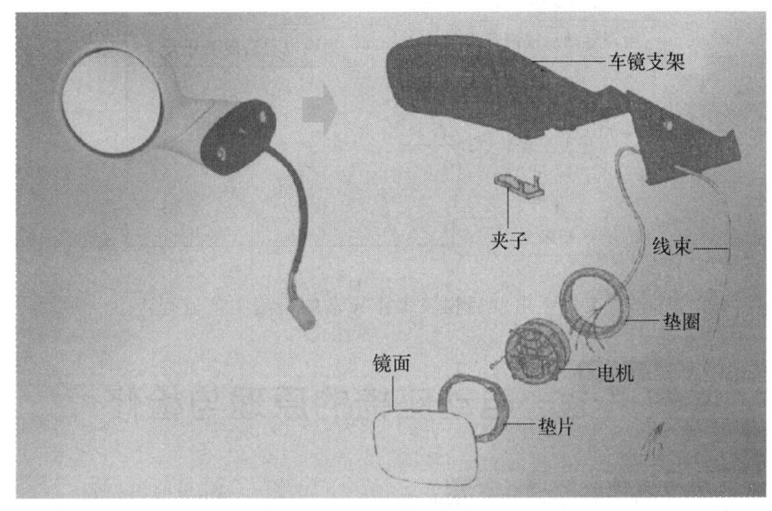

图 7-19　电动后视镜的组成

将开关向上扳时，触点 B 与 E、C 与 D 分别接触，电流经电源→触点 E→触点 B→触点 C→触点 D→搭铁，由于流过电动机的电流发生改变，因此电动机反方向转动，后视镜作反方向运动。

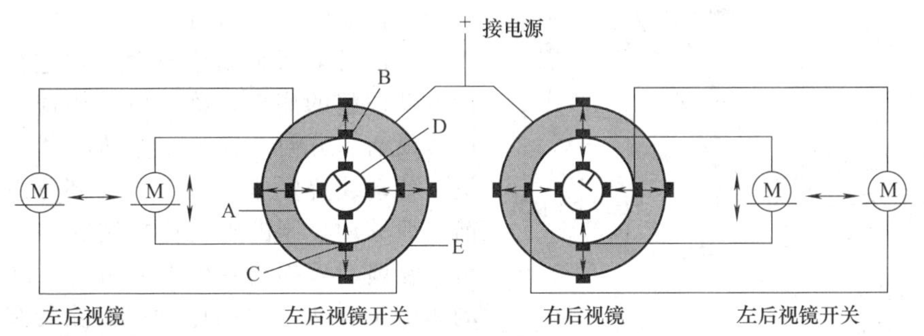

图 7-20　电动后视镜控制系统的基本原理

3. 电动后视镜的常见故障

电动后视镜常见故障有电动后视镜都不能调节和个别电动后视镜不能调节。

电动后视镜都不能调节可能原因有熔断丝断开、插接器松脱或线路断路、开关有故障。

检查熔断丝是否断开、插接器是否松脱、开关及线路是否正常。

个别电动后视镜不能调节可能原因有插接器松脱或线路断路、电动机或开关有故障。检查电动机是否正常、开关及线路是否正常。

4. 电动后视镜工作异常的检测工艺流程（图 7-21）

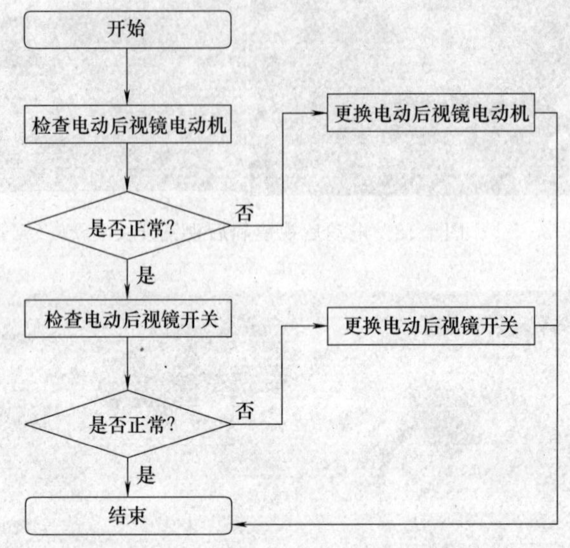

图 7-21　电动后视镜工作异常的检测工艺流程

资讯七　电动座椅的原理与检修

1. 电动座椅的作用与基本构造

为了适应不同驾驶员、乘员对座椅位置的要求，提高乘坐舒适性，尤其使驾驶员保持正确的坐姿和便于驾驶操作，驾驶席座椅和前排乘客席座椅设置了调节装置。座椅一般能进行多部位、多向调整，如前后移动调节、前端上下调节、后端上下调节、靠背倾斜调节、头枕调节等，如图 7-22 所示。

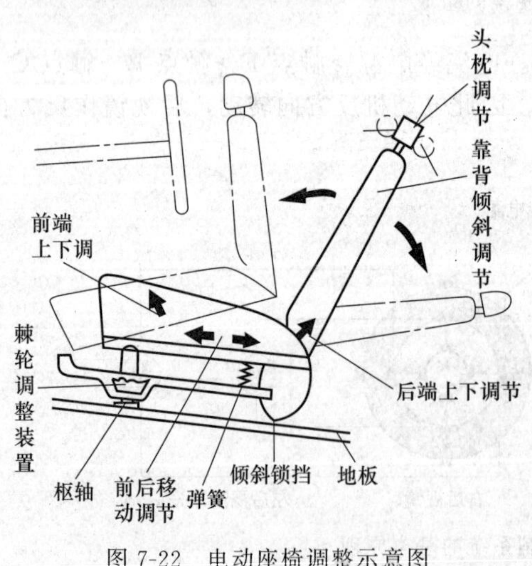

图 7-22　电动座椅调整示意图

座椅可采用手动或电动方式进行调整。采用电动调整的座椅，称为电动座椅。电动座椅调整灵活、方便、省力。电动座椅由双向电动机、传动装置及座椅调节器等部分组成。进行前、后移动控制的电动座椅装有一个双向电动机，在前、后移动基础上还可升、降的四向移动座椅装有两个双向电动机，除具有前、后移动和上、下升降功能外，座椅前端或后端还可分别升降的六向移动座椅装有 3 个双向电动机。遥控电动座椅甚至装有 4 个以上的双向电动机，除能保证六向移动的功能外，还能调整头枕高度、倾斜度、座椅长度及扶手位置等。前座椅结构及工作情况如图 7-23 所示。

2. 电动座椅的工作原理

（1）六方向电动座椅　六方向电动座椅的控制电路如图 7-24 所示。流过电动机的电流方向决定了电动机的旋转方向，而电流的流向则由调整开关的电刷决定。如果驾驶人将调整开关中的四位置开关扳到“下位置”，整个座椅将下移。此时，调整开关的电刷 3 和 4 均处在左位，蓄电池电压经过电刷 4、6 和 8 分别送至座椅前部和后部的高度调节电动机。搭铁回路经电刷 5 和 7 汇合到电刷 3 搭铁。

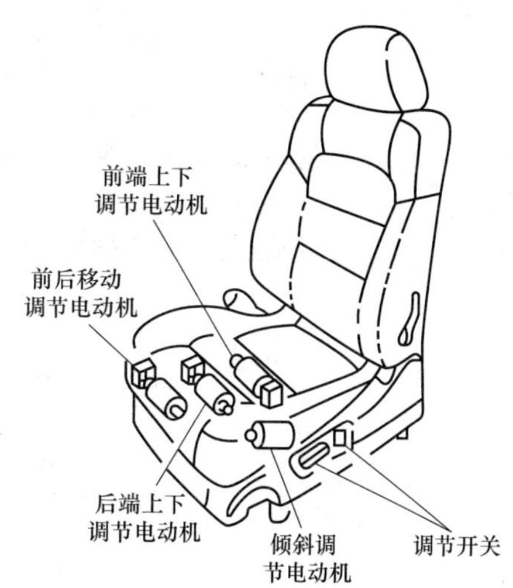

图 7-23　电动座椅的组成

（2）带存储功能的电动座椅　带存储功能的电动座椅采用了微机控制能将选定的座椅调节位置进行存储，只要按指定的按键开关，座椅就会自动地调节到预先选定的座椅位置上。带存储功能电动座椅的控制电路框图如图 7-25 所示。该系统有一个存储器，存储装置通过 4 个电位计来控制座椅的调定位置。只要座椅位置调定后，驾驶人按下存储器的按钮，电子控制装置就把这些电压信号存储起来，作为重新调整位置时的基准。使用时，只要一按按钮，就能按存储的座椅位置的要求调整座椅位置。

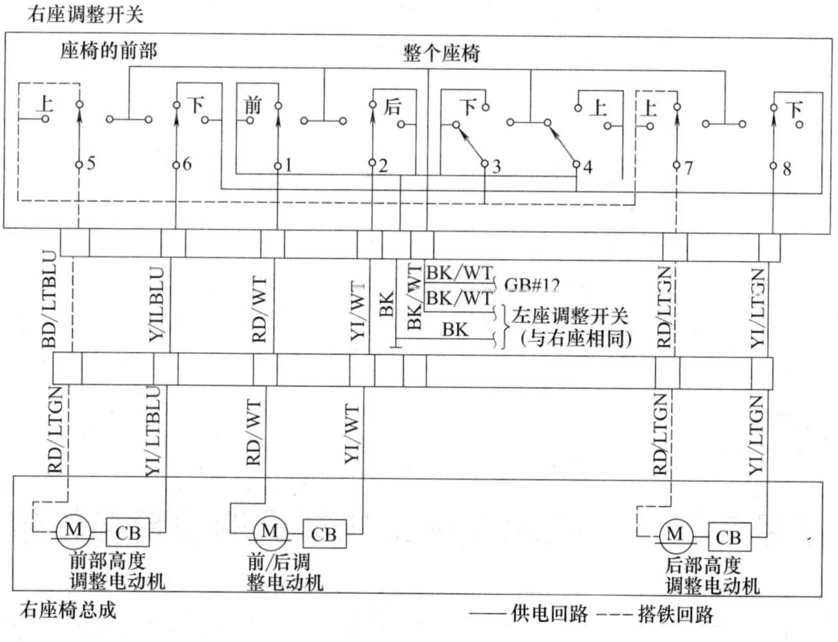

图 7-24　六方向电动座椅的控制电路

3. 电动座椅的常见故障

电动座椅常见故障有完全不能调整和某方向不能调整。

（1）电动座椅完全不能调整的可能原因包括熔断丝断开、线路断路或短路、调节开关有故障等。应检查熔断丝是否断开、线路是否正常、调节开关是否损坏。

（2）电动座椅某方向不能调整的可能原因包括线路断路或短路、调节开关有故障、调节电动机有故障等。应检查线路是否正常、调节开关是否损坏、调节电动机是否损坏。

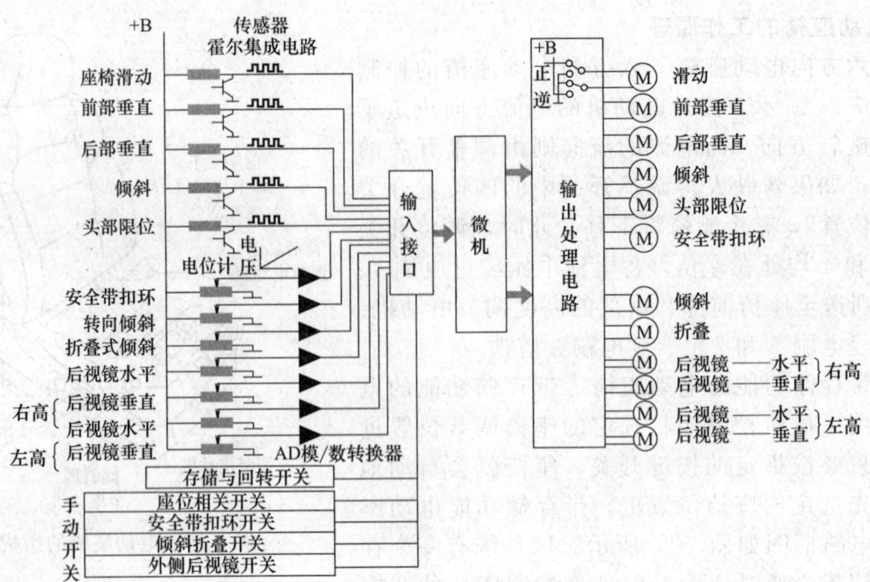

图 7-25　带存储功能的电动座椅的控制电路图

4. 电动座椅工作异常的检测工艺流程（图 7-26）

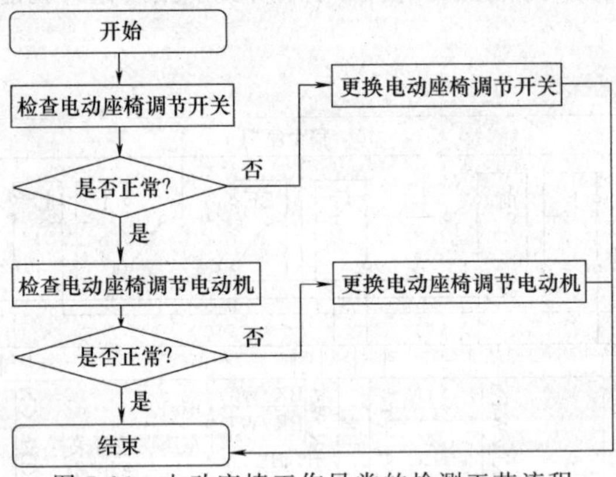

图 7-26　电动座椅工作异常的检测工艺流程

任务实施

任务实施一　电动车窗工作情况的检查与检修

步骤 1　工具准备	
（1）桑塔纳 2000 型轿车 1 台、零件车、工具车； （2）常用工具 1 套、万用表、抹布、桑塔纳 2000 型维修手册、相关挂图； （3）将上述工具在工具车上叠放整齐。	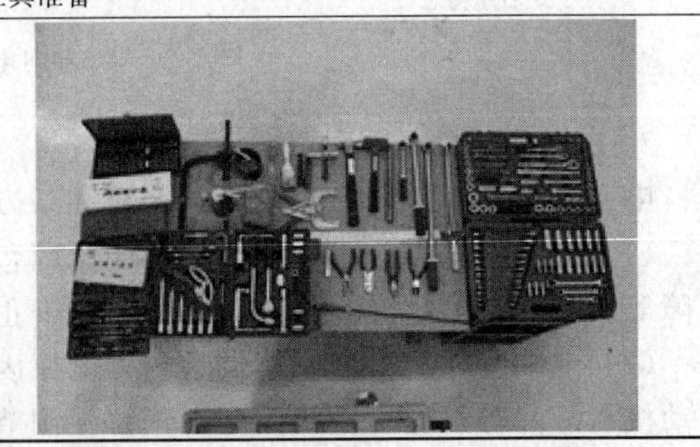

步骤 2　电动车窗工作情况的检查	
(1)打开点火开关。	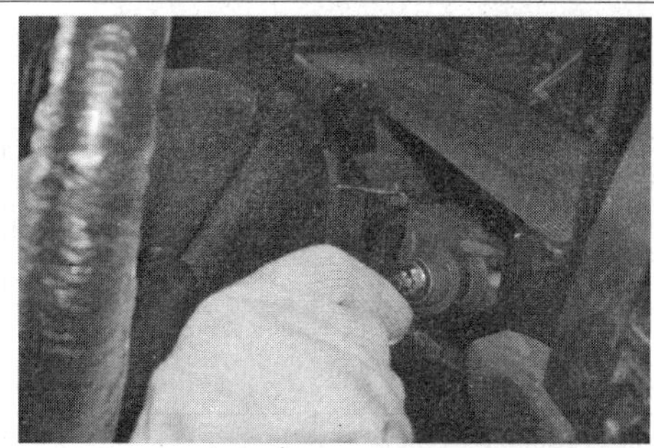
(2)向下按动电动车窗开关。 当按下电动车窗的开关时,车窗玻璃应向下滑动,并且在运动过程中无异响和卡滞现象。	
(3)向上挑起电动车窗开关。 当向上挑起电动车窗的开关时,车窗玻璃应向上滑动,并且在运动过程中无异响和卡滞现象。	
步骤 3　某个车窗不工作故障的检修	
(1)检查故障电动车窗的开关。 若发现该开关损坏,则需更换。	
(2)检查故障电动车窗的电动机的插头。 检查该插头是否出现松旷、烧蚀等情况,若发现以上情况应给予修复。	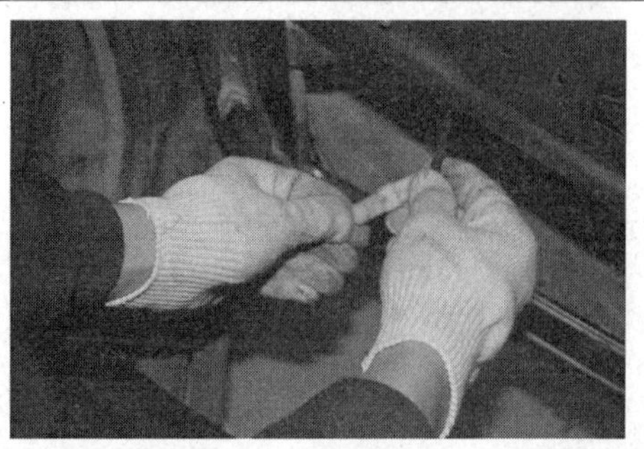

(3)检查故障电动车窗的升降电动机。 用万用表检查电动机，若电动机损坏应给予更换。	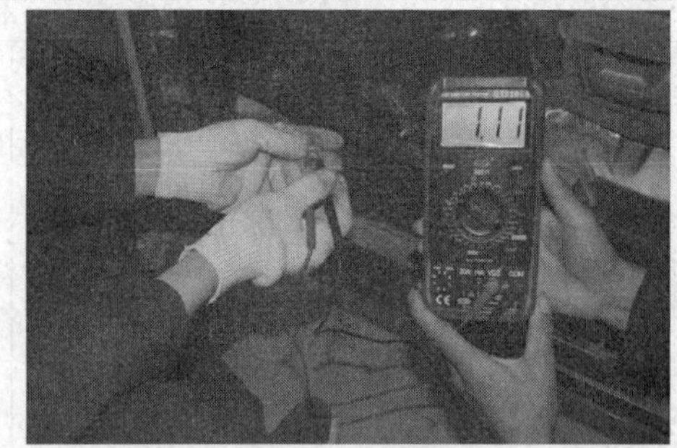
步骤 4　4 个车窗均不工作故障的检修	
(1)检查熔丝。 用万用表检查 S12(15A)的工作情况，若该熔丝已熔断，更换同规格熔丝。	
(2)检查电动车窗热保护器。 检查 S124 的工作情况，如损坏应给予更换。	
(3)检查电动车窗继电器。 电动车窗继电器位于中央电气盒的 15 号位置，检查该继电器的工作情况，如损坏，应更换。	
步骤 5　整理工具、清洁场地	
整理工具、清洁场地。	

任务实施二　雨刮器的拆装

步骤1　工具准备	
(1)桑塔纳2000型轿车1台、零件车、工具车； (2)常用工具1套、万用表、抹布、桑塔纳2000型维修手册、相关挂图； (3)将上述工具在工具车上叠放整齐。	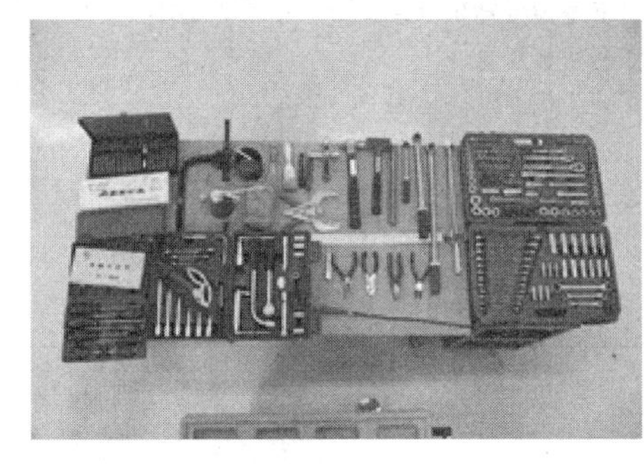
步骤2　拆卸蓄电池负极接线	
(1)关闭点火开关； (2)打开发动机引擎盖并支撑； (3)拆卸蓄电池电极接线柱。	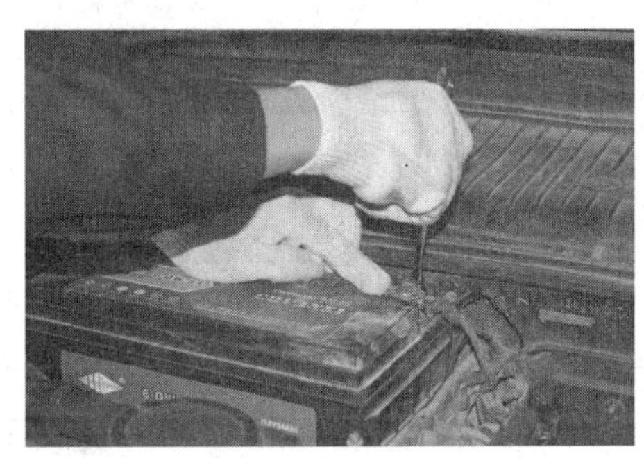
步骤3　拆卸雨刮器臂	
拧下左雨刮器固定螺母，取下左雨刮臂；拧下右雨刮器固定螺母，取下右雨刮臂。	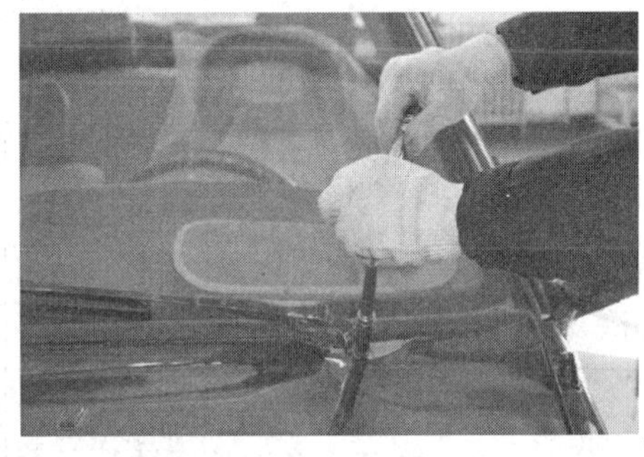
步骤4　拆卸雨刮器电动机摇臂总成	
(1)拆卸雨刮器摇臂上的固定螺母。	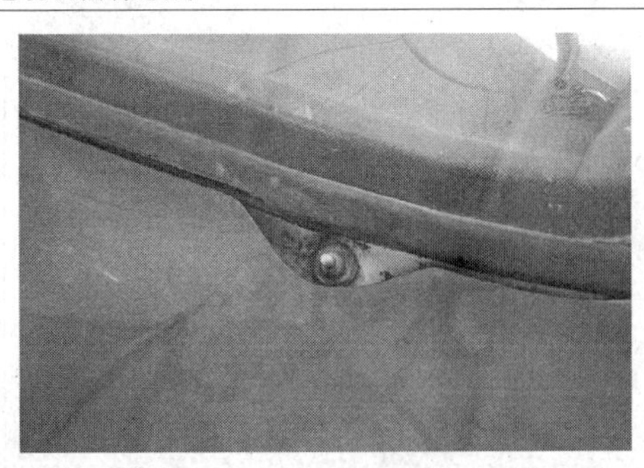

(2)打开并支撑发动机引擎盖。 (3)取下防尘板压条。 (4)取下防尘板。	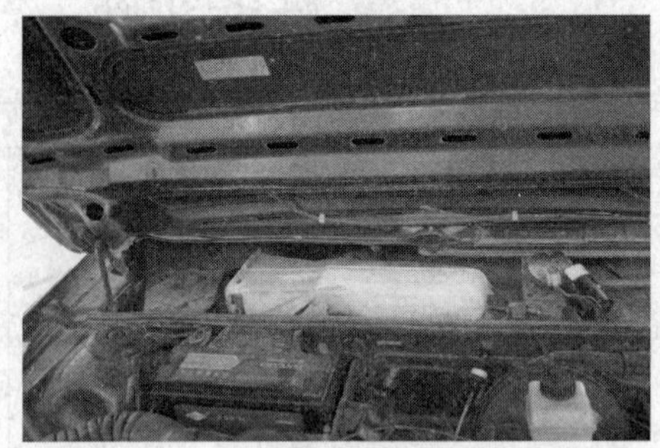
(5)拔下雨刮器电动机插头。	
(6)拆卸雨刮器电动机支架固定螺母。	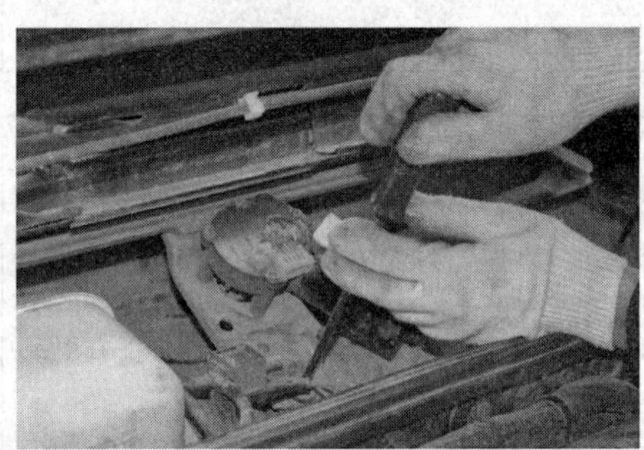
(7)取下雨刮器电动机摇臂总成。	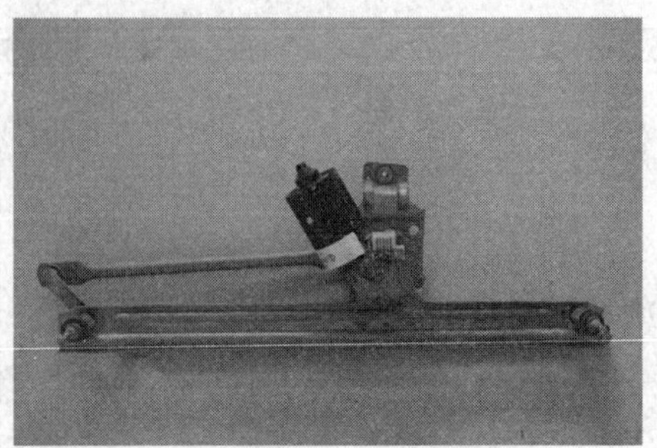

步骤5　分解雨刮器摇臂总成	
(1)拆卸雨刮摇臂固定螺母和螺栓。 (2)拆下雨刮摇臂。	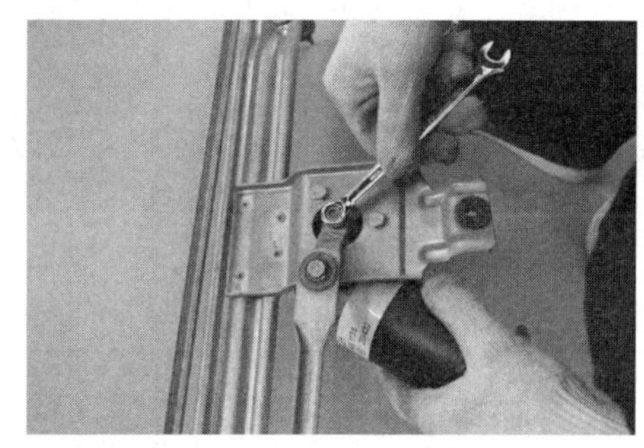
(3)拆卸雨刮器电动机固定螺栓。	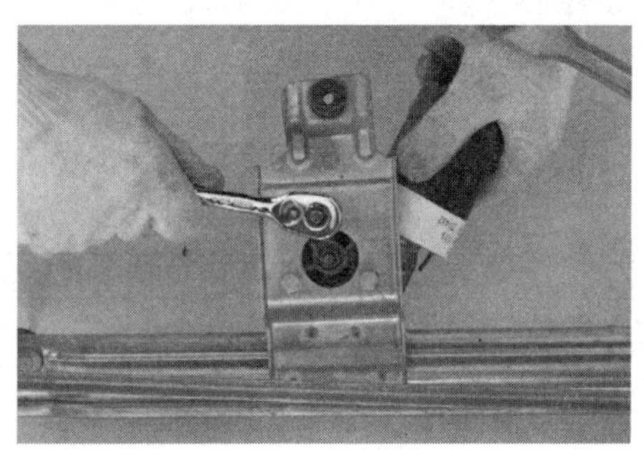
(4)取下雨刮器电动机。	
步骤6　组装雨刮器电动机摇臂总成	
(1)检查雨刮器电动机。 用万用表测量电动机的电阻值，正常阻值为2.5Ω左右，如不符则说明电动机损坏，必须更换。	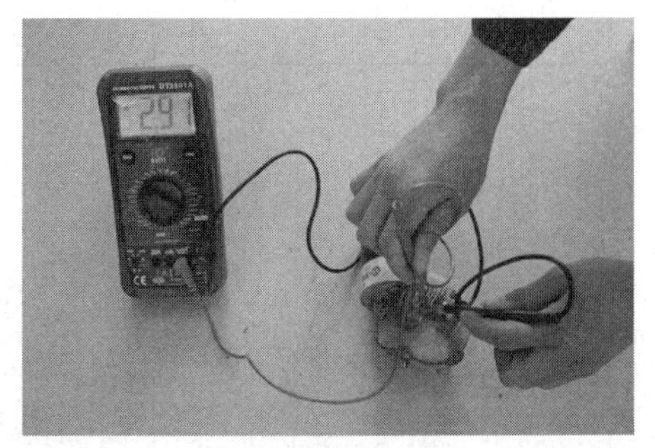

(2)将雨刮器电动机安装到位，拧紧雨刮器电动机固定螺。	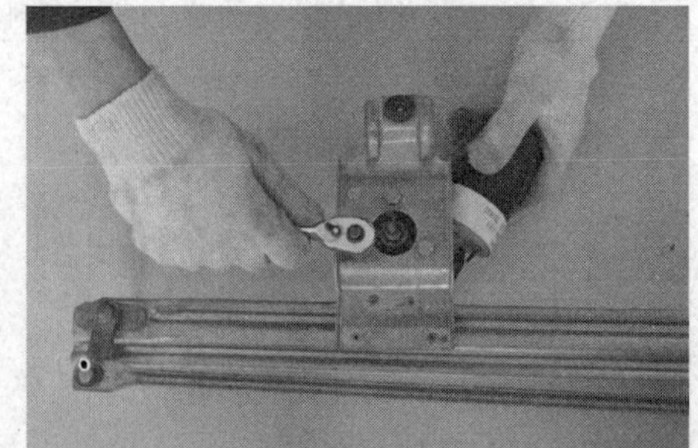
(3)装复雨刮器摇臂，拧紧雨刮器摇臂固定螺母和螺栓。	
步骤 7　安装雨刮器电动机摇臂总成	
(1)将雨刮器摇臂总成安放到位。	
(2)拧紧雨刮器电动机支架固定螺栓。	
(3)插接雨刮器电动机插头。	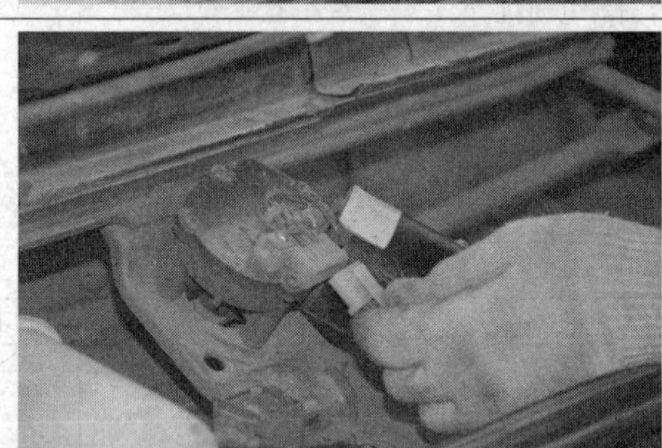
(4)安装防尘板。 (5)安装防尘压条。 (6)关闭发动机引擎盖。	

(7)拧紧雨刮器摇臂轴上的固定螺母。	
步骤 8　安装雨刮器摇臂	
(1)将左雨刮器臂安放到位。	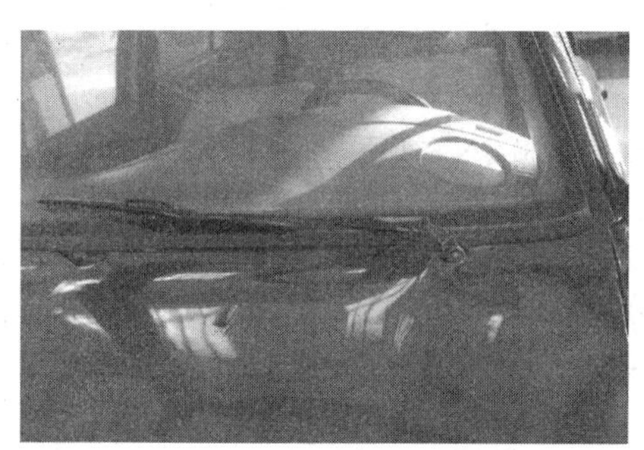
(2)拧紧左雨刮器臂固定螺母。	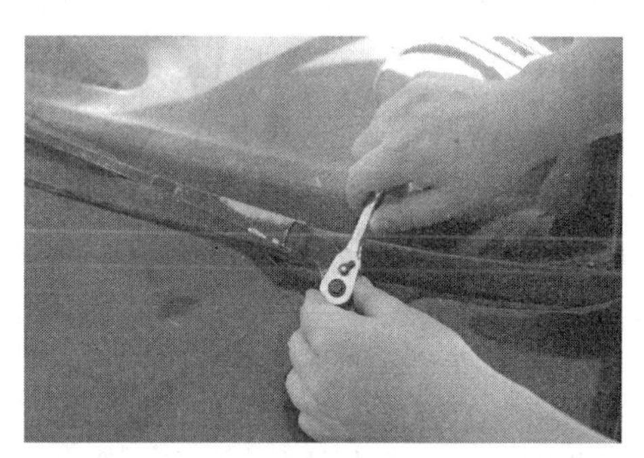
(3)将右雨刮器臂安放到位。 (4)拧紧右雨刮器臂固定螺母。	
步骤 9　装复蓄电池电极接线	
步骤 10　整理工具、清洁场地	

学生作业单

姓名：	班级：	日期：

学习任务1　辅助电气设备的检修

1. 汽车辅助电气设备主要由________和洗涤设备、________、电动座椅、________、________和安全气囊组成。

2. 电动门窗主要由________、车窗玻璃升降器、________、继电器、________等组成。

3. 汽车在雨、雪天行驶时，风窗玻璃上的________会影响驾驶人视线。刮水器的作用是________________，使驾驶人有良好的视线，确保行车安全。

4. 传动机构的作用是将刮水电动机的________转变为刮水片的________。传动机构一般为________________，杆件的连接均采用球形铰接。

5. 电动后视镜的结构主要由________、________、连接机构、等构成。后视镜上装有两个可逆的电动机及其传动机构，一个电动机驱动后视镜________，另一个电动机驱动后视镜________，调节角度一般为20°～30°后视镜由电动机驱动，可上、下或左、右转动。

6. 电动后视镜控制系统的基本原理如下图所示，简述其工作原理。

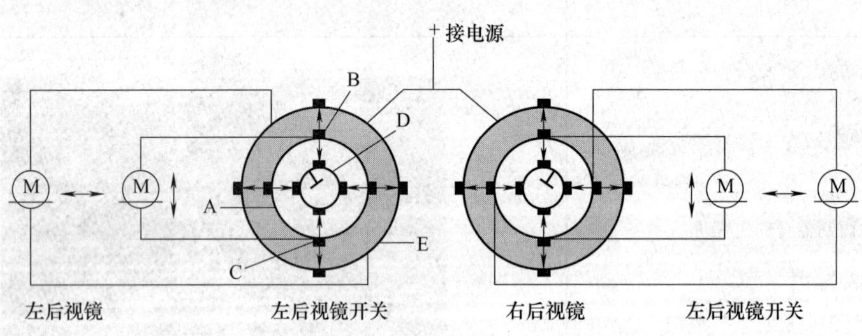

其工作原理为：________________________________

个人成绩评定：

教师成绩评定：

小组任务实施计划

<table>
<tr><td rowspan="2">小组
信息</td><td>班级</td><td></td><td>日期</td><td></td></tr>
<tr><td>组长</td><td></td><td>小组
成员</td><td></td></tr>
<tr><td>任务名称</td><td colspan="2"></td><td>学时</td><td></td></tr>
<tr><td>任务
描述</td><td colspan="2"></td><td>任务
分析</td><td></td></tr>
<tr><td>实施方案</td><td colspan="3"></td><td>教师认可：</td></tr>
<tr><td>问题
记录</td><td colspan="4"></td></tr>
<tr><td>处理
方法</td><td colspan="4"></td></tr>
</table>

小组评定：

教师评定：

任务实施工作页

任务实施一

一、清点工具、在准备好的工具后面空格打“√”

序号	设备工具	结果
1	常用工具	
2	桑塔纳 2000 型轿车	
3	维修手册	
4	工具车	
5	零件车	
6	抹布	
7	万用表	

二、按步骤完成作业项目，完成打“√”

电动车窗工作情况的检查与检修

序号	作业项目	完成情况
1	向下按动电动车窗开关	
2	向上挑起电动车窗开关	
3	检查故障电动车窗的开关	
4	检查故障电动车窗的电动机的插头	
5	检查故障电动车窗的升降电动机	
6	检查熔丝	
7	检查电动车窗热保护器	
8	检查电动车窗继电器	
9	整理工具、清洁场地	

小组评定：

教师评定：

任务实施二

一、清点工具、在准备好的工具后面空格打“√”

序号	设备工具	结果
1	常用工具	
2	桑塔纳 2000 型轿车	
3	维修手册	
4	工具车	
5	零件车	
6	抹布	
7	万用表	
8	常用工具	

二、按步骤完成作业项目，完成打“√”

雨刮器的拆装

序号	作业项目	完成情况
1	拆卸蓄电池负极接线	
2	拆卸雨刮器臂	
3	拆卸雨刮器电动机摇臂总成	
4	分解雨刮器摇臂总成	
5	检查雨刮器电动机	
6	组装雨刮器电动机摇臂总成	
7	安装雨刮器电动机摇臂总成	
8	安装雨刮器摇臂	
9	装复蓄电池电极接线	

小组评定：

教师评定：

评价与反馈

1. 填写学习任务评价表

学习任务评价表

评价项目	评价内容	分值	学生自评（20%）	小组评价（30%）	教师评价（50%）
信息收集	对任务或问题的理解程度	5			
	收集信息的完整性	5			
	对信息(知识)的领会性	5			
制定计划	计划制定参与程度	5			
	计划的合理性及实用性	10			
修改计划	和老师怎么讨论计划	8			
	和老师讨论后，是否知道如何改进计划	3			
	计划修改后的完整性	4			
实施	是否按计划进行工作	10			
	是否亲自实施计划	10			
	是否记录工作过程及结果	15			
检查	是否按计划的要求去完成任务	4			
	是否达到预期目标	3			
	整个工作流程是否与标准流程符合	3			
评价	是否按计划完成了任务或解决了问题	3			
	在哪个环节上可以改进	3			
	学习团队的合作情况	4			
小计		100			
合计					
教师评语	教师签字：				

2. 在实施的过程中，是否存在一些安全隐患，请找出容易忽视地方。

3. 能否口述起电动后视镜部件检查的步骤。

学习拓展

1. 查阅资料，分析卡罗拉轿车电动座椅的电路。

2. 查阅资料，说明罗拉轿车电动座椅如何检修？

学习任务八

空调系统的结构与维护

知识目标

1. 学习汽车空调系统的组成与原理；
2. 知道各部分的结构及作用；
3. 知道制冷剂的特点。

能力目标

1. 能进行空调系统的拆装与检修；
2. 能现场观察汽车空调各部分的工作情况和特点；
3. 能加注空调系统制冷剂。

素质目标

培养学生形成规范的操作习惯、养成良好的职业行为习惯。

学习任务引入与分析

某轿车，据车主反映该车在使用空调时，仪表台各出风口均无冷风吹出。经维修人员分析该故障可能是由于空调系统存在故障而导致故障的发生。需要你按照“维护标准和要求”，确定故障部位并进行修理。

学习内容

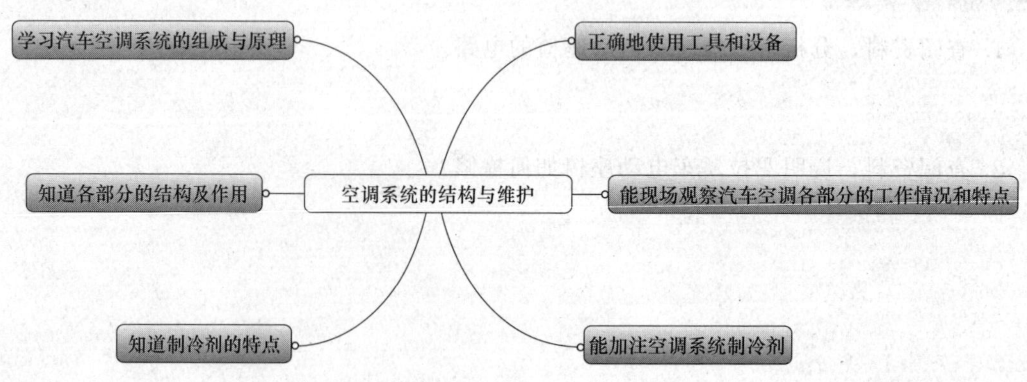

知识准备

资讯一　空调的作用以及对空调系统的要求

汽车空调是用于对车厢内空气的温度、湿度、洁净度、流速等进行调节的完整系统。人们对冷暖的感觉不仅决定于温度的高低，也受到湿度和风速的影响。温度相同而湿度和风速不同也会产生不同的温感。一定的乘坐环境温度及大气湿度，不仅会使人感到舒适，而且直接影响驾驶人的安全操作。所以，汽车空调已成为现代汽车的主动安全措施之一。

汽车空调能对车厢内空气进行加热、制冷、通风和净化处理，以满足人们对车辆乘坐环境的舒适要求。为此汽车空调应具备如下功能：

（1）温度调节：将车内温度调节到人体感觉舒适的温度。

（2）湿度调节：将车内湿度调节到人体感觉舒适的湿度。

（3）空气洁净度调节：过滤空气中的尘土和杂质，对空气进行杀菌消毒。

（4）空气流速调节：调节车内出风口位置、出风的方向以及风量的大小。

资讯二　空调系统的组成

为了实现空调系统的上述功能，汽车空调系统一般由制冷系统、采暖系统、通风净化装置、加湿装置、空气净化装置和电气控制装置等组成，其在车上布置如图 8-1 所示。

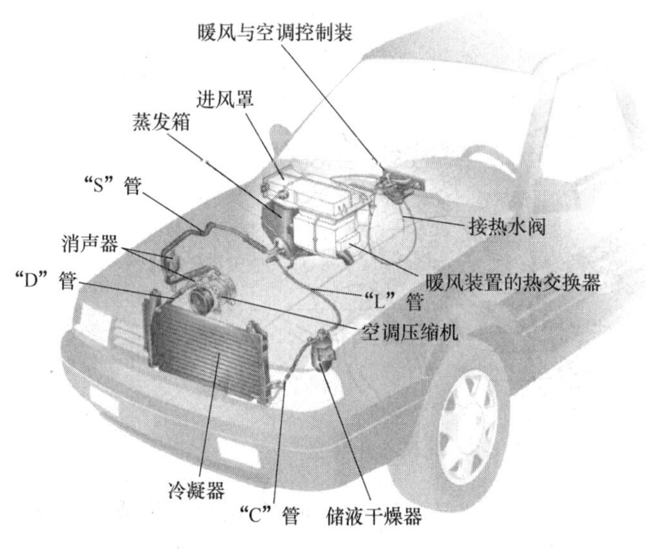

图 8-1　空调系统在车上的布置

1. 取暖装置

向车厢内供暖是汽车空调的重要功能之一，而汽车空调的目的不是单纯的制冷和供暖，而是在不断变化的车外大气环境下，具有提好车内温度的功能，同时还能除霜去雾，调节车内湿度，所以必须有通风配气系统对已经通过制冷和加热的空气重新进行调和温度、输送和分配，汽车空调采暖系统的功能是将冷空气送入热交换器，吸收某种热源的热量，提高空气的温度，并将热空气送入车内。

按所使用的热源不同可分为：水暖式暖风系统，独立热源式，综合预热式，气暖式暖风系统。目前水暖式取暖装置应用较为普遍。水暖式取暖装置是利用发动机冷却水的热量来取暖的，一般由热交换器、鼓风机及控制面板等组成，如图 8-2 所示。

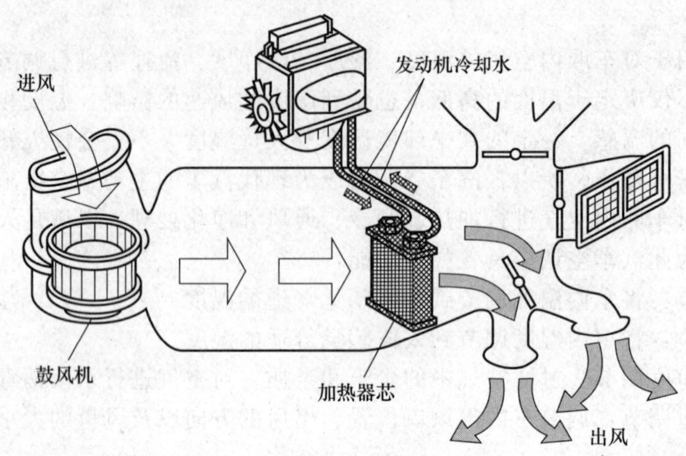

图 8-2　水暖式取暖装置示意图

2. 通风净化装置

通风净化装置的作用是将车外的新鲜空气引入车内，将车内的污浊空气排出车外，同时通风系统还具有风窗除霜的作用。通风系统可使车内的空气保持新鲜，提高车辆的舒适性，如图 8-3 所示。

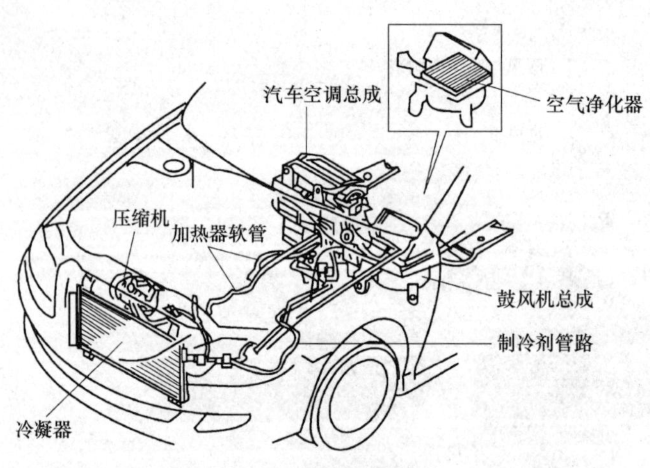

图 8-3　通风净化装置

汽车行驶时，进入车内的空气由车外空气和车内循环空气两部分构成。车外空气中有各种悬浮粉尘，还有各种烟雾、花粉、细菌。车内循环空气有人体呼出的 CO_2、身体散发出的汗味以及通过缝隙漏入车内的汽车废气等。这些都影响人体的健康，降低了空调的舒适性。因此，汽车空调净化的目的就是除去这些有害气体及粉尘，使车内保持清洁舒适的空气环境。

目前汽车上的通风有两种基本的方式：一种是利用汽车行驶中产生的动压进行动压通风，如图 8-4 所示；另一种是利用车上的鼓风机进行强制通风，如图 8-5 所示。

3. 制冷装置

制冷装置是将车内的热量通过制冷剂在循环系统中循环移到车外，实现车内降温的目

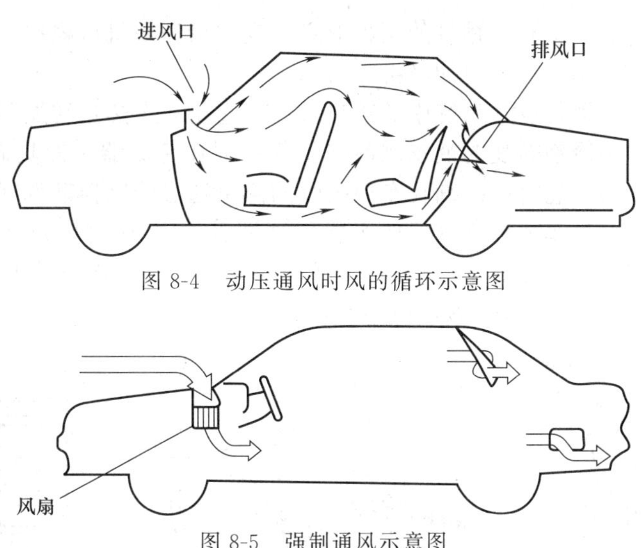

图 8-4　动压通风时风的循环示意图

图 8-5　强制通风示意图

的，主要由压缩机、冷凝器、蒸发器、节流膨胀装置和储液干燥器（或液气分离器）等组成，如图 8-6 所示。

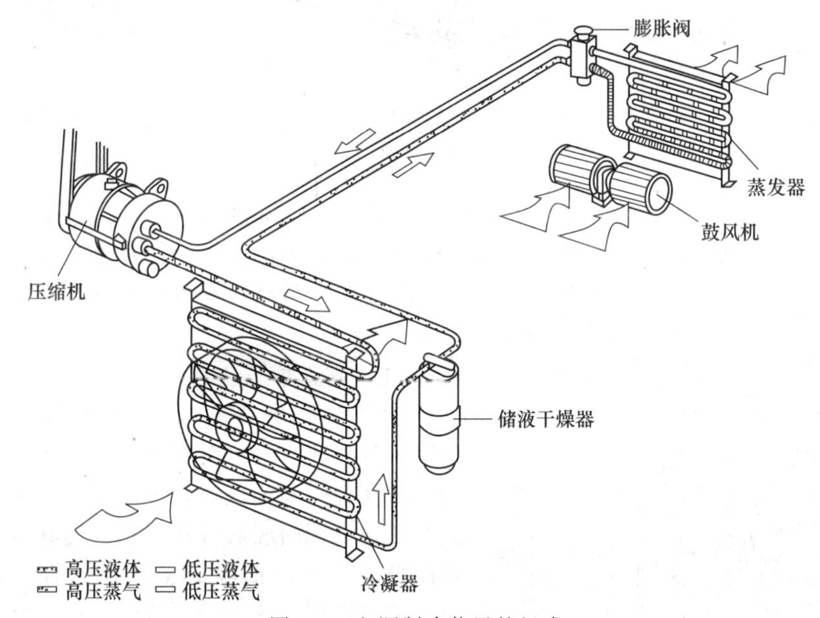

图 8-6　空调制冷装置的组成

(1) 压缩机　压缩机是汽车空调制冷装置的心脏，其作用是使制冷剂保持循环。压缩机的吸气侧抽吸制冷剂蒸气，然后制冷剂流经压缩机的出口或排放侧，对其加压。高压、高温的制冷剂被压出压缩机而流入冷凝器，如图 8-7 所示。

图 8-7　压缩机实物图

目前在汽车空调系统中所采用的压缩机有多种类型，比较常见的有斜盘式压缩机、叶片式压缩机、涡旋式压缩机、曲轴连杆式压缩机等。此外，压缩机还可分为定排量和变排量的两种形式，变排量压缩机可根据空调系统的制冷负荷自动改变排量，使空调系统运行更加经济。

（2）冷凝器 冷凝器是冷气系统中的散热机件，它是一个热量转换器。它将压缩机送来的高温、高压的气态制冷剂转变为液态制冷剂，制冷剂在冷凝器中散热而发生状态的改变。冷凝器是一个热交换器，它将制冷剂在车内吸收的热量通过冷凝器散发到大气当中。

冷凝器通常安装在汽车的前面（一般安装在散热器前），通过风扇进行冷却（冷凝器风扇一般与散热器风扇共用，也有车型采用专用的冷凝器风扇）。冷凝器的结构形式主要有管片式、管带式以及平行流式三种，如图 8-8 所示。

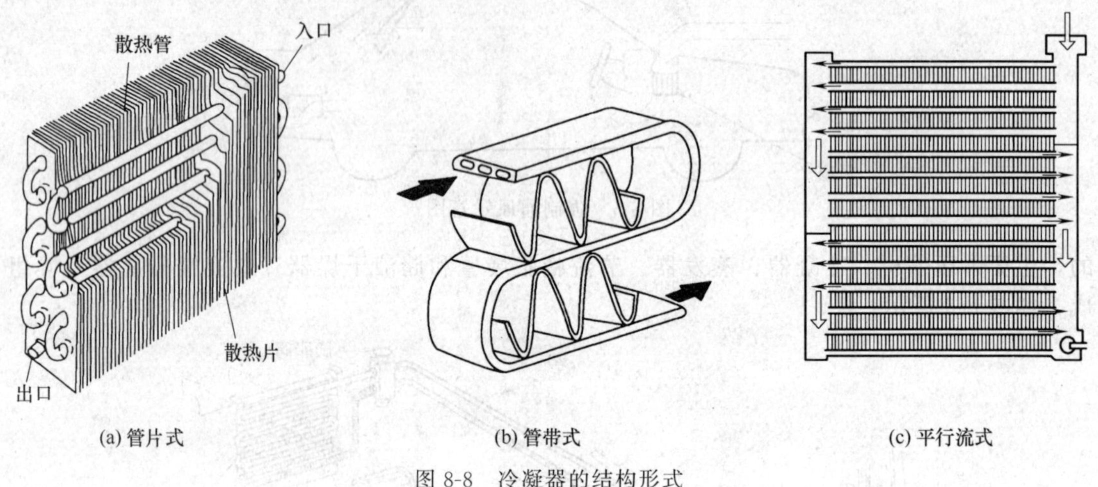

图 8-8 冷凝器的结构形式

（3）蒸发器 蒸发器是整个冷气系统中制冷的机件，如图 8-9 所示。蒸发器的作用是使由膨胀阀喷出的雾状制冷剂产生蒸发，吸收流过蒸发器周围空气中的热量，使其降温达到制冷的目的。同时，溶解在空气中的水分也因温度降低而凝结，蒸发器必须将凝结在表面的水分排除车外。蒸发器一般安装于驾驶室仪表台的后面。

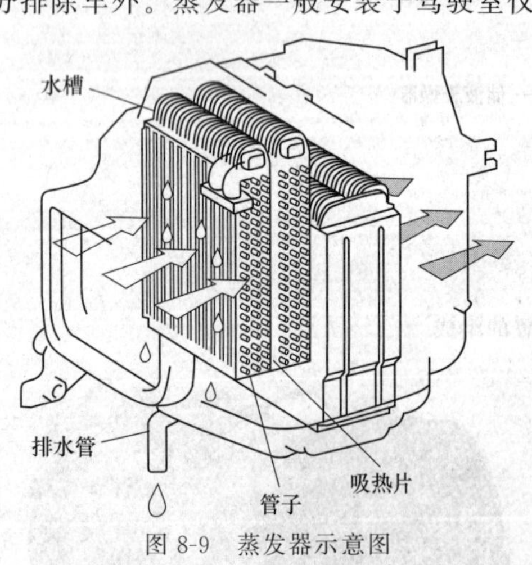

图 8-9 蒸发器示意图

（4）节流膨胀装置

① 节流膨胀装置的作用 节流膨胀装置起节流降压的作用。经冷凝器冷凝后产生的高温高压制冷剂液体经过节流阀时，节流降压导致部分制冷剂液体气化，同时吸收气化潜热，使其自身温度也相应降低，从而以低温低压雾状物的形态进入蒸发器。节流膨胀装置一般安装于蒸发器的入口处。

② 节流膨胀装置的结构形式 膨胀阀可为外平衡式膨胀阀、内平衡式膨胀阀和 H 形膨胀阀三种结构形式。

a. 外平衡式膨胀阀。外平衡式膨胀阀的入口接储液干燥器，出口接蒸发器，其结构如图 8-10 所示。

在膨胀阀的上部有一个膜片，膜片上方通过一条细管接一个感温包。感温包安装在蒸发器出口的管路上，内部充满制冷剂气体，蒸发器出口处的温度发生变化时，感温包内的气体体积也会发生变化，进而产生压力变化，这个压力变化就作用在膜片的上方。膜片下方的腔室还有一根平衡管通蒸发器出口。阀的中部有一阀门，阀门控制制冷剂的流量。阀门的下方有一个调整弹簧，弹簧的弹力试图使阀门关闭，

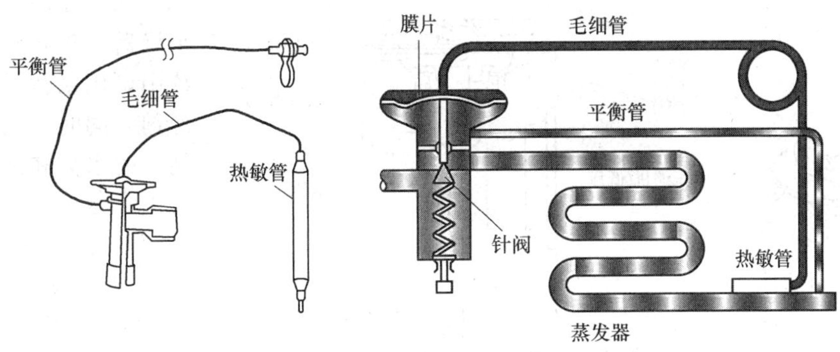

图 8-10　外平衡式膨胀阀

该弹力通过阀门上方的杆作用在膜片的下方。可以看出，膜片共受到三个力的作用，一个是感温包中制冷剂气体向下的压力，一个是弹簧向上的推力，还有一个是蒸发器出口制冷剂的压力，作用在膜片的下方。阀的开度取决于这三个力综合作用的结果。

当制冷负荷发生变化时，膨胀阀可根据制冷负荷的变化自动调节制冷剂的流量。当制冷负荷减小时，蒸发器出口处的温度就会降低，感温包的温度也会降低，其中的制冷剂气体便会收缩，使膨胀阀膜片上方的压力减小，阀门就会在弹簧和膜片下方气体压力的作用下向上移动，减小阀门的开度，从而减小制冷剂的流量。反之，制冷负荷增大时，阀门的开度会增大，增加制冷剂的流量。当制冷负荷与制冷剂的流量相适应时，阀门的开度保持不变，维持一定的制冷强度。

b. 内平衡式膨胀阀。内平衡式膨胀阀的结构与外平衡式膨胀阀的结构类似，如图 8-11 所示。不同之处在于内平衡式膨胀阀没有平衡管，膜片下方的气体压力直接来自于蒸发器的入口。内平衡式膨胀阀的工作过程与外平衡式膨胀阀的工作过程完全相同。

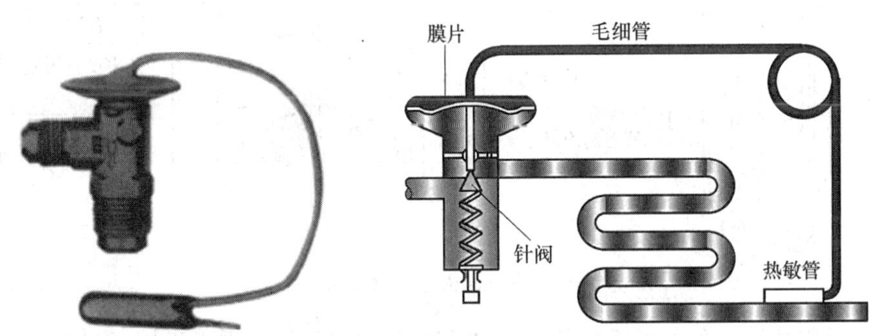

图 8-11　内平衡式膨胀阀

c. H 形膨胀阀。除了上述内、外平衡式膨胀阀以外，还有一种 H 形膨胀阀得到了广泛的应用，H 形膨胀阀取消了外平衡式膨胀阀的外平衡管和感温包，使其直接与蒸发器进出口相连。H 形膨胀阀因其内部通路形状像 H 而得名，如图 8-12 所示。它有 4 个接口通往汽车空调系统，其中两个接口和普通膨胀阀一样，一个接储液干燥器的出口，一个接蒸发器的进口，但另两个接口，一个接蒸发器的出口，一个接压缩机的进口。H 形膨胀阀中也有一个膜片，膜片的左方有一个热敏杆，热敏杆的周围是蒸发器出口处的制冷剂，制冷剂的温度的变化（制冷负荷变化）可通过热敏杆使膜片右方气体的压力发生变化，从而使阀门的开度变化，调节制冷剂的流量以适应制冷负荷的变化。H 形膨胀阀具有结构简单、工作可靠的特点，在汽车上的应用越来越广。

(5) 储液干燥器　储液干燥器用于膨胀阀式制冷系统中，用来暂时储存液态制冷剂。同时，用于去除制冷剂中的水分和杂质，确保系统正常运行。

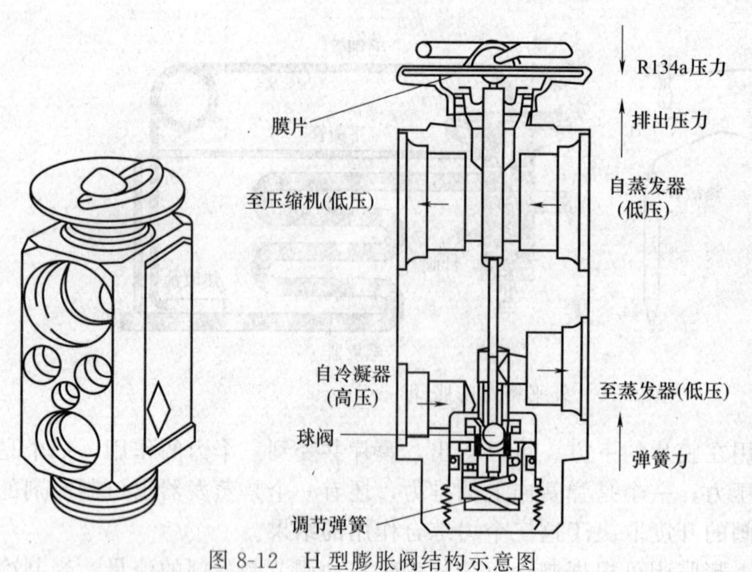

图 8-12　H 型膨胀阀结构示意图

制冷系统工作时，压缩机转速或车厢温度变化会导致蒸发器负荷变化，这要求制冷剂流量作相应调节；当系统存在微量泄漏时，需要补充制冷剂。这都需要有一个能储存额外制冷剂的容器——储液罐，以满足上述要求，如图 8-13 所示。储液罐通常具备能储存系统工质总量 1/3 左右的容积。罐体有铝制和钢制两种。储液罐的存在还派生出其他多种功用。

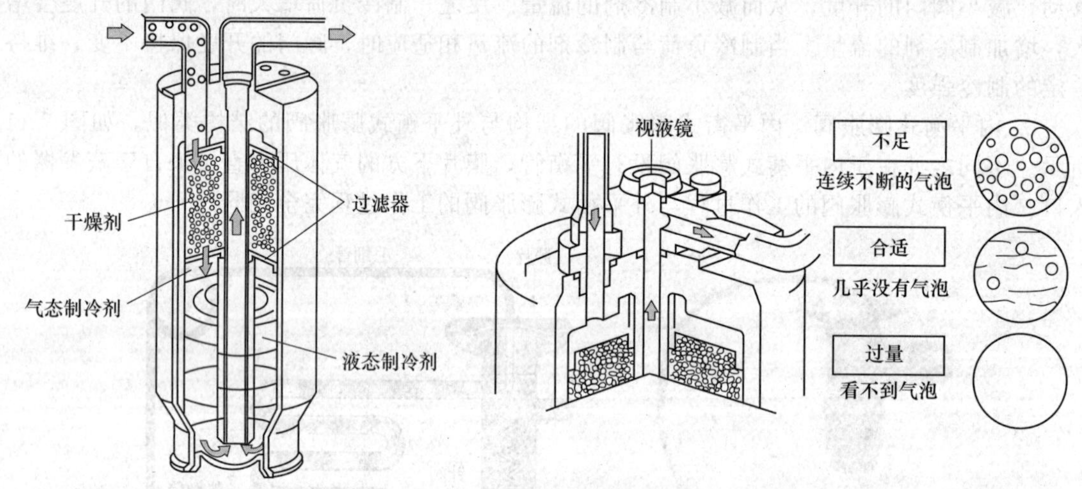

图 8-13　储液干燥器示意图

在储液罐内放置一种能吸收气体和流体中水分和潮气的固态干燥剂。另外，制造和维修会带入微量碎屑、尘土等杂质，制冷剂也可能含有杂质。这些污物容易积聚在膨胀阀或孔管的小孔之内，引起制冷剂流动阻塞，为此，常利用储液罐内的空间安装整个系统的过滤器。

储液罐内的出液管入口插到罐的底部。当冷凝器工作不良时，进入储液罐的制冷剂可能含有气态成分。而气态会留在顶部，液态制冷剂则沉到底部。出液管入口插到底部，保证流出储液罐的制冷剂都为液态，这就是储液罐的液气分离功能。

在储液罐顶部通常还设有视液观察玻璃，可观察系统制冷剂的流动状况，并判别制冷剂量的多少及是否受到污染。

(6) 液气分离器　液气分离器用于节流短管式的制冷系统中，主要用于将制冷剂进行液气分离，同时还起到与储液干燥罐相同的作用。液气分离器安装于蒸发器出口处的管路中。

液气分离器的结构如图 8-14 所示，罐内除有干燥剂、过滤器之外，它的出气管为 U 形，出气管的吸入口在容器的顶部，并被一个塑料杯盖在上面，以改善气液分离效果。U形管的底部有一小孔，供冷冻油回流，液气分离器工作时，罐中大部分装的是气体，所以它的体积较储液罐大得多。由于孔管本身不能调节流量，在某些工况下，进入蒸发器内的制冷剂来不及蒸发而流向压缩机为了防止液击，孔管制冷系统在压缩机之前的管路上安装了液气分离器，同时也作为储存制冷剂变化流量的容器。

4. 风窗玻璃防雾装置

在气温较低的环境中，风窗玻璃内侧易结雾，甚至冰霜，会造成视线不良，严重影响行车安全。通常采用加热的方法将其除去。前风窗玻璃一般采用暖风加热的方法除雾，而后风窗玻璃通常采用电热线加热的方法除雾，其中电热线由镀在后风窗玻璃内表面的多条金属导电膜制成。

后风窗除雾电热线装置，如图8-15所示，由除雾开关、电热线开关、CPU、继电器及后窗除雾电热线等组成，除雾电热线定时器装在中央处理器（CPU）内。

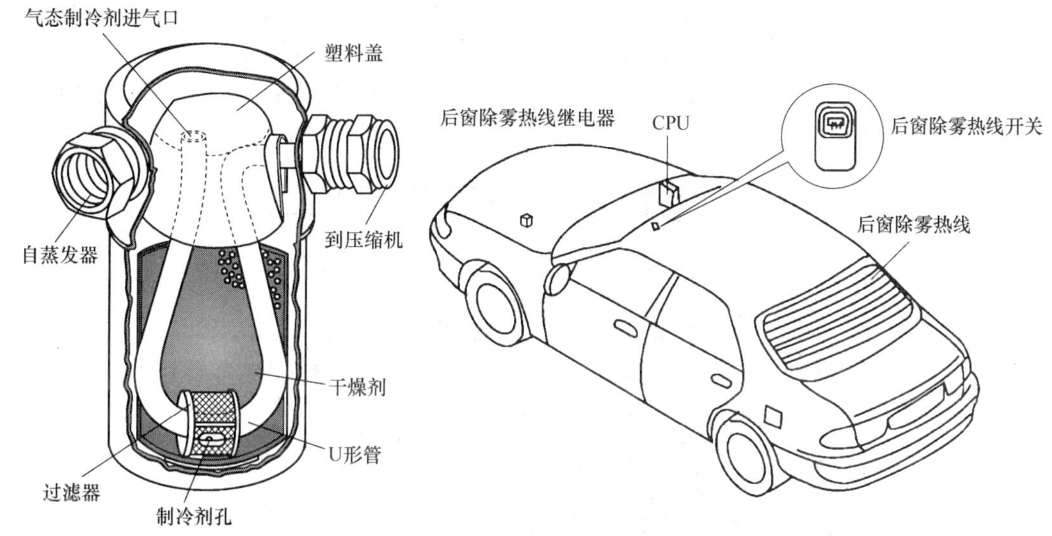

图8-14 液气分离器结构示意图

图8-15 后窗除雾电热线装置的组成

5. 空调调节系统

空调的调节系统有手动调节和自动调节之分，其调节控制面板如图8-16所示。

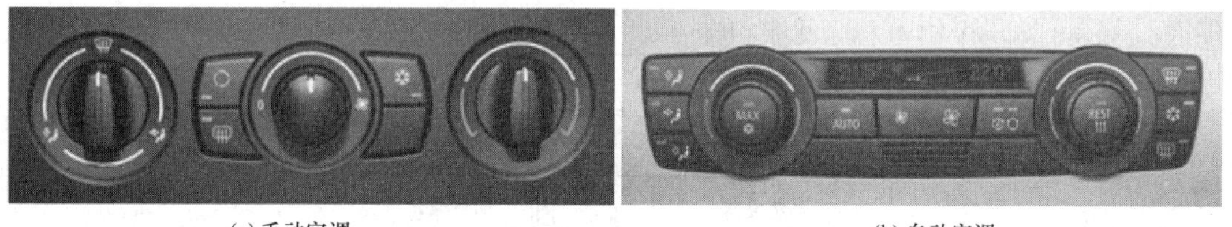

(a) 手动空调

(b) 自动空调

图8-16 空调的控制面板

下面以手动空调说明空调调节系统的工作情况。手动空调的调节包括温度调节、出风口位置调节、鼓风机风速调节和空气的内外循环调节等。调节是通过空调控制面板上的拨杆或旋钮进行的。其中，温度调节、出风口位置调节、空气内外循环调节是通过气道中的调节风门实现的，空调开关和运行模式选择开关、鼓风机速度选择是通过电路控制实现的。空调控制面板到调节风门的控制方式有拉线式、真空式和电动式三种，如图8-17所示。

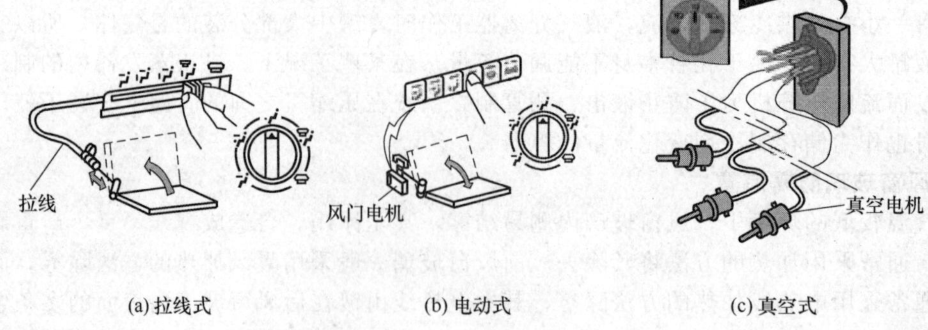

图 8-17　空调调节风门的控制方式

（1）温度调节　目前小型车的空调系统温度调节多采用冷暖风混合的方式，在空气的进气道中，所有的空气都通过蒸发器，用一个调节风门控制通过加热器芯的空气量，同时用一个水阀控制流过加热器芯的冷却液的量，通过加热器的空气和未通过加热器的空气混合后形成不同温度的空气从出风口吹出，实现温度调节。在空调的控制面板上设有温度调节拨杆或旋钮，用来改变调节风门和水阀的位置。温度调节风门的位置如图 8-18 所示。

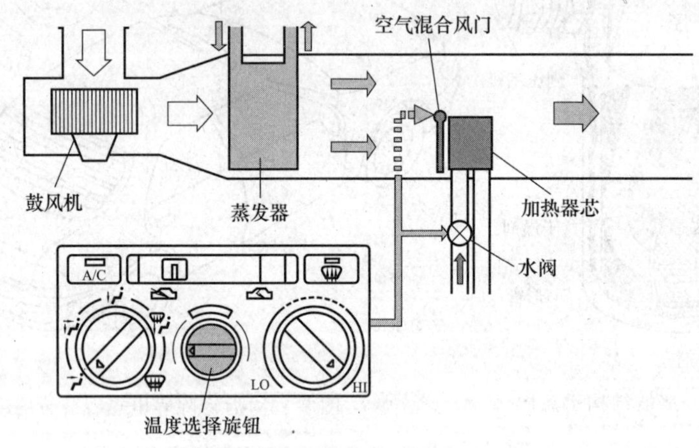

(a) 温度调节风门在冷的位置

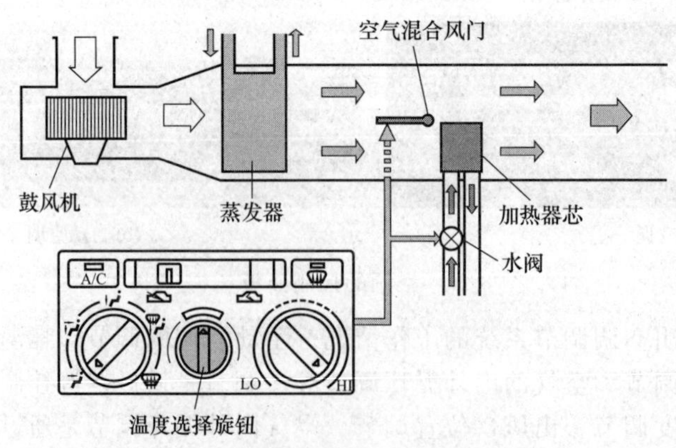

(b) 温度调节风门在中间的位置

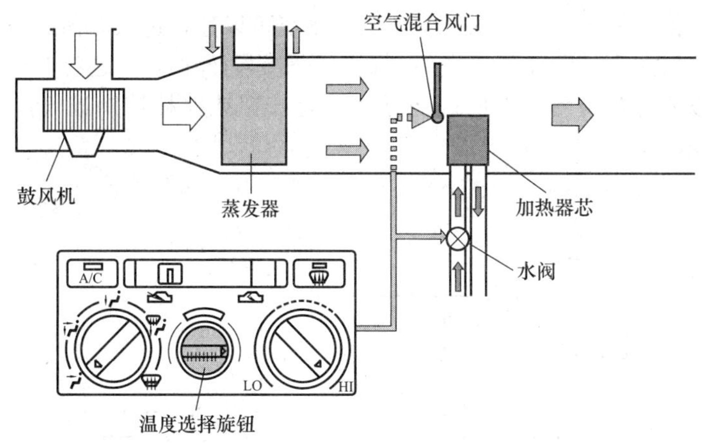

(c) 温度调节风门在热的位置

图 8-18　温度调节风门的位置

(2) 出风口位置调节　出风口位置调节系统可以根据不同需要，选择不同的出风口出风，通常设有中央出风口、边出风口、脚下出风口和风窗玻璃除霜出风口等，可通过控制面板上的气流选择调节拨杆或旋钮进行调节的，调节的情况如图 8-19 所示。

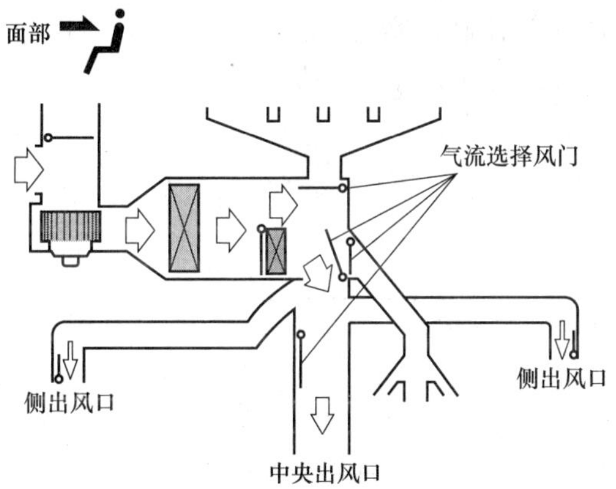

(a) 面部出风位置

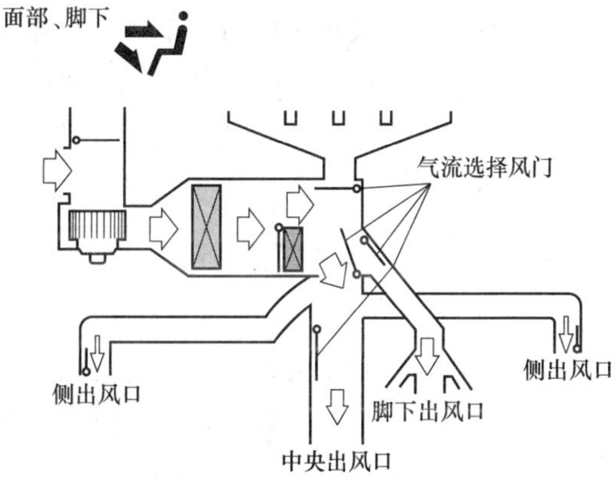

(b) 面部和脚下出风位置

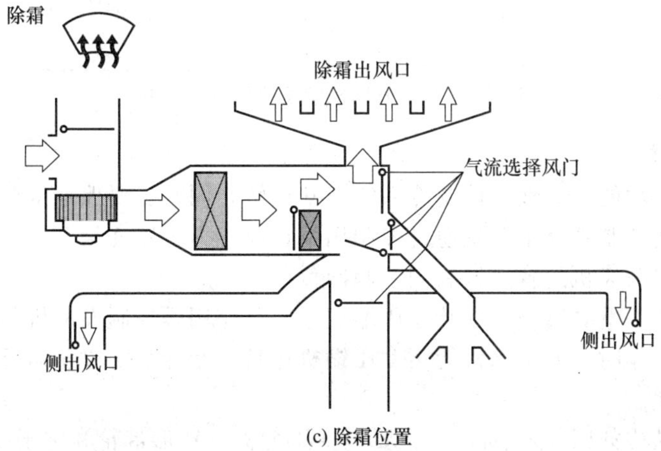

(c) 除霜位置

图 8-19　出风口位置调节

（3）空气内外循环调节　空气风外循环调节系统可以选择进入车内的空气是外部的新鲜空气还是车内的非新鲜空气。如果选择外部新鲜空气称为外循环，选择车内空气则称为内循环。这种选择可以通过控制面板上的内外循环选择按钮或拨杆控制进气口处的调节风门实现，如图 8-20 所示。

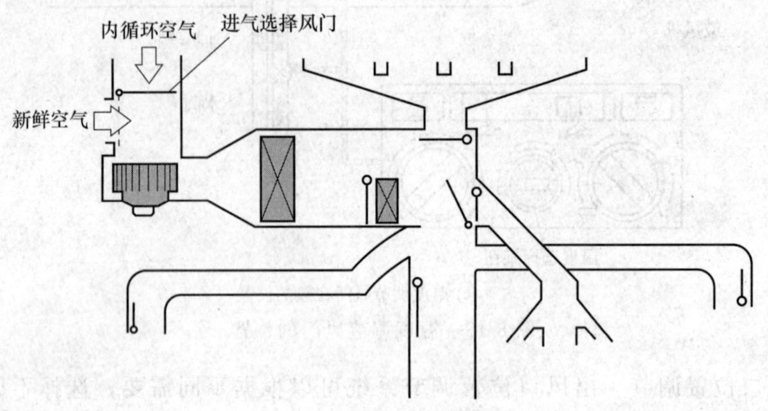

图 8-20　空气内外循环调节

（4）鼓风机转速的调节　鼓风机转速是通过在鼓风机电路中串入不同的电阻实现的，如图 8-21 所示。在鼓风机电路中串入 3 个电阻，通过开关控制，实现 4 个转速挡（空调控制面板上的 LO、2、3、HI）。如果将电阻改为电子控制，则可实现无级调速。

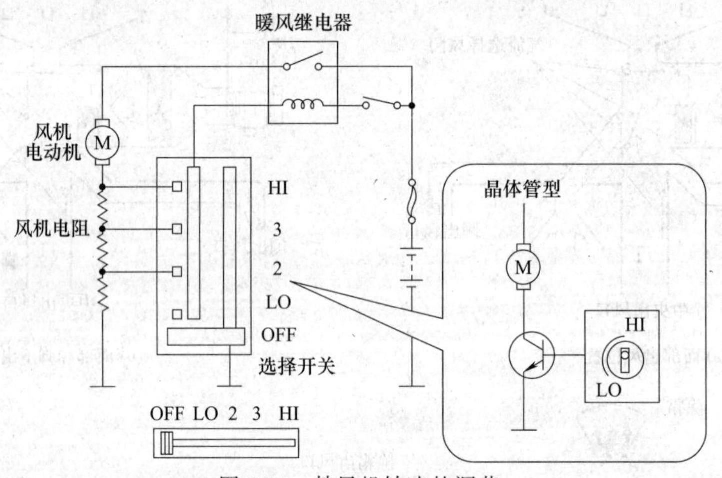

图 8-21　鼓风机转速的调节

6. 空调控制系统

空调控制系统的功能是保证空调制冷系统正常运转，同时也要保证空调系统工作时发动机的正常运转。空调控制系统主要是通过控制压缩机电磁离合器的结合与分离实现温度控制与系统保护，通过对鼓风机的转速控制调节制冷负荷。

（1）电磁离合器　电磁离合器安装在压缩机上，其作用是控制发动机与压缩机的动力传递。空调制冷系统工作时，使发动机能驱动压缩机运转；制冷系统停止运行时，切断发动机到压缩机的动力传递。

电磁离合器的结构如图 8-22 所示，主要包括压力板、V 形带轮和定子线圈等主要部件。压力板与压缩机轴相连，V 形带轮通过轴承安装在压缩机的壳体上，V 形带轮通过 V 形带由发动机驱动，定子线圈也安装在压缩机的壳体上。

当接通空调开关使空调制冷系统进入工作状态时，电磁离合器的定子线圈通电，线圈通电后产生磁力，将压力板吸向V形带轮，使两者结合在一起，发动机的动力便通过V形带轮传递到压力板，带动压缩机运转。当空调制冷系统停止工作时，电磁离合器的定子线圈断电，磁力消失，压力板与V形带轮分离，此时V形带轮通过轴承在压缩机的壳体上空转，压缩机停止运转。

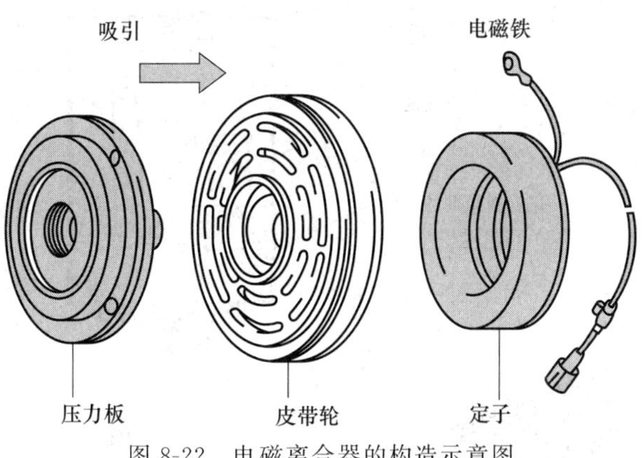

图 8-22　电磁离合器的构造示意图

（2）蒸发器温度控制　蒸发器温度控制的目的是防止蒸发器结霜。如果蒸发器的温度低于0℃，凝结在蒸发器表面的水分就会结霜或结冰，严重时将会堵塞蒸发器的空气通路，导致系统制冷效果大大降低。为了避免这种情况的发生，就必须控制蒸发器的温度在0℃以上。控制蒸发器温度的方法通常有两种：一种是用蒸发压力调节器控制蒸发器的压力来控制蒸发器的温度；另一种是利用温度传感器或温度开关控制压缩机的运转来控制蒸发器的温度。

① 蒸发压力调节器（EPR）。根据制冷剂的特性，只要制冷剂的压力高于某一数值，其温度就不会低于0℃（对于R134a，此压力大约为0.18MPa），因此只要将蒸发器出口的压力控制在一定的数值，就可以防止蒸发器表面结霜或结冰。蒸发压力调节器可以根据制冷负荷的大小调节蒸发器出口处的压力，确保蒸发器出口的压力使制冷剂不低于0℃。

蒸发压力调节器安装在蒸发器出口到压缩机入口的管路中，如图8-23所示。它主要由金属波纹管、活塞、弹簧等组成，在管路中形成了一个可调节制冷剂流量的阀门。当制冷负荷减小时，蒸发器出口处制冷剂的压力就会降低，作用在活塞上向左的力 p_e 减小，此力小于金属波纹管内弹簧向右的力 p_s，使活塞向左移动，阀门开度减小，制冷剂的流量也随之减小，并使蒸发器出口处的压力升高。反之，在制冷负荷增大时，活塞可向右移动，阀门开度增大，增加制冷剂的流量，以适应制冷负荷增大的需要。

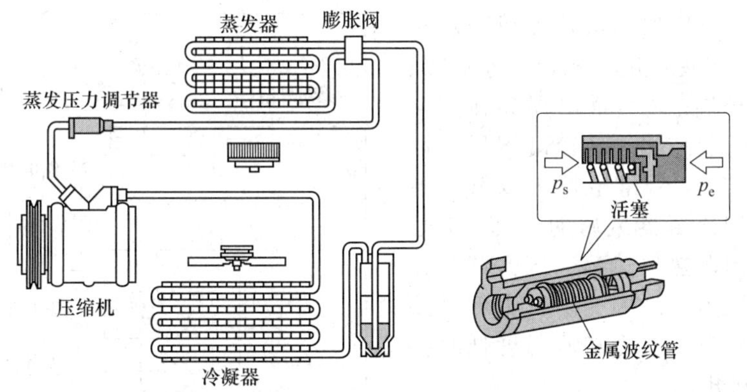

图 8-23　蒸发压力调节器

② 蒸发器温度控制电路。目前蒸发器的温度控制电路主要有两种形式。一种是用温度开关（恒温器）直接控制压缩机电磁离合器。蒸发器温度开关安装在蒸发器的中央，当蒸发器表面温度低于某一设定值时，温度开关切断压缩机电磁离合器电路，使压缩机停止工作，防止蒸发器结冰，如图8-24所示。另一种是将热敏电阻安装在蒸发器的表面，当蒸发器表

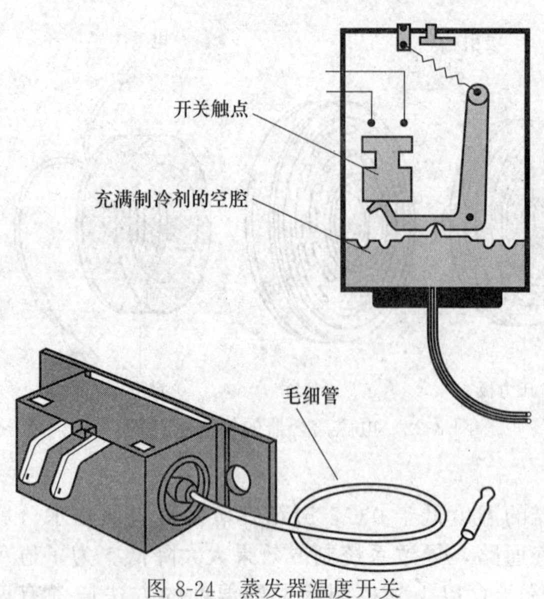

图 8-24　蒸发器温度开关

面的温度低于某一设定值时，热敏电阻的阻值变化给空调 ECU 低温信号，空调 ECU 控制继电器切断压缩机电磁离合器电路，使压缩机停转，控制蒸发器温度不低于 0℃，如图 8-25 所示。

(3) 冷凝器风扇控制　现在车辆的冷却系统多采用电动风扇冷却，同时空调制冷系统的冷凝器也采用同一风扇进行冷却。当冷却液温度较低时，风扇不工作；当冷却液温度升高到某一规定值时，风扇以低速运转；当温度进一步升高到另一个设定值时，风扇则以高速运转；当空调制冷系统开始工作时，不管冷却液温度高低，风扇都运转；当制冷系统压力高过一定值时，风扇则以高速运转。

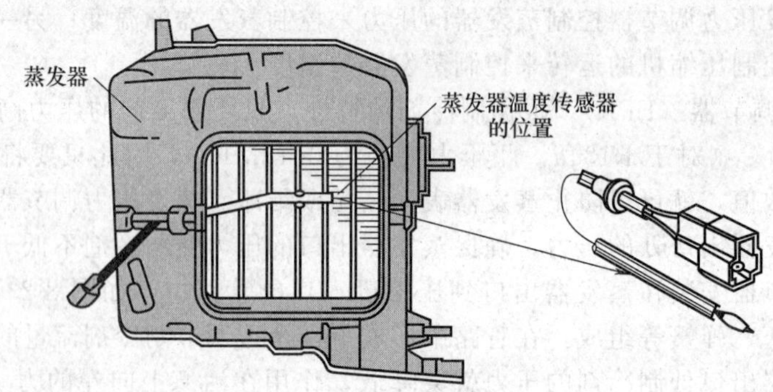

图 8-25　蒸发器温度传感器

图 8-26 为冷凝器和散热器风扇控制电路，用压力开关、冷却液温度开关和三个继电器控制冷凝器风扇和散热器风扇的转速。此电路可以实现风扇不转、低速运转、高速运转三级控制。3 号继电器只在空调制冷系统工作时起作用，使冷凝器风扇以低速或高速运转。2 号继电器为双触点继电器，用来控制冷凝器风扇的转速。1 号继电器用于控制散热器风扇。压力开关在空调制冷系统压力高时断开，压力低时接通。冷却液温度开关在冷却液温度低时接通，温度高时断开。

不开空调时，3 号继电器不工作，冷凝器风扇也不工作。如果冷却液温度过高，冷却液温度开关断开，1 号继电器线圈断电，触点闭合，散热器风扇运转，加强散热。打开空调，3 号继电器线圈通电，触

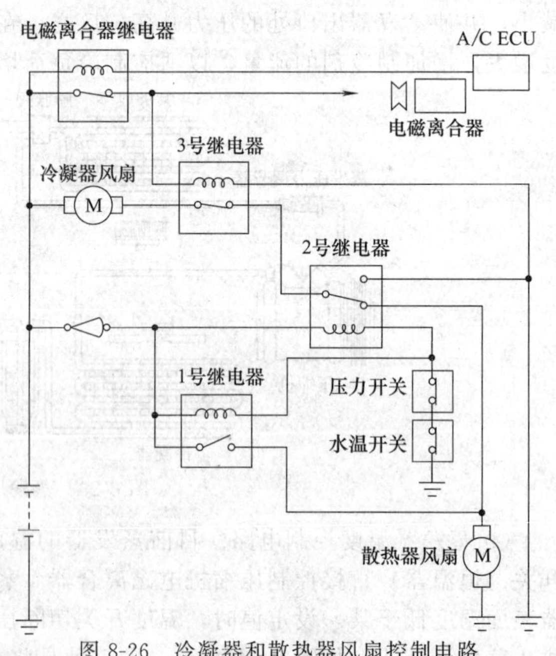

图 8-26　冷凝器和散热器风扇控制电路

点闭合。如果冷却液温度较低、空调系统内压力也较低，2 号继电器线圈也通电，使其下触点闭合，形成了冷凝器风扇和散热器风扇的串联电路，两个风扇都以低速运转。如果冷却水温升高或制冷系统内压力增大，压力开关或冷却液温度开关切断 2 号和 1 号继电器线圈电路，使 2 号继电器的上触点闭合，1 号继电器的触点接通，将冷凝器风扇和散热器风扇连接成并联电路，两个风扇都以高速运转。

（4）制冷循环压力控制　空调制冷循环系统中如果出现压力异常，将会造成系统部件的损坏。因此，在空调制冷系统工作时，必须对系统压力进行监测，防止出现系统压力异常。常采用的方法是在系统的高压管路中安装压力开关，压力开关有低压开关和高压开关之分，如图 8-27 所示。

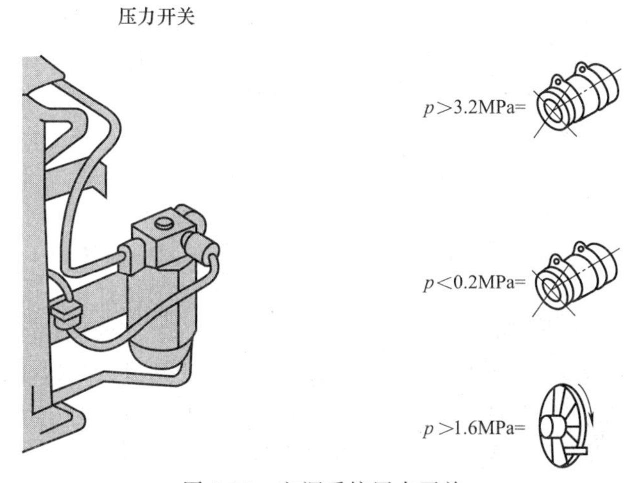

图 8-27　空调系统压力开关

低压开关用于监测制冷循环系统中高压管路压力是否过低，如果压力低于规定值，低压开关将切断压缩机的电路使压缩机停止工作。高压开关安装在高压管路中，用于监测高压管路中压力是否过高。如果压力过高，有两种处理方法：一种是加强对冷凝器的冷却强度，使压力降低；另一种是切断电磁离合器的电路，使压缩机停止运转。通常加强冷却强度控制的压力要低于切断离合器控制电路的压力。目前空调系统中的压力开关通常都是将低压开关和高压开关制成一体，称为组合压力开关或多功能压力开关。多数组合压力开关可实现低压切断离合器控制电路、高压接通冷凝器风扇高速挡或切断离合器控制电路的双重功能，还有部分压力开关将上述三种功能集于一身，形成三功能压力开关。通常低压切断离合器电路的压力约为 0.2MPa，高压接通凝器风扇高速挡的压力约为 1.6MPa，高压切断电磁离合器的压力约为 3.2MPa。

（5）怠速提升　在车流量较大的道路上行驶，汽车发动机经常处于怠速运转状态，发动机的输出功率低，如果此时开启空调的制冷系统，可能会造成发动机停机，为防止这种情况的发生，在空调的控制系统中采用了怠速提升装置，如图 8-28 所示。

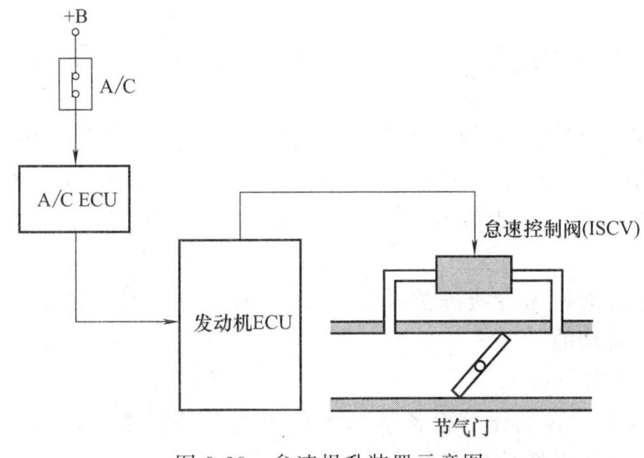

图 8-28　怠速提升装置示意图

当接通空调制冷开关（A/C）后，发动机的控制单元（ECU）便可接收到空调开启的信号，控制单元便控制怠速控制阀将怠速旁通气道的通路增大，使进气量增加，提高怠速转速。如果是节气门直动式怠速控制机构，控制单元便控制电动机将节气门开大，提高怠速转速。

资讯三　制冷剂和冷冻机油

1. 制冷剂

在制冷过程中通过自身物态变化而起到传递热量作用的媒介物质叫制冷剂。汽车空调中使用的制冷剂是一种流体，在汽车制冷系统中依靠压缩机的动力而循环流动，在流过蒸发器时吸收车厢内热量，由液态蒸发成气态；在流过冷凝器时又将吸收的热量放出，传递给外界空气，本身冷凝成液体。汽车空调利用制冷剂的这种物态变化来达到对车厢内空气进行制冷的目的。

在我国，车用空调使用的制冷剂主要是 R12 与 R134a 两种，由于 R12 对地球表面臭氧层有破坏作用，在 2007 年以后已停止使用。R134a 因为具有与 R12 相似的热力特性，又具有良好的环保性能，所以目前在汽车空调中都使用 R134a，如图 8-29 所示。

图 8-29　R134a 制冷剂

(1) R134a 制冷剂的主要性能

① R134a 的主要热力性能，沸点为 −26.5℃，这就是说，一罐 R134a 制冷剂液放在一块冰上也会急剧地沸腾。对于用作热交换介质的制冷剂来说，是一个理想的性质。

② R134a 的安全性好，无色，无味，不燃烧，不爆炸，基本无毒性，化学性质稳定，无腐蚀性。

③ 蒸发潜热高，具有较好的制冷能力。

(2) 制冷剂在管理使用的注意事项

① 由于其沸点低，如果液态制冷剂不小心触及人体，会造成严重冻伤和失明。如果发生意外事件，应当立刻用清洁的冷水清洗，特别是眼睛，至少冲洗 10 min，然后尽快到医院去诊治。

② 灌注制冷剂时不要赤手去拿潮湿的容器。湿容器的外面会结霜，会把手冻结在容器上。

③ 不要使制冷剂容器温度超过 50℃。温度高会在容器里产生过高的压力，这对薄壁容器是十分危险的。

④ 制冷剂受到明火的作用可能会产生有毒气体，制冷剂气体每次吸进一点，累积起来，会造成中毒。所以回收、灌注制冷剂应在通风良好，空气畅通的地方工作。

⑤ 不允许将制冷剂向大气中排放，用使用空调制冷剂回收装置回收制冷剂。

2. 冷冻机油

制冷系统中的润滑油称为冷机冻油，如图 8-30 所示。汽车空调中，冷冻机油是与制冷剂溶合在一起工作、流动的。

(1) 冷冻机油的作用

① 润滑作用：高速旋转的压缩机各运动部件表面必须润滑，以减小摩擦阻力和零件磨损，延长使用寿命，以及降低功耗和噪声，提高制冷系数。

② 冷却作用：运动部件表面的摩擦会产生高温，冷冻油在润滑的同时也起到了冷却作用。如果压缩机润滑不够会引起温度上升，还会使系统压力升高，制冷系数降低，甚至压缩机烧坏。

③ 密封作用：汽车空调压缩机的输入轴都靠专用的密封圈来密封，以防止制冷剂泄漏。有润滑油，密封圈才起密封作用。同时活塞环上的润滑油不仅起减小摩擦的作用，而且起密封压缩蒸气的作用。

图 8-30　冷冻机油实物图

（2）冷冻机油的使用注意事项

① 应严格使用制造厂规定牌号的冷冻油。系统即使掺入很少量其他的冷冻油，也会影响整个系统的制冷效力。

② 与 R134a 制冷剂互溶的冷冻机油吸水性都很强，必须存放在密闭的容器中。使用完冷冻机油的瓶盖要立刻拧紧，以减少空气的侵入。不要把油从一个容器倒到另一个容器，这样容易使油受到污染。

③ 系统里放出的油，不管看上去多干净，都不能再使用，应把它处理掉。

④ 更换新压缩机，不需要添加冷冻机油，因为新压缩机内的冷冻机油量已包含了整个系统所需的量。

任务实施

任务实施一　冷媒的回收与加速

步骤 1　工具准备	
（1）桑塔纳 2000 型轿车 1 台； （2）冷媒加注机、抹布、相关挂图； （3）将车辆、工具摆放到位。	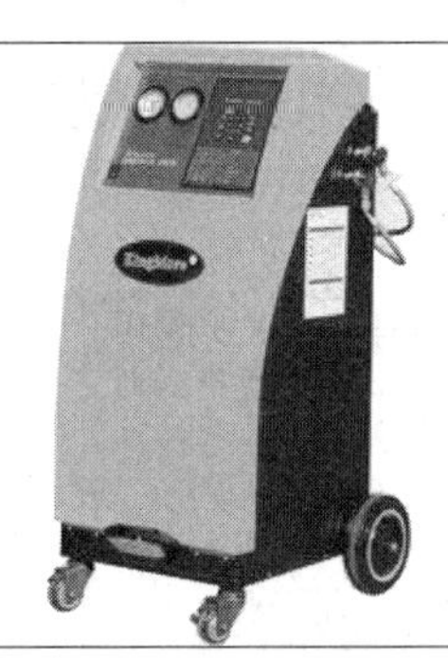
步骤 2　连接冷媒回收加注机	
（1）打开并支撑引擎盖，并将冷媒回收加注摆放到位； （2）连接冷媒加注机。 将冷媒加注机的活接头回到极限位置，与空调维修口连接；红色接高压管接头，蓝色接低压管接头。	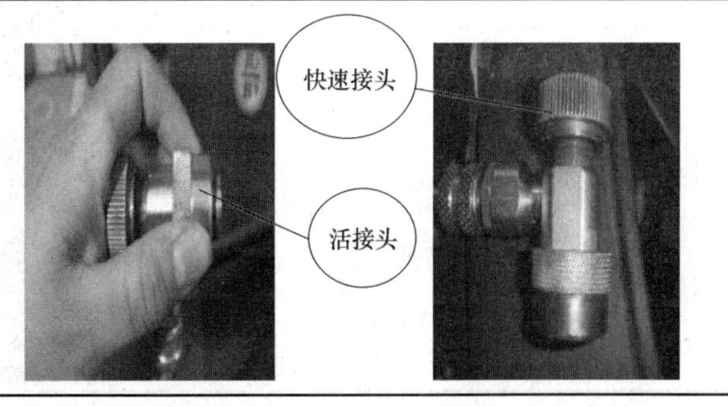

(3)检查压力表指示。 左边箭头指示的为低压表,右边箭头指示的为高压表。	
步骤 3　回收冷媒	
(1)检查冷媒加注机冷媒储存量。 打开冷媒加注及开关,然后检查冷媒加注机中冷媒的储存量;若储存量不够须向加注机中补充冷媒;如图中箭头显示冷媒剩余 580g。	
(2)回收冷媒。 打开高压阀和低压阀,打开填充软管末端的截止阀;按下"回收"按钮,然后按下"启动"按钮,加注机会自动开始回收汽车空调系统中的冷媒;待高、低压指示表都指到"0"时,按下"停止"按钮,即完成冷媒回收过程。	
(3)冷冻机油的排出。 当冷媒回收完成时,加注机会显示排出"冷冻油"的提示(如图所示,箭头所指),此时注意观察排油壶的刻度,并记录;待冷冻机油拍完后再次按下"停止"按钮。	
步骤 4　抽取空调系统的真空	
(1)抽真空。 打开高压阀和低压阀,打开填充软管末端的截止阀;按下"抽空"按钮,并设定时间为 15min,15min 后高、低压表都指示在负值,表明抽真空过程完成,关闭高、低压阀。	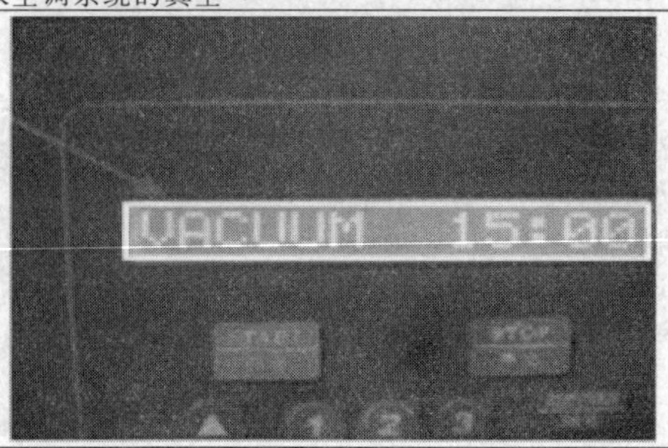

(2)保压。

抽取真空接受后，至少保压 5min，如果在此过程中，压力无明显变化即可进行下一步操作；若压力发生变化则说明空调系统有泄漏，需检查排除。

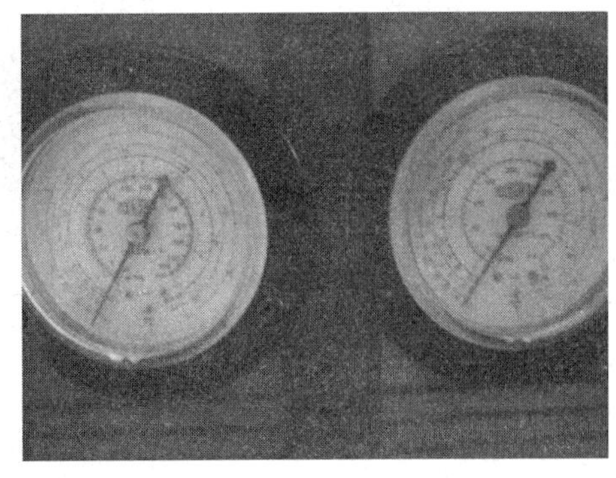

(3)加注冷冻机油。

抽取真空完成后，按照提示选择(如图中箭头所示)“加注冷冻机油”，同时观察注油壶的刻度，加注量与排出量一致。

步骤 5　加注冷媒

(1)加注冷媒。

冷冻机油加注完成后，按照提示选择“加注”。

(2)设置加注量。

实际的加注量，按照车型的不同加注量也不一致；设定加注量后，打开低压阀，按下“启动”按钮，即开始冷媒的加注。

(3)加注完成。 待屏幕显示“加注完成”或加注机显示加注量到达设定的加注量后，关闭低压阀即完成冷媒的加注过程。	
步骤 6　检查	
(1)检查压力。 冷媒加注完成后，启动发动机打开空调，观察高、低压表指示是否在正常范围内：高压不大于 15bar、低压不大于 5bar。 (2)检查空调的制冷效果。 启动发动机，开启空调，检查制冷效果。	
步骤 7　整理工具、收拾场地	

学生作业单

姓名：	班级：	日期：

学习任务 1　空调系统的结构与维护

1. 汽车空调是用于对车厢内空气的________、________、洁净度、________等进行调节的完整系统。

2. 汽车空调系统一般由________、________、通风净化装置、________、________和电气控制装置等组成。

3. 通风净化装置的作用是将________引入车内，将车内的________排出车外，同时通风系统还具有风窗除霜的作用。

4. 制冷装置是将车内的________通过制冷剂在循环系统中循环移到车外，实现车内________的目的，主要由________、冷凝器、________、________和储液干燥器（或液气分离器）等组成。

5. 冷凝器和散热器风扇控制电路如下图所示，请说明冷凝器风扇的工作原理。

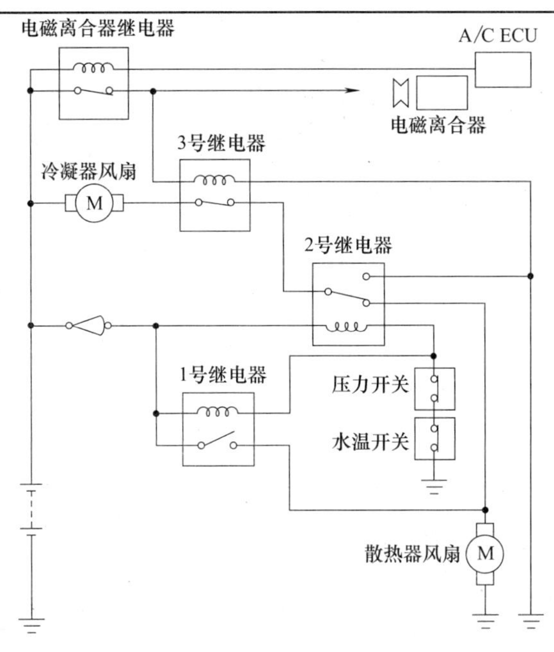

其工作原理为：________________

____

____

____

小组任务实施计划

<table>
<tr><td rowspan="2">小组
信息</td><td>班级</td><td></td><td>日期</td><td></td></tr>
<tr><td>组长</td><td></td><td>小组
成员</td><td></td></tr>
<tr><td>任务名称</td><td colspan="2"></td><td>学时</td><td></td></tr>
<tr><td>任务
描述</td><td colspan="2"></td><td>任务
分析</td><td></td></tr>
<tr><td>实施方案</td><td colspan="3"></td><td>教师认可：</td></tr>
<tr><td>问题
记录</td><td colspan="4"></td></tr>
<tr><td>处理
方法</td><td colspan="4"></td></tr>
</table>

小组评定：

教师评定：

任务实施工作页

任务实施一

一、清点工具、在准备好的工具后面空格打“√”

序号	设备工具	结果
1	桑塔纳2000型轿车	
2	R134a冷媒	
3	冷媒加注	
4	维修手册	
5	工具车	
6	零件车	
7	抹布	
8	相关挂图	

二、按步骤完成作业项目，完成打“√”

冷媒的回收与加注

序号	作业项目	完成情况
1	连接冷媒回收加注机	
2	检查压力表指示	
3	检查冷媒加注机冷媒储存量	
4	回收冷媒	
5	冷冻机油的排出	
6	抽真空	
7	保压	
8	加注冷冻机油	
9	设置冷媒加注量冷媒	
10	加注冷媒	
11	加注完成	
12	检查压力、检查空调的制冷效果	

小组评定：

教师评定：

评价与反馈

1. 填写学习任务评价表

学习任务评价表

评价项目	评价内容	分值	学生自评（20%）	小组评价（30%）	教师评价（50%）
信息收集	对任务或问题的理解程度	5			
	收集信息的完整性	5			
	对信息(知识)的领会性	5			
制定计划	计划制定参与程度	5			
	计划的合理性及实用性	10			
修改计划	和老师怎么讨论计划	8			
	和老师讨论后，是否知道如何改进计划	3			
	计划修改后的完整性	4			

续表

评价项目	评价内容	分值	学生自评（20%）	小组评价（30%）	教师评价（50%）
实施	是否按计划进行工作	10			
	是否亲自实施计划	10			
	是否记录工作过程及结果	15			
检查	是否按计划的要求去完成任务	4			
	是否达到预期目标	3			
	整个工作流程是否与标准流程符合	3			
评价	按计划是否完成了任务或解决了问题	3			
	在哪个环节上可以改进	3			
	学习团队的合作情况	4			
小计		100			
合计					
教师评语	教师签字：				

2. 在实施的过程中，是否存在一些安全隐患，请找出容易忽视地方。

3. 能否口述冷媒加注机的使用步骤。

学习拓展

查阅资料，分析自动空调是如何工作的。

参考文献

[1] 高元伟，吕学前. 汽车电气设备构造与维修. 北京：人民交通出版社，2011.
[2] 张茂国. 汽车电气设备构造与维修. 北京：人民交通出版社，2004.
[3] 周建平. 汽车电气设备构造与维修. 第2版. 北京：人民交通出版社，2005.